“十四五”职业教育国家规划教材
（中等职业学校公共基础课程教材）

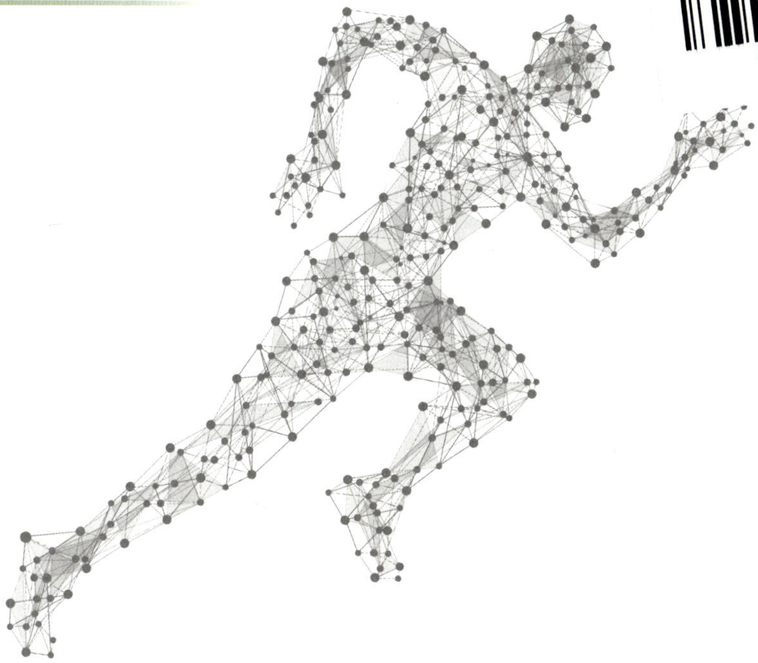

TIYU YU JIANKANG

体育与健康 第3版

基础模块

主　编：毛振明　于素梅
副主编：潘建芬　张　凯　李春雷　宁英红　徐国强
参　编：蒋晓丹　查　萍　黎林飞　吕国栋　王　辉
林修财　单杜新　杨　笛　叶　玲　温君慧

拓展模块

主　编：毛振明　于素梅
副主编：潘建芬　陈钦梳　张　繁　张　军　苏祝捷
梁凤波　白敬锋
参　编：韩　沫　李江泰　盖清华　俞文东　张　浩
闫泽钧　郑　翔　张世斌　魏旭波　关朝阳
张　卓　顾雪兰　廖力坚　郭文革　韩金明
陆卓莉　王耀东　王金英　李　波　邓军文
王玉中　崔兰芹　王　骁　韦明志

北京师范大学出版集团
BEIJING NORMAL UNIVERSITY PUBLISHING GROUP
北京师范大学出版社

图书在版编目（CIP）数据

体育与健康 / 毛振明，于素梅主编．—3 版．—北京：北京师范大学出版社，2022.8（2025.7 重印）

ISBN 978-7-303-27568-7

Ⅰ．①体…　Ⅱ．①毛…　②于…　Ⅲ．①体育－中等专业学校－教材　②健康教育－中等专业学校－教材　Ⅳ．① G634.961

中国版本图书馆 CIP 数据核字（2021）第 260336 号

TIYU YU JIANKANG

出版发行：北京师范大学出版社 https://www.bnupg.com
　　　　　北京市西城区新街口外大街 12-3 号
　　　　　邮政编码：100088

印　　刷：鸿博睿特（天津）印刷科技有限公司

经　　销：全国新华书店

开　　本：889 mm × 1194 mm　1/16

印　　张：18.5

字　　数：460千字

版　　次：2022年8月第3版

印　　次：2025年7月第35次印刷

定　　价：38.80元

策划编辑：林　子　姚贵平　　　　责任编辑：林　子　孟　浩　冯　倩

插图绘制：先帷帷

装帧设计：焦　丽　　　　美术编辑：焦　丽

责任校对：陈　民　　　　责任印制：赵　龙

出版说明

为贯彻党的二十大精神，落实《中华人民共和国职业教育法》规定，深化职业教育“三教”改革，全面提高技术技能型人才培养质量，按照《职业院校教材管理办法》《中等职业学校公共基础课程方案》和有关课程标准的要求，在国家教材委员会的统筹领导下，根据教育部职业教育与成人教育司安排，教育部职业教育发展中心组织有关出版单位完成对数学、英语、信息技术、体育与健康、艺术、物理、化学7门公共基础课程国家规划新教材修订工作，修订教材经专家委员会审核通过，统一标注“十四五”职业教育国家规划教材（中等职业学校公共基础课程教材）。

修订教材根据教育部发布的中等职业学校公共基础课程标准和国家新要求编写，全面落实立德树人根本任务，突显职业教育类型特征，遵循技术技能人才成长规律和学生身心发展规律，聚焦核心素养、注重德技并修，在教材结构、教材内容、教学方法、呈现形式、配套资源等方面进行了有益探索，旨在推动中等职业教育向就业和升学并重转变，打牢中等职业学校学生的科学文化基础，提升学生的综合素质和终身学习能力，提高技术技能人才培养质量，巩固中等职业教育在职业教育体系中的基础地位。

各地要指导区域内中等职业学校开齐开足开好公共基础课程，认真贯彻实施《职业院校教材管理办法》，确保选用本次审核通过的国家规划修订教材。如使用过程中发现问题请及时反馈给出版单位，以推动编写、出版单位精益求精，不断提高教材质量。

中等职业学校公共基础课程教材建设专家委员会

2023年6月

序

当今的中国正处在一个伟大的新时代，新时代要求培养具有体育与健康核心素养的新一代中等职业学校学生（以下简称“中职学生”）。习近平总书记在2018年全国教育大会上做出“帮助学生在体育锻炼中享受乐趣、增强体质、健全人格、锤炼意志”的重要指示，《“健康中国2030”规划纲要》提出学校体育在2030年必须实现五个具体的、可量化评价的目标任务。中共中央办公厅、国务院办公厅在《关于全面加强和改进新时代学校体育工作的意见》中提出到2035年基本建成高质量学校体育体系。高质量发展是党对中国式现代化提出的本质要求，是全面建设社会主义现代化的首要任务，是教育实现全面育人目标的关键。中等职业学校担负着为国家培养德智体美劳全面发展的高素质技术技能人才的重任。“体育与健康”作为落实立德树人根本任务、提升学生综合素质的基础性课程，在其中发挥着重要作用。“体育与健康”课程需要满足中职学生身心发展的需求、未来从业的需求和担当时代重任的需求。

“体育与健康”是中职学生的必修课，旨在引导中职学生提升运动能力，养成健康行为，传承体育精神。如何保证这些基本功能在《体育与健康》教材中得到落实，是我们要考虑的首要问题。

中职学校“体育与健康”课程最大的特色在于职业性，或者称为职业体能性。我们要健全终身职业技能培训制度。不同的职业对从业者的体能要求各不相同：教师需要久站，需要集中精力、大声讲话，所以能久站、专注力强是教师的职业体能需求；有些维修工种，需要在狭小的空间里长时间地进行精细操作，这就需要小肌肉群的长时间参与，故小肌肉群的力量与耐力是他们的职业体能需求；等等。不同类型的中职学校应该怎样进行特殊的体能训练？如何根据中职学生未来的职业特点有针对性地开展体育教学？如何有针对性地提升中职学生的职业体能？《中等职业学校体育与健康课程标准》很好地回应了这些问题。《体育与健康》教材则依据课程标准，有效地回应了这些问题。

时代发展会不断对中职学校“体育与健康”课程提出新的要求。此次颁布的“体育与健康”课程标准构建了“健康教育（18学时）+体能（36学时）+运动技能（90学时+72学时）”的新体系，是对时代需求的有效回应。我们必须夯实健康知识，抓好运动技能，强化“立德树人、健康第一”的理念，有机融入体育精神、思想政治教育，引导中职学生成长为德智体美劳全面发展的社会主义建设者和接班人，同时成为终身体育的实践者。

本教材按照课程标准的精神，在以下几个方面做出了探索：一是以润物细无声的方式渗透思想政治教育；二是大力强化体能训练和健康教育内容；三是努力为学生提供丰富多样的运动项目，供学生选择；四是为各种体育教学模式的实践提供可能；五是努力为中职学校“体育与健康”教学的“三自主”（自主选择内容、自主选择时间、自主选择教师）和“走班制”教学创造条件；六是推进教育数字化，注重学习的可视化建设，提供大量的融媒体资源。

由于我们的水平有限，很多的努力和创新还不尽如人意，但我们愿意继续努力，也希望中职学校的体育教师和我们一起努力，不断探索和建设更科学、更有效的体育课和《体育与健康》教材。

党和国家号召我们：加强青少年体育工作，强化体育课和课外锻炼，促进青少年身心健康、体魄强健。这是新时代教育强国、体育强国和健康中国建设向我们这一代人提出的要求，是中职学生、中职体育教师必须担负起的历史责任。我们没有退缩的空间，没有躲避的理由，只能勇敢地担起重担。

让我们共同努力，踏实前行，创造新时代新的中职体育经验与模式！

是为序。

《中等职业学校体育与健康课程标准》研制组成员
北京师范大学教授、博士生导师
毛振明

前　言

“体育与健康”课程是中等职业学校各专业学生必修的公共基础课程。本课程是以身体练习为主要手段，以体育与健康的知识、技能和方法的传授为主要内容，以培养中等职业学校学生（简称“中职学生”）的体育与健康核心素养、促进学生身心健康发展为主要目标的综合性课程。本教材依据《中等职业学校公共基础课程方案》和《中等职业学校体育与健康课程标准》(简称《课标》) 编写。

编写人员贯彻国家科教兴国战略，人才强国战略；围绕新时代国家对中等职业教育教学与中职学生发展提出的明确要求，对标《课标》，按照“学、练、赛、评”一体化的思路，为中职学生和从事中职学校“体育与健康”课程教育教学工作的一线教师精心策划并撰写了本教材及配套的教师用书，以期更好地激发中职学生的运动兴趣，满足其对体育与健康知识、技能与方法等的学习需求，形成集“运动能力、健康行为与体育精神”于一体的体育与健康核心素养，更好地帮助中职学生在体育锻炼中“享受乐趣、增强体质、健全人格、锤炼意志”。本教材在贯彻落实教育部办公厅颁布的《〈体育与健康〉教学改革指导纲要（试行)》的过程中，通过教会、勤练、常赛，更好地激发中职学生的兴趣，促进中职学生掌握1~2项运动技能，助力中职学生人格更加健全、意志更为坚定。

本教材严格按照《课标》要求，以发展中职学生的体育与健康核心素养为主线，将全书划分为基础模块和拓展模块两大部分，共包含九个单元。基础模块的健康教育单元和体能发展单元均按内容特点采用专题的形式呈现，便于中职学生按明确的专题内容学习，教师按专题施教。拓展模块依据《课标》中的运动技能系列划分为球类运动、田径类运动、体操类运动、武术与民族民间传统体育类运动、水上类运动、冰雪类运动、新兴体育类运动七个单元，每个单元又按不同的运动项目独立呈现。各项目依据自身特点和中职学生运动技能基础与运动需求，按照递进式项目模块设计。具体而言，各部分主要内容如下。

第一部分“基础模块”包括健康教育和体能发展。为了让中职学生通过本部分的学习树立健康意识、形成健康行为、掌握健康技能，从而有效促进身心健康，第一单元“健康教育”系统设计了九个专题，包括“树立‘健康第一’的理念”“形成健康的生活方式”“提高心理健康的水平”“顺利度过青春期”“增强疾病预防意识与能力”“避免运动损伤的发生”“掌握常用的应急救护技能”“提升安全避险的本领”和“注重体育精神的塑造”。为了增强中职学生在日常生活和未来职业发展中必备的体能，第二单元“体能发展”设计了“一般体能”和“职业体能”两大专题。“一般体能”专题主要包括力量、心肺耐力、柔韧性、速度、平衡能力、协调性、灵敏性等的训练，科学设计了锻炼方法与频次建议，以直观性强的图示方式介绍如何精准锻炼，还提供了部分课外体能锻炼方法作为参考。“职业体能”专题按职业类型对体能的需求，分类设计体能锻炼方法，分为久坐型职业体能训练、久站型职业体能训练、经久高度注意力型职业体能训练、特定职业体能训练、乘务类职业体能训练五大类。对于《课标》要求的专项体能，为便于学生学练，本教材将其放在了拓展模块的各专项运动之中。

第二部分“拓展模块”包括球类、田径类、体操类、武术与民族民间传统体育类、水上类、冰雪类和新兴体育类七大运动系列，共包含篮球、足球、排球、羽毛球、乒乓球、网球等 28 个专项运动（其中新兴体育类运动的跆拳道、软式棒垒球、腰旗橄榄球需登录课程平台 jsek.bnuic.com 进行学练）。这既充分考虑到中职学校开展常见运动项目的需要，结合地域、气候和少数民族地区特点设置有针对性的运动项目，又引入大量新兴体育类运动以满足中职学生不同的兴趣爱好和运动需求。每项运动均包含体育中国、了解运动、学练技能、参与比赛、自主评价、专项体能等部分。其中，“体育中国”栏目介绍我国相关优势项目取得的成绩，讲好中国故事、传播好中国声音，展现可信、可爱、可敬的中国形象，突出思政元素和育人价值。“了解运动”介绍各项运动的背景、特点、作用。“学练技能”严格按照《课标》要求，将各项运动的技战术学练按照难度、复杂度划分成进阶性的三个模块。每个模块都设计了由简到繁的单项技战术学练、组合技能练习。“参与比赛”“自主评价”“专项体能”则根据不同地区、不同师生的需求，结合时下信息化教与学的特点，提供了丰富的可选择性内容，需要师生登录课程平台进行了解、学练、比赛与测评。

本教材已有十余年的出版、发行及使用经验的积淀，深受广大师生的喜爱和好评。本次修订更加凸显贯彻落实国家新政策、新精神，突出新时代、新特征，把握《课标》的新要求、新方向，结合中职学生身心健康发展规律与运动喜好，注重渗透思想政治教育，注重服务于中职学生的职业发展需求，努力打造富有科学性、适切性、创新性、引领性的教材：科学性主要体现为教材内容系统设计、富有逻辑、合理衔接；适切性主要体现为内容选择以学生为本、对标《课标》、切合实际；创新性主要体现为结构形式整体建构、科技赋能、主线鲜明；引领性主要体现为思想观念打破传统、开放多元、凸显前沿，为中职学生的体育与健康学习保质、增效。

本教材还配有教师用书、教案集等。教师在使用本教材时，应注意结合学生的发展实际，体现“以人为本”，合理把握“教会、勤练、常赛”的教学组织模式；应依据学生的特点，关注个体差异，注重各年级之间内容的衔接性。学生在使用本教材时，最好能够先预习，尤其是基础模块“健康教育”单元各专题内容，通过预习形成初步认知，再通过课上老师的讲解加深理解，便于真正地在健康意识、健康行为、健康技能、体育精神等方面得到巩固与发展，从而达到真正意义上的促进健康。关于体能发展、拓展模块的学习，除了课堂上认真学练外，还要在课外以及校外勤练，养成运动习惯，积极参加体育比赛，为将来从事各类职业打下坚实的基础。

本教材由北京师范大学毛振明、中国教育科学研究院于素梅担任主编。基础模块由潘建芬、宁英红、张凯、李春雷、徐国强担任副主编，具体编写分工如下。第一单元：专题一，毛振明、张凯、徐国强；专题二，于素梅、宁英红；专题三，张凯、于素梅；专题四，宁英红、潘建芬；专题五，宁英红、潘建芬、查萍；专题六，杨笛、吕国栋、黎林飞；专题七，宁英红、王辉、单杜新；专题八，宁英红、叶玲、温君慧；专题九，张凯、毛振明。第二单元：专题一，蒋晓丹、李春雷；专题二，蒋晓丹、林修财。拓展模块由潘建芬、张军、苏祝捷、陈钦梳、张繁、白敬锋、梁凤波担任副主编，具体编写分工如下。第三单元：项目一，李江泰；项目二，盖清华；项目三，俞文东；项目四，梁凤波；项目五，白敬锋；项目六，张浩。第四单元：项目一，闫泽钧、潘建芬；项目二、项目三，陈钦梳、郑翔。第五单元：项目一，张繁、张世斌；项目二，张繁、魏旭波、关朝阳、张卓；项目三，顾雪兰、韩沫；项目四，廖力坚。第六单元：项目一，韩金明；项目二，郭文革、于素梅；项目三、项目四，苏祝捷、陆卓莉。第七单元：项目一，张军、毛振明；项目二，张军。第八单元：项目一，王金英、王耀东；项目二，王耀东。第九单元：项目一，李波；项目二，苏祝捷、陆卓莉；项目三，邓军文；项目四，邓军文、韦明志。供学生在课程平台上学练的项目：跆拳道，王玉中；软式棒垒球，崔兰芹；腰旗橄榄球，王骁。本教材拓展模块的绘图由先帷帷完成。毛振明、于素梅负责全书体例、框架设计，毛振明、潘建芬负责初稿统稿，于素梅负责后续修订统稿、定稿。

本教材的编写还得到了张鹏、龚真观、欧阳东南、陈建勤、鹿腾燕、左明慧、庞见维、李发、刘璋、马建、冯泽凯、余立、马杰、田静、张跃宗、王春梅、余晓辉、陆杨、邹杰、张雨溪、贾雪莹、宗绍娟等一线体育教师及教研员的支持与帮助，在此一并致谢。

《中等职业学校体育与健康课程标准》研制组成员
中国教育科学研究院研究员、博士生导师
于素梅

教材使用说明

本教材严格依据《中等职业学校体育与健康课程标准》编写，共分为 9 个单元。为了让每个单元的专题或项目的学习形式更加丰富，切实落实立德树人、以体育人，本教材在遵从“学—练—赛—评”学习框架的前提下，增设了一些启发学生思考、引领学生练习、促进师生互动的小栏目。各栏目具体说明如下。

栏目名称	内容描述	功能解读
学习目标	学完各专题或项目应达到的目标	帮助同学们明确目标，有的放矢地学习相关知识、学练相关技能、养成相关素养，为后续的自主评价提供参考
情境导入	与中职学生学习、生活及未来工作密切相关的案例	帮助同学们了解与学习及生活相关的健康知识，引导其树立正确的健康意识
体育中国	介绍我国相关运动领域取得的成就，以及中华优秀传统体育文化的背景	帮助同学们了解我国体育所获荣誉及优秀传统文化传承，增强文化自信和民族自豪感，铸就社会主义文化新辉煌
学一学、测一测、比一比、试一试、议一议	了解相关拓展材料，进行课中或课后小测试，在学习过程中与同学进行比试，将学习内容付诸实践，思考并讨论相关课题	帮助同学们在学习知识及学练技能过程中增进交流，提升同学们的实践能力、自主思考的能力和解决问题的能力
小贴士	对相关知识性内容进行特别提示或拓展发散等	帮助同学们更深入、系统地了解相关知识，掌握相应技巧
注意事项	介绍应特别注意的关键点，或易被学生忽视的事项	帮助同学们了解在具体单项技术动作、组合技能等练习过程中应遵守的安全准则、应达到的动作规格和需注意的相关事项等

此外，本教材还在课程平台 jsek.bnuic.com 中设置了丰富的拓展学习内容，供同学们自主学练、组织比赛、评价成效。[①]

① 本教材学习资源具体查找方法为：进入如上网址，依次选择“图书服务→职业教育→中等职业教育→公共基础课→体育与健康（第 3 版）→教学资源”，即可查阅教材全部资源。

本教材内容翔实、丰富、系统、有趣，希望能为想学练相关运动技能的同学提供专业指导，帮助还未形成定期锻炼习惯的同学开启新的生活方式。愿同学们能对体育锻炼产生兴趣，享受运动的乐趣，培养直面困难的勇气和坚忍不拔的意志，树立遵守规则的意识，养成健康的生活习惯，形成良好的体能，真正成为自己身心健康的第一责任人，进而更好地践行习近平新时代中国特色社会主义思想，成长为德智体美劳全面发展的社会主义建设者和接班人。

目录 contents

基础模块

基础模块是《中等职业学校体育与健康课程标准》规定的必修内容，包含健康教育和体能发展两大部分。人民健康是民族昌盛和国家强盛的重要标志；把保障人民健康放在优先发展的战略位置。健康教育纳入国民教育体系，是教育阶段素质教育的重要内容，也是培养德智体美劳全面发展的社会主义建设者和接班人的必要保障。良好的体能不仅能够为日常生活中的运动奠定坚实的基础，而且能为专项运动中精准而灵活地发挥技能水平提供保障，更能为我们在职业岗位上展现高超技艺提供助力。

系统学习“健康教育”和“体能发展”两个单元的内容，能够帮助同学们更好地将健康掌握在自己手中，提升体能发展水平，练就强健体魄，使锻炼身体成为一种习惯和能力。

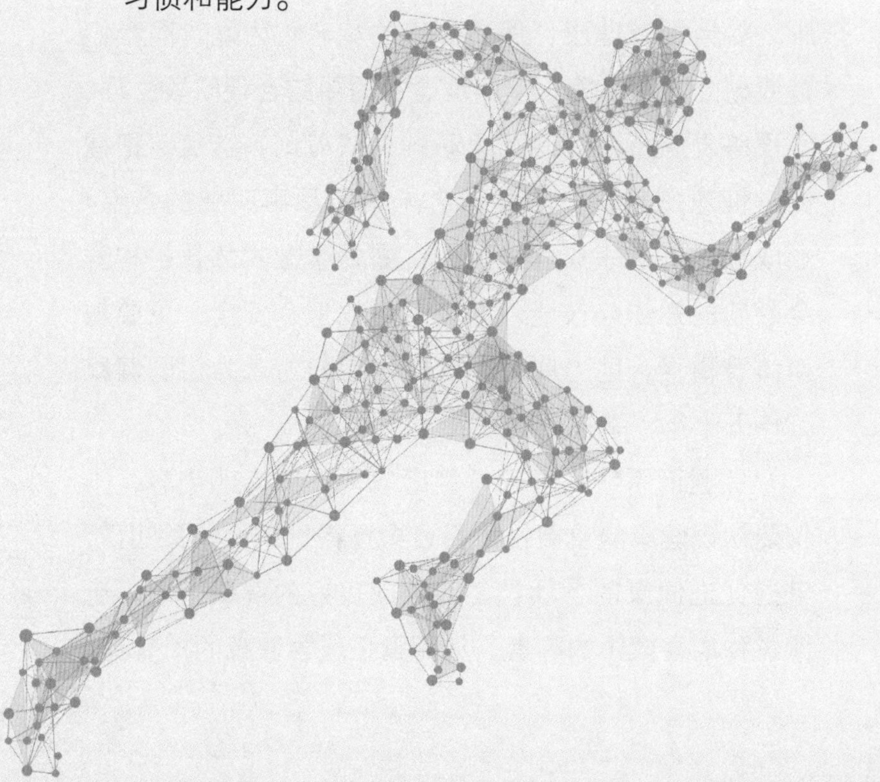

第一单元

健康教育

健康与诸多因素有关，不仅涉及身体，还涉及心理、社会适应等方面。健康是人们所追求的目标，高质量的生命离不开健康，幸福的人生也离不开健康。增进民生福祉、提高人民生活品质的重要举措在于推进健康中国建设。生命、健康和幸福三者的核心是健康。如何拥有健康，保持健康的状态？为此，同学们需要树立“健康第一”的理念；需要结合现阶段生理、心理等发展特点，以及运动的“双刃剑”特点，把握促进健康的规律；需要结合未来所从事职业的特点，形成预防各种职业病的能力；需要掌握紧急救护和安全避险的知识与技能，保护自身的生命安全；更要塑造体育精神，助力成就人生的梦想，力求为祖国健康工作五十年，幸福生活一辈子。

完整而系统地学习“健康教育”各专题内容，不仅要认识健康的重要性，而且要懂得健康的相关知识，掌握促进健康的各项技能，养成良好的健康习惯，远离各种危害健康的因素，从而真正成为健康的拥有者。

专题一　树立“健康第一”的理念

学习目标

1. 树立“健康第一”的理念。
2. 了解健康的标准和影响因素。
3. 践行健康的生活方式。

情境导入

小李同学是今年入校的中职学校新生，从小跟随父亲踢足球。小李开朗乐观，积极组建班级足球队。受他的影响，班级中很多同学开始进行体育锻炼。在小李的带领下，班级在校足球比赛中获得了较好的名次。

同学们正处于身心发展的转折时期，同学们的身心健康会直接影响我国新一代青年的整体健康与综合素质。因此，无论是继续升学还是未来就业，同学们都要增强健康意识并努力践行。即使对专业运动员而言，健康的重要性也要排在运动天赋之前，因为无法兑现的运动天赋等于零。同理，没有健康体魄的支撑，同学们也难以实现自己的人生理想。

本专题旨在通过介绍健康的内涵演变、衡量健康的标准、影响健康的因素及评价健康的方法，引导同学们认识健康、关注健康，学会识别健康信息，进而树立“健康第一”的理念，促进同学们全面、健康地成长。

一、认识健康

自远古时代到现代社会，健康一直是人类不变的追求，也是社会文明进步的基础。习近平总书记就曾在不同场合多次强调要坚持“健康第一”的理念。

学一学

请同学们登录课程平台[①]查阅“健康概念的演变”。

什么是真正的健康呢？在不同时代，人们的回答各不相同。随着经济、社会的发展，健康的内涵已从生存意义上的身体健康，发展到身心健康，再发展到多维健康。其本质是我们全面、完整及和谐地发展。其中，全面发展指德智体美劳全面且均衡发展；完整发展指躯体、心理、社会适应能力及道德随着年龄的增长有秩序地、完整地发展；和谐发展指注重各基本素质适当、协调、平衡发展。健康是全面、完整、和谐发展的统一，是学校体育的目标，更是学校教育的最终目标之一。

测一测

请同学们登录课程平台进行“小测试：世界卫生组织五项身心健康指标评价”。

① 本教材课程平台为 jsek.bnuic.com，进入该网址后，依次选择“图书服务→职业教育→中等职业教育→公共基础课→体育与健康（第 3 版）→教学资源”，即可查阅教材全部资源。全书同，后不赘述。

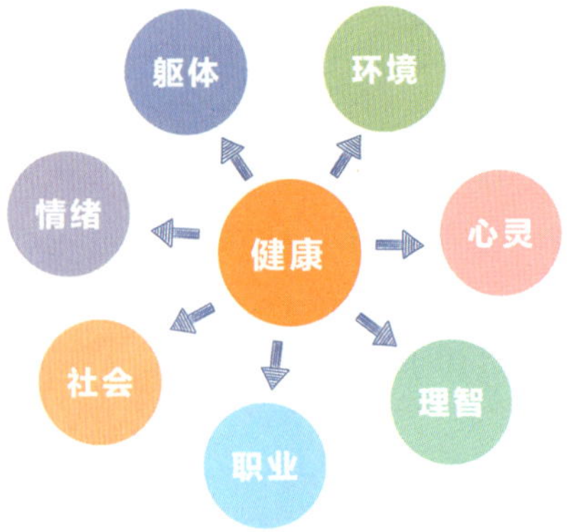

图 1-1-1 人们对健康的认识

目前，人们对健康的认识已经丰富到 7 个维度（见图 1-1-1）。其中，躯体维度指身体健康；情绪、社会和职业维度指心理、社会和道德的健康；理智维度指对各种信息的处理能力；心灵维度包括信心、信任、信仰和信念；环境维度包括个体与社会、自然界的和谐关系。

二、健康的标准

世界卫生组织提出了十大健康标准，同学们可以根据实际情况进行自我健康评价。

1. 精力充沛，能从容不迫地进行日常生活和工作而不感到过分紧张。
2. 处事乐观，积极参与，乐于承担责任。
3. 善于休息，睡眠良好。
4. 应变能力强，能适应外界环境的各种变化。
5. 能够抵抗一般性感冒和传染病。
6. 体重适中，身材匀称。站立时，头、肩、臂的位置协调。
7. 眼睛明亮，眼睑不发炎，反应敏捷。
8. 牙齿清洁，无缺损、无龋齿、无出血现象，齿龈颜色正常。
9. 头发有光泽，无头屑。
10. 肌肤丰泽，皮肤有弹性，走路轻松有力。

比一比

请同学们登录课程平台进行“8 种健康状况测评”。

三、影响健康的因素

世界卫生组织指出：人的健康和寿命 60% 取决于行为和生活方式，15% 取决于生物遗传，10% 取决于社会因素，8% 取决于医疗条件，7% 取决于生活环境。

（一）行为和生活方式

当今社会，发达国家人口死亡的主要原因是心脑血管疾病、恶性肿瘤和意外死亡，大都与滥用酒精和药物、饮食不科学、缺乏锻炼、吸烟等不良行为和生活方式有关。在中职阶段，不良行为和生活方式一般包括非故意伤害行为（如骑车违规、步行违规、到无安全措施场所运动等），故意伤害行为（如校园欺凌、自伤行为等），物质滥用行为（如吸烟、饮酒行为），网络成瘾行为，过早性行为，不健康饮食行为和缺乏体力活动行为等。这些对同学们的健康有着长期的消极影响，应该杜绝。

（二）生物遗传

生物遗传因素包括人类在长期生物进化过程中所形成的遗传、成熟、老化及机体内部状态（如各器官的功能状态、机体的免疫能力）等。生物遗传因素直接关系着我们的健康，对诸多疾病的发生、发展及分布具有重要影响。虽然遗传因素无法改变，但是心理因素具有可塑性。保持积极的心理状态是维持和增进健康的必要条件。

（三）社会因素与医疗条件

相关研究显示，不良生活事件会使机体机能偏离平衡状态，对身心健康有着不利影响。中职学生的不良生活事件主要集中在人际关系、学习压力和校园适应等方面，发生率较高的前 5 位分别为“考试失败或成绩不理想”“与同学或好友发生纠纷”“生活（饮食、作息等）规律等明显变化”“被人误会或错怪”和“学习负担重”。如果出现上述情况，同学们可以求助于老师、家长或同学等，也可以通过体育锻炼、心理咨询等方式缓解压力，进而有效降低由生活事件所引发的负面情绪对健康的影响。

此外，健全的社会保健制度，尤其是初级卫生保健制度，能针对本地区存在的主要卫生问题提供相应的卫生服务，是维护和促进健康的重要保障。

（四）生活环境

正常的大气、水、土壤、微小气候等是我们赖以生存、不可或缺的原生环境。目前，工农业生产和人类活动等产生的次生环境问题（如森林覆盖面积减少、水土流失、空气污染等）日益危害着我们的健康。此外，自然环境中的物理因素（如气温、气压、噪声、辐射等）与化学因素（如天然或人工合成的某些化学物质及动物和微生物体内的某些化学元素），与人体接触超过一定限度，也会对我们的健康产生危害。

测一测

请同学们登录课程平台进行“生活事件评价”。

四、健康是每个人的生命之基

人民教育家陶行知先生曾指出：“人生第一要事是康健，第二要事是康健，第三要事是康健。”[①] 从生命的角度来看，每个人的生命都只有一次。相对于功名利禄而言，健康才是第一位的。如果没有健康，其他任何事情的意义就会大打折扣或失去意义。当下全球发生的新型冠状病毒肺炎疫情更加凸显出健康的重要。抗击病毒需要有较强的免疫力，健康的身体、健康的生活方式、科学的防控措施是战胜病毒的重要法宝。

健康不仅对自己有益，而且对他人、对社会、对国家都有益。拥有健康的体魄既是为祖国和人民服务的基本前提，也是家庭拥有幸福生活和个体彰显生命活力的基本前提。为了筑牢我们的生命之基，每个人都应树立“做自己健康的第一责任人”的意识，对自己的健康负责。健康呈现的是生命的正能量状态。健康的生命聚在一起，必然会形成一个生命的正能量场，为彼此输送生命所需的正能量。

① 陶行知：《陶行知全集》第 8 卷，66 页，成都，四川教育出版社，2009。

学习评价

1. 多维健康包括____________________________。

2. 我打算按如下做法提升自己的健康水平____。

3. 依据世界卫生组织的十大健康标准，我做得好的方面有________________________，有待改善的地方有____________________________。

4. 采用小组合作的形式，依据世界卫生组织身心健康指标编制问卷，对同学们的身心健康状况及其影响因素进行调查，在老师的帮助下进行数据处理与分析，提出促进同学们身心健康发展的建议。

专题二　形成健康的生活方式

学习目标

1. 了解什么是健康的生活方式。
2. 掌握基本的健康生活方式。
3. 养成健康的生活习惯。

情境导入

身体瘦弱的小刘经常熬夜，加上生活不规律、不吃早餐，他得了胃病。在老师的建议下，他开始晨跑，并坚持吃早餐。渐渐地，他改掉了熬夜的习惯，胃病大大好转，精神面貌焕然一新，学习效率也大大提升……

我们要深入开展健康中国行动和爱国卫生运动，倡导文明健康生活方式。健康的生活方式使人精力充沛、充满活力，反之则会导致各种身心疾病。生活方式会影响生命的质量和人生的长短。

本专题将带同学们了解生活方式与健康的关系，了解中职学生该有的健康生活方式，帮同学们树立“做自己健康的第一责任人”的理念，提升健康素养，学会自我健康管理，掌握形成健康生活方式的方法，为同学们的健康人生导航。

一、健康生活方式的内涵

生活方式是指人们长期受社会文化、经济、风俗、家庭的影响而形成的一系列的生活习惯、生活制度和生活意识。

健康生活方式是指有益于健康的、习惯化的行为方式。

二、中职学生的健康生活方式

对同学们来说，健康生活方式具体表现在如下几个方面。

（一）强化卫生意识，养成良好卫生习惯

生活中要注意增强卫生意识，养成良好的个人卫生、公共卫生和饮食卫生习惯，如勤洗手、常洗澡、早晚刷牙、饭后漱口；不共用洗漱和餐饮用品，聚餐用公勺、公筷；咳嗽、打喷嚏时遮掩口鼻；适时开窗通风，保持室内空气清新；保持环境卫生，不随意丢弃垃圾，垃圾要分类处理；注意饮水卫生，不喝生水；蔬菜水果要洗净；生、熟食品要分开存放和加工；不吃变质、超过保质期的食品。尤其是新型冠状病毒肺炎疫情暴发以来，同学们更要时刻注意保持卫生，不能松懈。

（二）起居有常，生活作息规律

睡眠是机体复原休整和巩固记忆的重要环节，对大脑发育、骨骼生长、视力保护、身心健康和提高学习能力与效率至关重要。同学们应养成每天规律睡眠、充足睡眠的好习惯，不能晚上不睡、早晨不起、熬夜玩手机。

生活作息规律可以使我们形成稳定的生物钟，轻松进入工作、学习和生活的良好状态，起到事半功倍的效果。如果由于特殊情况，不能按正常作息安排一日生活，应尽量保证每天充足的睡眠、适当的体育锻炼，按时吃饭，以免打乱生物钟，影响我们的身体健康。如果未来同学们从事的职业作息与一般人作息不同但相对稳定，那么，同学们可以建立新的作息时间表，形成新的生物钟。

（三）合理膳食，均衡营养，文明就餐

同学们正处于生长发育和学习进步的关键时期。而且在职业技能的学习过程中，能量需求量大，因此在饮食上必须多加注意。

第一，合理安排一日三餐，做到进餐有时、三餐有别，“早好”“中饱”“晚少”，不暴饮暴食，也不过分节食，饥饱要适当。每日膳食要食物多样，营养均衡，保证主食、优质蛋白质、新鲜瓜果蔬菜的摄入。有些同学采用不吃主食、只吃果蔬的方式来控制体重或保持身材，这是不明智的。

第二，饮食要清淡，做到“三减”——减油、减盐、减糖，控制辛辣、刺激、甜腻等食品的摄入量。每天足量饮用白开水，不喝或少喝含糖饮料。如果未来从事的是消耗能量很大的职业，可适当补充一些运动饮料等。一些同学喜欢饮用各种高糖饮料，甚至替代饮用水。这尤其不利于身体健康，需要立刻改掉这种习惯。

第三，文明就餐。就餐时最好采用分餐制，注重餐桌礼仪，敬老爱幼不喧哗；量腹而取，食尽盘光，做到美好“食”光不浪费。

中国营养学会公布的《中国居民膳食指南（2022）》为我们提供了每日应摄入的食物种

类及合理数量、适宜的身体活动量及饮水量参考，并以膳食宝塔的形式直观展现，是我们日常饮食应遵守的基本准则（见图 1-2-1）。

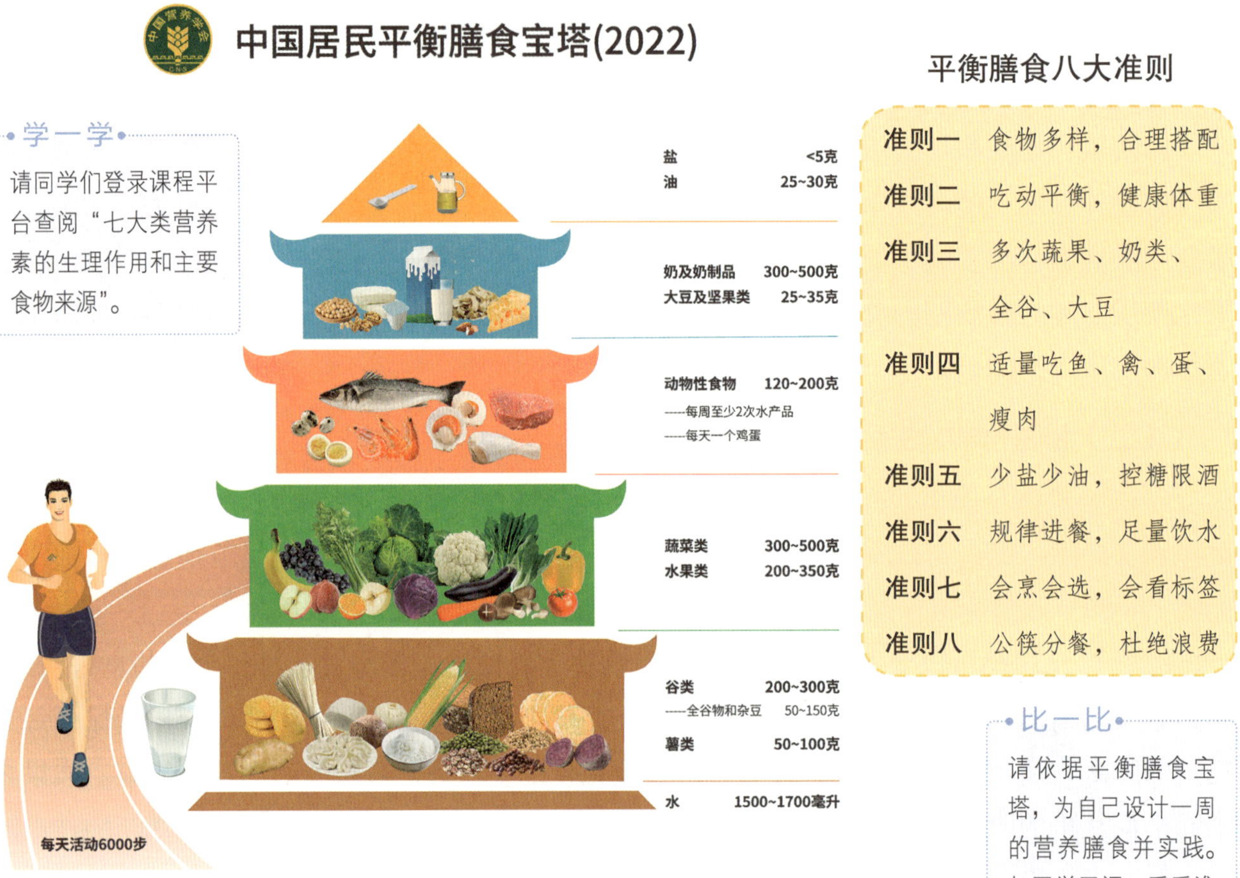

图 1-2-1　中国居民平衡膳食宝塔（2022）

学一学

请同学们登录课程平台查阅“七大类营养素的生理作用和主要食物来源”。

比一比

请依据平衡膳食宝塔，为自己设计一周的营养膳食并实践。与同学互评，看看谁的更健康。

（四）坚持科学锻炼

运动是健康生活方式不可或缺的重要内容，应成为我们生活的一部分。每个同学都应培养定期、定量运动的良好习惯。即便是一些体力性的职业学习（运动性工作除外）也不能替代体育运动。但是，运动也是一把“双刃剑”。在日常锻炼中，掌握科学的锻炼方法是保证我们终身锻炼的关键。

学一学

请同学们登录课程平台查阅“适宜运动环境的选择”，并与同学讨论校园内哪些地方适宜锻炼 。

第一，注意运动环境的选择。参考因素包括空气质量、气温、湿度以及太阳光线等。不适宜的环境可能会影响锻炼效果，甚至危害身体健康。

第二，遵守科学锻炼原则。具体包括全面发展原则、循序渐进原则、适量性原则、延续性原则、个别对待原则和健康性原则。

第三，针对自身特点，制定运动处方，提高锻炼效果。

第四，养成良好的运动卫生习惯，如穿浅色、轻薄和透气良好的运动服装，运动时养成用鼻呼吸的习惯；运动后及时消汗保暖，更换衣物等。

试一试

请同学们登录课程平台学习“个人运动处方制定”相关内容，根据自身情况设计专属运动处方，并向老师汇报。

（五）培养良好的兴趣爱好，远离和戒除陋习

第一，培养良好的兴趣爱好。挖掘自身潜在素质，培养广泛而良好的兴趣爱好，使自己的人生多姿多彩，增加幸福指数，为形成健康生活方式奠定基础。

第二，远离和戒除陋习。吸烟、酗酒、网络成瘾等陋习是青少年成长过程中较大的绊脚石。一旦沾染，如不及时戒除，就可能伴随一生，损害同学们的身体，甚至危及同学们的生命。这些陋习不是现代文明社会公民应有的生活方式，更不是中职学生应有的生活方式。

（六）关注身体健康

第一，定期体检，评估身体健康状况，对生长发育问题和疾病做到早发现、早矫治、早恢复。

第二，出现病症及时就医，遵医嘱治疗，理性对待诊疗结果。

第三，遵守安全用药原则，能口服就不肌肉注射，能肌肉注射就不输液；如若必需，则须遵医嘱使用抗生素、镇静催眠药、镇痛药、止咳糖浆以及其他成瘾性药物，避免药物依赖；药品应存放在避光、干燥处；定期检查药品是否过期，过期后禁止使用。

> **学一学**
> 请同学们登录课程平台学习“不同场景健康生活方式核心要点（2024）”。

（七）注重心理健康

心理健康对于同学们来说具体可表现为如下几点。

第一，热爱生活，有幸福感。

第二，有能力建立和维持良好的人际关系，如能较快融入陌生群体，能与人和谐相处等。

第三，积极参与有意义的校园活动及社会活动，有能力参与相应的工作。

第四，乐观向上、心态平和，能应对生活和学习中的挑战，并从中获得成长。

第五，重视和维护心理健康，遇到心理困扰时能主动寻求帮助，采用积极有效的压力应对方式（如合理运动等），及时疏导不良情绪，保持心理健康。

三、提升健康素养，学会自我健康管理

> **学一学**
> 请同学们登录课程平台学习“健康素养66条”。

现代社会总有许多新奇事物丰富与干扰着我们的生活。同学们又正值青春年少，好奇心强，体力与精力处于人生高峰期，很容易因聚会、上网、游戏、追剧等而不能正常、规律地生活，进而形成不良的生活方式，透支身体，影响身心健康。我们应尽量抵制不良诱惑，树立“做自己健康的第一责任人”的理念，学会自我健康管理，养成健康的生活习惯。

一个人要形成健康生活方式，需以健康素养为基础。同学们应多看高质量的健康类书籍，学习健康知识与技能，如“健康素养66条”等，提升自己的健康素养，并结合自己未来职业的特点养成适合自己的健康生活方式。

> **学一学**
> 请同学们登录课程平台学习“健康行动计划的制订与实施”。

学习评价

1. 结合情境导入中的案例，谈一谈我们应该吸取哪些教训。

2. 结合自己的实际情况和前面的运动处方，制订一份运动计划，进行为期1个月、每天至少40分钟的运动打卡活动，并根据实施情况进行自我评价。

3. 对照中职学生健康生活方式中的具体内容与要求，评价一下自己还有哪些做得不够好，运用在课程平台中学习到的健康行动计划的制订与实施方法，制订自己的健康行动计划并实施，尽快养成自己的健康生活方式。

专题三　提高心理健康的水平

学习目标

1. 了解心理健康的标准及影响因素。

2. 认识自尊、人格和人际关系对自身心理健康的影响，并通过科学的方法来调节自身心理状况。

3. 学会用运动缓解压力、消除焦虑和恐惧等心理障碍的方法。

情境导入

小贾是某职业学校服装设计专业的学生，她一直是同学中的佼佼者。但在一次考试中，小贾的作品被老师当众质疑。从此她信心一落千丈，有时甚至难以完成作品。后来她找到了心理咨询师王老师，倾诉了所有的烦恼。在王老师的引导下，她分析了自己不良情绪的来源及本质，发现自己过于在意他人的看法，当自己的作品被否定时，便开始质疑自己的能力，导致每次考试都会焦虑。在王老师的引领下，小贾终于走出自我质疑的阴影，学习和生活都回到了正轨。

良好的心理健康水平是我们可持续发展的基石。同学们正处在青春期，在经历生理和心理变化带来的各种影响的同时，也面临着未来道路的选择。因此，如何提高心理健康的水平成为每位同学都需要关注的话题。

本专题主要介绍心理健康的标准及影响因素，意在引导同学们正确认识自我，并用适宜的方式进行自我评价，为青春期的成长助力。

一、心理健康的标准

不同时期的不同学者认为心理健康有着不同的含义和标准。但有 4 条标准是公认的：第一，有一种主观幸福感；第二，有能力形成和维持良好的人际关系；第三，有能力参与建设性、有意义的工作；第四，有能力成功地应对生活的挑战，获得成长。

在健康问题上，部分人有个误区，即可以到处诉说自己有高血压、心脏病、糖尿病等，却羞于提及自己心理有问题。即便心理障碍甚至心理疾病已非常严重，依然害怕被别人知晓，拒绝去专科医院就诊。出现心理问题不可怕，可怕的是我们逃避它、掩饰它，而没有及时求助。我们需要做的是真实地去面对心理问题，积极寻找有效方法进行调节。每解决一个心理问题、战胜一次挫折困难，我们都会获得一次自我成长。

> **学一学**
> 请同学们登录课程平台参阅“马斯洛的心理健康标准”。

二、心理健康的影响因素

心理健康的影响因素有很多，既有遗传、生理结构、性别、年龄等个体因素，也有家庭教养方式、经济条件、文化、环境等社会因素。从心理学视角出发，有如下几个重要指标与个体的心理健康息息相关。

（一）自尊

自尊是指自我接纳、自我尊重和自我价值感，是个人对自己重要性、价值感的评价，是预测主观幸福感和生活满意度最为稳定的心理指标。自尊包括两个方面：第一，归属感，给个体的生活提供了安全的基石，使其相信无论发生何事，自己都将被接受。第二，掌控感，是个体通过克服一个又一个困难而获得的对世界能够施加影响的控制感。

> **测一测**
> 请同学们登录课程平台进行“社会支持量表”的测试。

（二）人格

人格是指一个人独特的、相对稳定的行为模式，包括兴趣、态度、气质、价值观、意志等方面。

（三）人际关系

在所有心理健康标准中，能够建立和维持良好的人际关系这一标准都被列入其中。朋友与家人能够满足我们安全与归属、爱与被爱的需求，这是人们内心安全感的源泉。一个心理健康的人有能力去爱人，也乐于接受别人的关爱，能够在人际交往中与他人建立和谐、友爱的关系。他的内心会充满安全感。他会用开放、积极、包容的心态与人相处，较少有防御、敌对和回避的心态。他能在交往中带给别人信任、尊重、帮助、赞美，同时也获得更多的社会支持。

> **测一测**
> 请同学们登录课程平台进行“整体自尊量表”的测试。

三、正确认识自我

如何面对内心的矛盾与疑惑？正确地认识自我、接纳自我是青春期健康成长的一剂良药。虽然环境、经历会给人带来深远的影响，但我们若能接纳变化的、真实的自己，就能更好地迎接青春期的挑战。

（一）自我个性的认识

> **测一测**
>
> 请同学们登录课程平台进行“我的个性成熟度”的测试。

同学们刚刚踏上认识自己的“新大陆”，对很多新奇事物的认知还不稳定，也很难客观、真实地分辨对错。在这一时期，我们的自尊心最强烈也最脆弱。如果受尊重的需求得到满足，自尊就会成为一种积极的心理品质；反之，则会引起自我怀疑、自卑等消极心理。我们应正确面对自己生理和个性上的变化，学会接纳自我，试着与信任的朋友、老师、家长坦诚地沟通与分享，获得他们的帮助与理解。

（二）个体社会化的认识

青春期个体社会化是基本社会化的最后阶段，也是极为重要的人生阶段。有人将其称为“人生的第二次诞生”“心理断乳时期”等。我们既要正确认识自己，也要形成与他人、与社会的健康联结。身边的同学、朋友、老师、家长等都是我们人际圈里的重要组成部分，如何与他们建立良好的关系，帮助我们更加适应这个社会的发展呢？

1. 与成年人交往

由于青春期心理“上锁”的特征，我们容易与老师、父母发生冲突，特别是与父母发生冲突。面对冲突，我们需要克制自己，静下心来思考自己内心的想法，寻找合适的沟通机会；当我们不被理解、不被尊重时，我们可以试着向老师或父母真实地表达自己内心的期待和想法；在遇到困难时，我们可以找自己信任和尊重的成年人寻求帮助。

> **议一议**
>
> 小黄和小李是某中职学校的一对好伙伴。她俩品学兼优，又都爱好羽毛球运动，平时形影不离，无话不说。两人同为班干部，但在最近一次班干部竞选中，小黄以一票之差意外落选，因此怀疑小李在竞选中没有投自己的票，俩人的关系逐渐冷淡……面对此情况，小李该如何去做呢？

2. 与同龄人交往

我们应多与同龄伙伴交往，特别是与自己志趣相投和性格相近的人交往。首先，交往时要树立平等、真诚、信任、理解的理念，尊重彼此的家庭、个性、学习成绩等；其次，要学会接纳对方，当同学之间发生矛盾与冲突时，先反思自己的言行，尽量对他人宽容；最后，要正确看待与同学的合作、竞争关系，主动融入集体学习和活动，将竞争看作促进彼此学习与提高的机会。

四、正确进行自我评价

（一）通过认识他人来认识自我

自我评价是自我认识的体现，深刻的自我认识是以深刻认识和理解他人以及社会为前提的。在不断认识和评价他人言行的过程中，我们逐渐学会认识自我、评价自我，促进自我认知水平的不断提高。

（二）通过分析他人对自己的评价来评价自我

在成长过程中，他人对自己的评价在所难免。要学会理性地认识他人的评价，将评价转换为促进自我认知和成长的重要方式。

（三）通过与他人的比较来认识自我

在个体社会化的过程中，我们无法摆脱合作与竞争的关系。在对比自己与他人的表现时，我们应更好地认识自己的优势与劣势，以达到取长补短、促进成长的目的。

（四）通过自我比较来评价自我

除了与他人比较外，更重要的是与自己比较，以达到超越自我的目的。要实现个人的纵向成长，就要求我们从过去、现在和将来的维度中认识自我，既要看到自己的进步，也要看到自己发展的方向，以此来衡量自己现阶段的状态。

（五）创建良性的评价氛围

从我做起，创建良性的评价氛围，与同学建立良好、融洽的关系；遇到问题时，多请教老师，建立和谐的师生关系等。

五、运动减压的方法

生活中处处有运动。无论是在运动场馆中，还是在出行路上或者户外，运动都与我们相伴。运动带来的机体疲劳和放松能让我们睡眠更良好，进食更顺畅。运动还有助于克服恐惧、焦虑等心理，调节心理压力和心理疲劳。

除慢跑外，有效的减压运动还有以下四项。

（一）游泳

游泳不但可以增强心肺功能，而且有助于心理减压。在游泳的时候，全身的肌肉会得到放松，代谢水平大大提升，心理压力也会得到有效缓解。

（二）打羽毛球

羽毛球等执拍项目对缓解压力是不错的选择。人在打羽毛球的时候能在羽毛球的穿梭飞行中体会到无穷的乐趣，同时体力的消耗能使心理放松、压力缓解。

（三）骑自行车

在骑行的时候，我们会保持高度专注，忘掉烦恼，让大脑得到更多的休息。亲近大自然可以使人精神倍增，有利于缓解心理压力。同时，还能更好地践行绿色、循环、低碳的环保理念。

（四）登山

绿水青山就是金山银山。登山既能有效锻炼肌肉的力量，强健骨骼，也能缓解压力。当一步一步登山的时候，靓丽的风景以及“征服”高山的行为都可以给人带来成就感。

学习评价

1. 我与同龄人交往时应该________________。
2. 我与父母交往时应该________________。
3. 为了维护自己的心理健康，我会________________。
4. 自己的“寻人启事”：6~8位同学一组，每位同学根据自己的学习、生活、人际关系和个性品质等，写出 5~8 个自己的特征，写完不署名。写完后将所有的“寻人启事”收起来打乱顺序，发给其他同学，让同学猜猜自己拿到的“寻人启事”找的是谁，并且根据事实陈述分析的理由。每位同学分析完后，“寻人启事”上的同学站出来“揭秘”。这样的过程可以帮助同学之间相互认识与评价，也能帮助个人更加全面和客观地认识自己。

专题四　顺利度过青春期

学习目标

1. 了解青春期的生理和心理特点。
2. 掌握青春期保健的方法。
3. 认识过早性行为的危害。

情境导入

15 岁的小王开始经常遗精，这让他既好奇又迷惑。同时，他的心理也发生了很大的变化，经常会莫名地烦恼和焦虑。小王由此进入了所谓“青春困惑期”。

青春期是儿童期和成年期之间的过渡阶段。以性成熟为核心的生理方面的发展，使同学们具有了与儿童时期明显不同的社会、心理特征。在这个时期，同学们的身体、外貌、行为模式、自我意识、交往与情绪特点和人生观等，都慢慢脱离了儿童的特征而逐渐成熟起来。

本专题将带同学们探究自我身心发育与发展现状，帮助同学们认识自我，学会积极应对青春期身心困惑与问题，指导同学们的生活实践，助推同学们健康成长，让同学们绽放出最美青春，遇见最美好的自己！

一、青春期生长发育特征

青春期指由儿童逐渐发育成成年人的过渡时期。根据生理发育特点，青春期可分为前期、中期和晚期，每期持续 2~4 年（见表 1-4-1）。

表 1-4-1　青春期不同时期的生理特点和表现

时期	年龄范围		持续时间(年)	特点	表现	
	女	男			形态、机能	性征
前期	9~12 岁	11~14 岁	2~4	第二次生长突增期	生长加速，包括突增开始直至高峰	第二性征出现
中期	12~15 岁	14~17 岁	3~4	以性器官与第二性征发育为主	生长减速	月经初潮、首次遗精为该时期开始的标志，以第二性征发育成熟为止
晚期	15~18 岁	17~20 岁	3~4	基本成熟	骨骺闭合，身高增长速度逐步减缓至停止	生殖功能成熟，女孩出现周期性月经

在身体发育方面，重要的内分泌激素，如生长激素、睾酮、雌激素等的大量分泌，使得正处于青春期的同学们的身体形态、身体机能和身体素质得到进一步发展。形态发育主要体现在身高和体重的突增上；身体机能发育体现在心肺功能、造血功能的增强上；身体素质发展体现在速度的提高及力量、耐力、灵活度、柔韧性、协调性的增强上。

> **测一测**
> 请同学们登录课程平台学习“青春期常见生理问题”，看看自己处于哪一阶段。

在中职阶段，大多数女生处在青春期晚期，第二性征发育成熟，生殖功能也基本成熟，身高增长已减缓或停止，出现周期性月经；大多数男生处在青春期中晚期，第二性征发育基本完成，身高增长已减缓，出现正常的生理遗精现象。

二、青春期心理特点

随着生理特征的改变，同学们的心理活动也发生着巨大的变化，有时感到好奇，有时又感到迷惑、害怕。这一时期称作“青春困惑期”。此时同学们的心理状态主要呈现以下特征。

第一，独立性增强。随着自我意识的觉醒，同学们感觉自己已经长大了，有一种强烈的独立感，在学习和生活上不再被动地听从父母的安排，而是渴望用自己的眼睛看世界，用自己的标准衡量是非曲直。

第二，情绪两极化。同学们既会为一时的成功而激动不已，也会为小小的失意而意志消沉，情绪多变，经常表现出莫名的烦恼和焦虑。

第三，心理“上锁”。随着心理的不断发展，同学们在情绪管理能力上有了一定的提高，开始学会掩饰、隐藏自己的真实情绪，出现心理“上锁”的现象。

第四，内心充满矛盾。青春期是长大成人的开始，是由不成熟向成熟的过渡阶段。同学们内心充满了矛盾与冲突，如生理成熟提前和心理成熟滞后的矛盾、独立意识增强与实际能力偏差的矛盾、渴望他人理解与心理“上锁”的矛盾。

第五，行为易冲动。相关研究指出，青春期同学们的大脑中，负责控制情感和冲动的神经尚未发育成熟，易爆发冲动行为。

青春期是同学们由心理幼稚走向心理成熟的过渡期，青春的烦恼是成长的印记。同学们遇到烦恼、矛盾与困惑时，应该学着接纳自我，试着与信任的朋友、老师、家长坦诚交流与沟通，获得他们的帮助和理解，从而顺利平稳度过青春期。

三、青春期性心理与异性交往

（一）青春期性心理

> 测一测
>
> 请同学们登录课程平台进行异性交往情况自评，并与同学们交流。

随着青春期性发育的逐渐成熟，男生和女生不仅在体貌特征上有显著差异，而且在性格、爱好方面的差异也会更加明显。同学们会对异性产生好奇心，喜欢以特殊的行为来吸引异性的注意，这是正常性心理的表现。另外，与异性接触时还会产生一种特殊的相互吸引力和激发力，被称为“异性效应”。这在青少年交往中表现得更为明显。同学们要学会与异性正常交往的方法，掌握交往的准则。

（二）与异性交往的准则

第一，要互相尊重，做到“六不”：既不过分随便，也不过分拘谨；既不过分冷淡，也不过分亲昵；既不卖弄自己，也不过分严肃。

第二，尽量保持群体模式和公开模式，避免秘密地单独相处。同学间应彼此理解、互相信任，不无端猜疑、散布谣言。

第三，表现自然、大方。同学间应互相关心、爱护、帮助，真诚、友好地相处。

第四，要增强防范意识，学会保护自己。

四、正确认识过早性行为的危害

过早性行为会使青少年产生紧张感、忧虑感、较大的情绪波动及沉重的精神负担，保护不当也可能引发传染性性疾病和生殖器感染性疾病，还可能会在婚后给家庭生活带来阴影。

处于青春期晚期的青少年由于生理原因容易产生性渴望和性冲动，这是正常的生理现象，但性行为不应随意和冲动。可以通过运动、环境、话题等转移注意力，抵制诱惑，净化心灵，理智行事，弱化冲动。万一不小心发生性行为，同学们要懂得保护自己，采取安全措施，防止感染性疾病，如艾滋病等。如果怀孕，要第一时间向老师、父母求助，采取紧急补救措施，避免留下遗憾。总之，同学们必须谨记：青少年时期首先应以学业为重，应树立性安全意识，在性行为这条“起跑线”上不宜“抢跑”，而须讲原则、守底线。

学一学

请同学们登录课程平台学习“避孕方法及避孕失败后的紧急补救措施”。

学习评价

1. 我的各项生长发育生理指标①。

体重指数②：_______千克/米^2	低体重	正常	超重	肥胖
肺活量：_____毫升	偏低	正常	良好	优秀
脊柱：	正常	侧弯	前凸或后凸	
性发育：	正常	异常		
总体：	偏差	正常	良好	

我为未来生活和职业应加强的方面有________________________________。

2. 我处于青春期的____期，现在的心理状态是____________________________。我打算这样度过这一特殊时期____________________________________。

3. 案例分析：你认为小C应该怎样做？你想对小D说些什么？

中职学校三年级女生小C和男生小D是同班同学，两人经常一起交流学习和生活中遇到的问题。不知不觉中两人产生了好感，陷入了恋爱中。一个周末，小D趁家里没人，便主动邀请小C到家里玩。相处间小D突然心生杂念，提出要与小C发生性行为。小C一时手足无措，不知如何是好。

① 体重指数（详见②）、肺活量可根据《国家学生体质健康标准（2014年修订）》高一阶段数据计算或测试得出。其中，男生体重指数正常值区间为16.5~23.2，≤16.4为低体重，23.3~26.3为超重，≥26.4为肥胖；女生体重指数正常值区间为16.5~22.7，≤16.4为低体重，22.8~25.2为超重，≥25.3为肥胖。男生肺活量≤2599毫升为不及格，2600~3799毫升为及格，3800~4299毫升为良好，≥4300毫升为优秀；女生肺活量≤1749毫升为不及格，1750~2749毫升为及格，2750~3049毫升为良好，≥3050毫升为优秀。脊柱、性发育指标可根据相关健康体检报告填写。

② 体重指数是目前常用的衡量人体胖瘦及健康程度的一项标准，具体计算方法为体重指数＝体重÷身高^2（体重单位：千克；身高单位：米）。

专题五 增强疾病预防意识与能力

学习目标

1. 养成良好的卫生习惯，提高预防疾病的意识和能力。
2. 掌握艾滋病、生活方式病等疾病的起因与预防措施。
3. 养成每天保证充足睡眠和合理膳食的习惯，提高机体免疫力。

情境导入

小北是一名中职学校新生，第一次离家到外地上学，饮食不习惯，跟同学关系也比较冷淡，感觉很孤单，没多久就迷上了网络游戏，常常凌晨两三点才睡觉。因为熬夜，小北晚上经常吃夜宵，运动也少，生物钟混乱。曾经体重正常的小北越来越胖，学习成绩也很不如意，期末考试有多门科目不及格。

不论是在人生的哪一阶段，疾病都是人们健康的天敌。学生时代容易出现的近视，学校等集体场所容易迅速传播的肺结核等，都威胁着同学们的身体健康。此外，成年人易患的颈椎病、肥胖症、心脑血管疾病、糖尿病等慢性病，甚至癌症，都在朝着低龄化的方向发展。还有致死率高、危害性大的艾滋病，也不时向青少年伸出魔爪。同学们将来的工作环境繁杂，一定要学会预防疾病，从现在起“做自己健康的第一责任人”。

本专题将带领同学们树立疾病防控意识，学习预防常见传染病、高发的生活方式病的知识与技能，掌握防控疾病的本领，从而保障同学们健康生活、健康成长。

学一学

请同学们登录课程平台学习“科学防护，远离结核危害”。

一、预防艾滋病，你我同参与

艾滋病（AIDS）是由艾滋病病毒（HIV）导致的一种慢性致死性传染病。艾滋病病毒专门攻击人体免疫系统，最短可在一年内发病，到了晚期容易出现癌症、感染或其他严重的临床症状。目前还没有彻底治愈艾滋病的药物和方法。艾滋病未发病前无症状，但传染性非常强，危害大，病死率高。当前，青少年学生艾滋病感染病例不断增长，一旦感染，对家庭、学校、社会都是一场噩梦。预防艾滋病，需要全社会共同参与。

（一）艾滋病的传播途径

艾滋病病毒主要存在于感染者的血液、精液、阴道分泌物、乳汁、伤口渗出液等体液中。传播途径主要有血液传播、性传播和母婴传播，日常接触通常不会感染艾滋病。

（二）艾滋病的传染源

只有艾滋病病毒感染者（携带者）和病人才能将病毒传染给他人。

值得注意的是，艾滋病病毒感染者一般没有明显症状，外表和正常人一样，没有任何区别，可在没有症状或只有轻微疾病情况下存活很多年。如果不做艾滋病病毒抗体检测，有时人们很难发现感染者。因此，我们在日常生活中必须做好防护，避免感染。

（三）学会自我保护

预防艾滋病是每个公民的责任。同学们一定要增强性安全意识，积极采取有效措施，预防和控制艾滋病的流行。

不使用非正规医疗单位提供的来历不明的血液和血制品；不卖血；不与他人共用针头、针管、纱布等；不共用可能刺破皮肤的用具，如牙签、剃须刀等；不去非正规的医疗机构或美容院打针、输液、拔牙、扎耳洞等；接触他人的血液和伤口时要做好防护。

正确交友，洁身自爱，树立性安全意识，远离艾滋病侵害。发生高危性行为后，要及时进行药物阻断，应主动寻求艾滋病检测。早发现、早治疗对维护个人健康至关重要。

我国各地医疗机构和疾控中心都设有艾滋病检测点，可以提供专业的艾滋病检测和咨询服务，也可购买正规的自检试剂进行自我检测。如检测结果呈阳性，一定要去医疗机构或疾控中心进行确认，并接受咨询和后续治疗服务。

日常中应消除对艾滋病病人和感染者的歧视，并在力所能及的范围内帮助他们。

二、爱眼护眼，重视视力健康

世界卫生组织曾提到，在卫生支出里，除了肿瘤、心脑血管疾病之外，视力健康支出排第三。视力缺陷带来的危害不可逆转，轻则影响正常生活，重则引起视觉疾病，如近视、白内障甚至眼盲。所以同学们一定要重视视力健康，保护好视力。

（一）增强保护视力的意识与能力

强化视力健康意识。同学们要主动学习科学用眼、护眼的健康知识，积极关注自身视力状况。眼睛受伤或自我感觉视力发生明显变化时，尽早到正规的眼科医疗机构检查和治疗。

养成健康用眼习惯。定时做眼保健操，保持正确读写姿势，积极参加体育锻炼和户外活动，养成良好生活方式，不熬夜，自觉减少使用电子产品。接触含有害化学成分、强酸强碱等物品时要做好防护工作。

（二）了解职业性眼病的起因及预防

职业性眼病指所有与职业有关的有害因素所造成的眼部损害。法定职业性眼病包括化学性眼部灼伤、电光性眼炎、职业性白内障三大类。

化学性眼部灼伤是指眼部直接接触碱性、酸性或其他含有化学物质的气体、液体或固体导致的眼组织腐蚀性损害，一般多发生在化工厂、实验室或施工场所。一旦发生要现场紧急救治，用水大量冲洗，并及时送往医院诊治。

电光性眼炎是指眼部受紫外线照射所致的急性角膜结膜炎。电焊作业人员及所有从事接触紫外线辐射的作业人员皆有可能发生这类职业性眼病，其中以电焊工最为多见。个人要增强个人防护意识，在进行操作时，应佩戴防护罩或者防护眼镜。

职业性白内障的病因主要有职业性化学因素和职业性物理因素两大类。例如，长期接触萘、铊等引起的中毒性白内障，或受到微波、红外线和紫外线辐射引起的非电离辐射性白内障等。在矿场工作的工人容易因为接触炸药 TNT 慢性中毒引起眼部病变，严重时可导致白内障。个人在作业时要增强防护意识，加强防护措施，减少接触，并坚持做好健康监护。

三、生活方式病（慢性病）早防是关键

生活方式病指由于人们衣、食、住、行等日常生活中的不良行为，以及其他各方面不良因素导致的慢性非传染性疾病，包括肥胖症、高脂血症、高尿酸血症、高血压、糖尿病、冠心病等严重威胁人类健康和生命的疾病。生活方式病已经取代传染性疾病成为威胁生命的首要疾病，被称为“头号杀手”，而且发病已逐渐年轻化。

不良的生活方式引发的各类疾病已形成生活方式疾病链，会对身心健康造成严重影响（见图 1-5-1）。

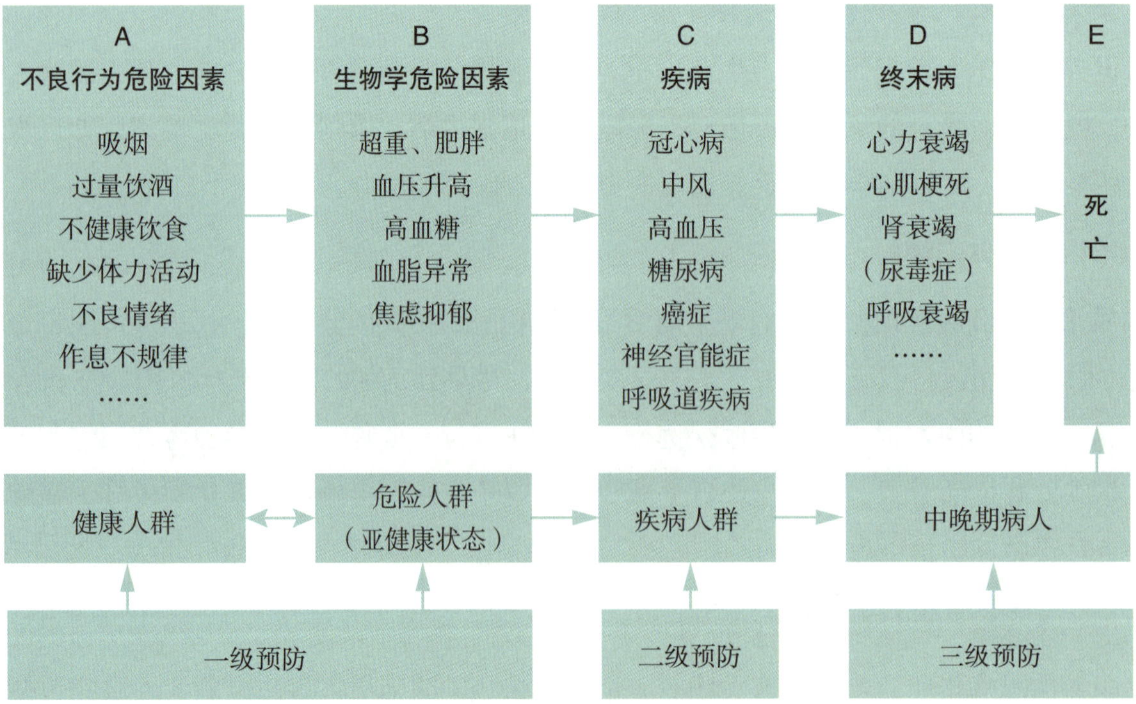

图 1-5-1　生活方式疾病链

对于生活方式病来说，预防胜于治疗，可通过改变已有的不良生活方式达到预防疾病的目的，如改变不良的饮食习惯、戒烟、戒酒、适量运动，以及努力改善心理不平衡、性格急躁等问题。

（一）控制体重

- 男性标准体重（kg）= 身高（cm）- 100
  女性标准体重（kg）= 身高（cm）- 105
- 超重
  ＞10% 轻度肥胖
  ＞20% 中度肥胖
  ＞30% 重度肥胖
- 体重指数（BMI）= 体重（kg）/身高^2（m^2）
- 过低 ＜18.5
  正常 18.5~24
  超重 ≥24
  肥胖 ≥28

我们应通过健康饮食和坚持运动来保持标准体重。

（二）建立健康的饮食方式

我们要遵循“三减”（减盐、减油、减糖）的饮食方式，避免偏食、挑食和暴饮暴食。

（三）不吸烟、不饮酒

吸烟、饮酒都不利于身体健康，我们应自觉抵制诱惑。

议一议

请同学们登录课程平台学习“缓解心理压力的方法”，并与同学交流自己的心得体会。

（四）养成坚持运动的好习惯

科学、规律的运动能帮助我们有效预防生活方式病，促进健康。

（五）保持心理平衡

我们应尽量保持心态平和、乐观、豁达、向上，遇到困难、挫折时能理性对待，尽力调节。如果感到焦虑、孤独、抑郁、恐惧，应及时求助。

学习评价

1. 对照自身实际，你处在生活方式疾病链中的什么位置？应该怎样应对？
2. 你认为有效缓解心理压力的方法主要有哪些？

专题六 避免运动损伤的发生

学习目标

1. 了解常见的运动损伤及其原因。
2. 掌握热身的具体方法。
3. 掌握皮外伤、踝关节扭伤、骨折等的预防和应对方法。
4. 了解容易引起运动损伤的外在因素及其预防方法。

情境导入

许久没有运动的小亮，某天下课后兴致勃勃地去操场跑了两千米，并发朋友圈打卡。同学们纷纷给他点赞。跑完步的小亮筋疲力尽，径直回到了宿舍休息。第二天，小亮感觉自己的臀部、大腿和小腿均酸痛难耐，连上下楼梯都无法忍受，走路一瘸一拐。由此他放弃了继续跑步打卡的想法，打算先了解避免运动损伤的相关知识……

在日常生活、运动过程中，我们会面临受伤的风险，如割伤手、擦伤皮肤、伤到腰、扭到脚、磕到头等。大多数情况下，这些损伤都是麻痹大意或逞强为之导致的。我们可以提前做好预防工作。

在本专题中，同学们可以了解常见的运动损伤的原因，在今后能够科学运动，避免不必要的损伤。此外，同学们也能了解到如何对损伤进行简单处理，以防止损伤对身体的进一步影响，在自己或他人出现损伤时快速做出判断，用科学的方式保护受损部位。

一、常见的运动损伤及其原因

运动损伤是运动中由于内外部的力量造成的身体损伤或持续性的创伤。

运动损伤可以分为开放性损伤和闭合性损伤两种。开放性损伤，如擦伤、刺伤等，指受伤部位的皮肤或黏膜的完整性遭到破坏，伤口是与外界相通的。闭合性损伤，如扭伤、拉伤等，皮肤或黏膜保持完整性，没有伤口。较轻的运动损伤有擦伤、撞伤、肌肉拉伤、肌肉痉挛等。较为严重的运动损伤有脑震荡、溺水、骨折、关节脱位等。

发生运动损伤有多种原因，如思想不重视、保护措施不到位、缺乏热身准备、运动负荷过大、锻炼方式不科学、身体疲劳、环境条件不适宜、器械故障等。大部分运动损伤都可以在运动前通过正确的方式预防。

二、运动前热身的重要性及具体方法

（一）运动前热身的重要性

没有进行运动前热身活动是发生运动损伤的重要原因之一。在身体没有做好准备时贸然开始剧烈运动，会使肌肉、骨骼无法及时响应，从而容易造成拉伤、扭伤等，所以运动前必须先热身。

（二）运动前的热身方法

> 试一试
> 请同学们登录课程平台参照“运动前的热身方法”试一试。

一般准备活动可以是低强度的跑、跳、动态拉伸或低强度、小幅度的四肢活动练习。日常的热身活动包括小跑、抱膝提踵、屈膝提踵、向前踢腿、弓箭步扩胸、弓箭步转体、侧弓步等。

对于专项运动来说，准备活动可以是针对专项运动的小强度的基础练习，如排球运动的热身活动包括肩关节的环转及小幅度、多次数的摆动等；篮球、足球等运动的准备活动可以是蹲起、蹲跳、蛙跳、颠球、运球等；乒乓球的准备活动可以是练习前的简单推挡等。

通常准备活动的时间为5~10分钟；准备活动充分的指标是略微出汗，但并不疲劳。不宜过早地进行准备活动，否则在实际运动中就失去了热身的效果。另外，准备活动时间也不宜过长，强度不应过大。若时间长、强度大，肌肉产生疲劳感，则无法有效进行后续的运动。进行准备活动时应减少或避免较长时间的静态的肌肉拉伸，这会使肌肉过于冷静，而与后续的肌肉收缩工作背道而驰。

> 试一试
> 请同学们登录课程平台参照“身体各部位放松的方法”试一试。

三、皮外伤的预防和处理方法

（一）皮外伤的预防

运动过程中的皮外伤通常都是因摔倒、磕碰等与地面、运动器材摩擦而产生的挫伤。要想预防皮外伤的发生，先要防止自己摔倒或跌落。运动时，要集中注意力，留意容易导致摔倒或跌落的外在情况，把握好运动的度。要对自己有清醒的认识，不要过分逞强地尝试自己能力范围之外的运动项目。在进行多人或团队运动时，注意自己与他人之间的距离和相对运动，避免发生剧烈碰撞。在进行球类运动时，应留意球的位置、方向和运动速度，避免被高速运动的球猛击或擦碰。

（二）皮外伤的处理方法

清洗创面是防止伤口感染的关键步骤，应用生理盐水清理伤口。紧急情况下也可用自来水或井水，边冲边用干净棉球擦洗，将泥灰等脏物洗去。有条件时用碘酒、酒精棉球对伤口及周围进行消毒，应沿伤口边缘向外擦拭。

应用消毒纱布或清洁棉布包扎伤口，小伤口也可不包扎，但要注意保持创面清洁干燥，创面结痂前尽可能不要沾水。

皮肤擦伤慎用创可贴，而应用药水消炎，让伤口自然暴露在空气中，以待愈合。这是因为擦伤皮肤的创面比普通伤口大，普通创可贴的吸水性和透气性不好，不仅不利于创面分泌物及脓液的引流，反而有助于细菌的生长、繁殖，容易引起伤口发炎，甚至导致溃疡。

四、踝关节扭伤的原因、预防和处理方法

（一）踝关节扭伤的原因和预防

踝关节扭伤的原因有很多：内在原因主要跟运动能力和姿势有关，如走跑姿势、起跳落地姿势和踝关节的稳定性等；外在原因有地面不平、鞋子过硬等。有的同学走路姿势异常，呈现“内八字”，或是走路时脚的外侧缘先着地，容易扭伤踝关节。做起跳落地动作，特别是在羽毛球、排球、篮球等运动当中，如果落地时动作不够正确，踝关节的内外侧应力出现了偏差，或是注意力不集中，也容易出现踝关节扭伤的问题。踝关节的稳定性是踝关节周围肌肉力量和下肢平衡能力的综合体现。踝关节稳定性强的人，可以在不同地势快速地调整自己的身体姿势，使身体始终保持平稳的状态。

因此，正确的运动姿势、良好的踝关节稳定性、适当的装备和护具、较强的自我保护意识是预防踝关节扭伤的重点。

（二）踝关节扭伤的处理方法

踝关节扭伤后应遵循以下方法来处理急性损伤。

1. 保护

运动伤害发生时，应先立即停止活动，保护受伤部位，避免受伤部位二次受伤或负重。同时，向周围人群求助，将伤者转移到运动场地外的安全地带。

2. 休息

在受伤后进行充分的休息能够保护肌肉、跟腱和其他组织，防止伤势恶化。此外，休息是运动伤害复原所必需的首要步骤。休息既指受伤后立即停止活动，也指在恢复期内不进行激烈的活动。

3. 冰敷

冰敷时应用冰袋、碎冰，应急时可用毛巾包裹一支冰棒来为伤处“制冷”。最科学的方法是在冰袋里装入 1∶1 的冰水混合物，既不至于过冷，又能有较好的包裹性。冰敷时不能将冰块直接放置在皮肤表面，单次冰敷时长不得超过 20 分钟。每敷一次后拿开，让皮肤充分回暖后再进行下次冰敷。

4. 压迫

压迫通常在受伤后进行，持续 24~48 小时。最简单的压迫方法是使用弹性绷带做包扎压迫，如果绷带缠绕过紧或有跳动感则应解开绷带重新包扎。压迫可与冰敷同时进行（冰敷压迫），用绷带将冰袋包裹在伤处。

5. 抬高

应在受伤后的第一个 48 小时内将受伤部位抬高，使其高于心脏，帮助积聚在受伤部位的组织液回流，继而减少肿胀和疼痛。

五、骨折的预防、判断和处理方法

（一）骨折的预防

同学们处在生长发育的高峰期。预防骨折最重要的方法是增强骨质，提高骨峰值，从而提高抵抗外界损伤的能力。首先，在营养方面要适当地补充钙质，多做户外运动，促进钙质的吸收。其次，要增强运动量，使各种运动项目相结合，提高骨质密度。此外，同学们要有自我保护的意识，避免去做超出自己能力范围的、无保护的、高风险的运动。若要进行一些较剧烈的、有风险的运动，应该做好防护，如穿戴头盔、护肩、护腰、护膝等。

（二）骨折的判断和处理方法

首先，应能简单地对骨折的状况进行判断和识别。骨折的第一特点就是畸形。大多数骨折会伴有骨的不同程度的位移，从而引起肢体外形整体性改变，甚至会露出体外。其次，如发生骨折，骨折部位断端相互触碰或摩擦，在按压时会产生骨擦音，或感觉到骨擦感。最后，如发生了骨折，在移动相应的受伤肢体时，骨折处可能会出现异常的活动。

对于骨折的处理，重点就是要保护损伤部位。如果疼痛十分剧烈，一定不要轻举妄动，应及时向老师汇报，保护骨折部位，减少对骨折部位的二次损伤。如果皮肤有破口出血，要及时止血。如果怀疑损伤部位骨折，应立即就医，进行影像学检查。

六、引起运动损伤的外在因素及其预防办法

（一）引起运动损伤的外在因素

在运动过程中，有很多非自身的外在因素会对人体不利，增加出现运动损伤的风险。比如，穿着不适宜运动的衣物、鞋袜等，会降低身体的灵活性，导致运动姿势不够舒展，肌肉力量不能充分发挥，难以减缓地面或其他运动器材的冲击力，也很难在遇到危险时及时调整身体的姿势，从而容易引起损伤。

不佳的场地和器械会使损伤概率增加。运动场和地面过硬或不平，容易使关节出现较多震荡；器械安置不当或不牢固，容易造成急性突发损伤、摔倒或坠落等。

不良的外界环境也是增加损伤发生概率的原因之一。污浊的空气会使我们在运动过程中呼吸加深、加快，增加呼吸道感染的风险，加重鼻炎或咽炎的病情；在下雪天或下雨天，路面湿滑，器械湿滑，会增加跌倒损伤的风险；光线不好，无法判断环境与自身的安全性，不易于及时躲避致伤因素，如前方的石子、台阶或飞来的足球、网球等打击物。气温也会影响人体的运动性能，从而增加损伤的风险，如在气温过高、湿度过大的环境下，身体散热能力大打折扣，容易产生疲劳和中暑；而气温过低，人体肌肉较为僵硬，容易出现拉伤及冻伤等情况。

学一学

请同学们登录课程平台学习"运动性晕厥、腹痛、骨膜炎的应对与预防"。

（二）预防外在因素引起运动损伤的合理方法

在穿着方面，我们应该根据运动类型选择合适的衣物、鞋袜。若是上普通的体育课，进行常规的田径项目训练（如跑、跳、投等），应该穿宽松、舒适、合身的运动服和运动鞋；若是进行篮球、排球等球类运动，应该穿弹跳性较好的运动鞋、不会限制肩关节活动的运动衣；若是进行足球运动，则应选择能较好保护脚趾的运动鞋；若是进行游泳运动，应穿戴好泳衣、泳帽、泳镜；若是进行滑冰、滑雪等冰雪运动，应该自备吸汗内衣和防水外衣，且可以多备一副袜子、手套。

在场地方面，运动前一定要检查运动器械是否牢固、安全。运动时集中注意力，观察地形、器械和人员流动等是否出现异常情况。若出现影响运动的因素，则应立即停止运动，上报给体育老师或相关管理人员，解决场地问题，避免增加损伤风险。

在环境方面，当外界环境不够好时，应尽量在室内体育场馆运动。若在下雪、下雨、高温等天气下运动时，应注意保暖、防水和补水等；若出现肢体不舒服，如寒冷时某一肢体出现僵硬、裂痛等，或头痛、头晕时要及时向老师说明情况；在高温天气下，如果出现头晕、体温急速升高、无精打采等情况，要及时走到阴凉处补水、补糖，稍作休息，若仍未好转则要及时寻求他人的帮助。

学习评价

1. 有一群学生在操场中间草坪上踢足球，而你正准备在操场跑道上跑步，应该怎么办？
2. 模拟一次冰敷的流程。
3. 模拟一次运动损伤后保护受伤部位的流程。
4. 如果不可控制地要摔倒，要怎么做才能让自己受到的伤害最小？

专题七 掌握常用的应急救护技能

学习目标

1. 树立“人人学急救，急救为人人，给生命创造第二次机会”的理念，培养志愿服务的奉献精神和救死扶伤的人道主义精神。

2. 提升应急救护能力，争取成为第一响应者和第一施救者。

3. 基本掌握生活中的烧烫伤、中暑、热射病、气道异物梗阻的现场应急救护知识与技能，以及心肺复苏术。

情境导入

在某市的半程马拉松上，一名跑者突然昏迷倒地，并且失去意识，幸好及时被两名从医的参赛选手发现，他们立即对该跑者进行了心肺复苏急救，昏迷的跑者渐渐恢复了呼吸和心跳。

生活中，我们可能会受到意外伤害或突发疾病的伤害。轻者引起疼痛或出血，重者导致功能障碍、残疾，甚至死亡。其实，有些伤者或患者是因现场救治不及时或救治方法错误，延误了救治时间或造成了二次损伤，才使伤情或病情加重，甚至丧失生命的。如果我们掌握了应急救护技术，在第一时间就对自己或伤患者进行正确、有效的施救，就可以争取到更多救治和救命的时间。

本专题将带领同学们走进应急救护“现场”，学习应急救护知识与技能，提升应急救护能力，培养志愿服务的奉献精神和救死扶伤的人道主义精神，懂得敬畏生命，保护生命健康。

试一试

请同学们登录课程平台进行“烧烫伤的现场应急处理”的学练。

一、热射病的现场急救与预防

（一）热射病的现场急救

在温度较高、湿度较大和无风的环境中，长时间工作或从事强体力劳动，又无充分防暑降温措施时，对高热环境不适应者易发生热射病（重症中暑），伴有皮肤灼热、意识障碍等。热射病伤者死亡率高，幸存者可能留下永久性脑损伤。

1. 热射病的诊断

热射病典型的临床表现为高热、无汗、昏迷，多器官系统损伤。发病原因不同，临床表现也有所不同，可分为劳力型和经典型两种。

劳力型热射病多见于健康年轻人。表现为在高温高湿环境下进行高强度训练或从事重体力劳动一段时间后忽感全身不适，伴恶心、呕吐、呼吸急促等，继而体温迅速升高达 40°C 以上，出现谵妄、嗜睡和昏迷现象。劳力型热射病伴有严重的横纹肌溶解，故可能会在发病后十几小时甚至几小时内出现急性肾衰竭、急性肝损害等并发疾病，病情恶化快，病死率极高。

经典型热射病多见于年老、体弱和有慢性疾病的患者。一般为逐渐起病，前期症状不易发现，1~2 天后症状加重，出现神志模糊、谵妄、昏迷等；或有大小便失禁，体温可达 40°C~42°C，可能伴有心衰、肾衰等症状。

2. 热射病的现场急救

“两脱、一风、一降”，即脱离高温高湿环境、脱光外衣、吹凉风对流散热、快速降温。急救的同时拨打 120，将患者转运至医院抢救。

（二）中暑与热射病的预防

①外出时要注意使用防晒物品，避免阳光直射，高温天气要尽量避免在高温时段（10：00~15：00）出门。

②穿着应宽松，多穿棉质布料、颜色较浅的衣服。

③多饮水，出汗多的人也可少量多次地饮用淡盐水。

④受热后忌“快速冷却”。不要立即吹空调、吹电扇、洗冷水澡，否则会造成全身毛孔快速闭合，体内热量难以散发；还会因脑部血管迅速收缩而引起大脑供血不足，使人头晕目眩。

⑤室内外温差不宜太大。即使天气再热，空调设置的温度也不宜到 24℃以下。空调不要直吹身体。

⑥不要长时间在阳光曝晒或高温高湿、气流静止的环境下活动或工作。

⑦若高温下出现早期症状，应及时撤离高温现场。

⑧必须在高温下作业时，需要加强个人防护。

> **试一试**
> 请同学们登录课程平台进行“一般中暑的现场急救”的学练。

二、心肺复苏术（CPR）

我国每年猝死的人数大约为 55 万，其中有 80% 都发生在家庭中或一些公共场所。如经现场及时的心肺复苏，可以挽救回 35%~40% 患者的生命。

心肺复苏术是一种使心跳、呼吸骤停的病人迅速恢复循环、呼吸和脑功能所采取的抢救措施，其操作步骤及注意事项如下。①

① 针对如溺水等气道堵塞类的心肺复苏，实施步骤有所区别，应先开放气道、清除气道中的积水及异物，再依次进行人工呼吸和胸外按压。

抢救前，施救者应先观察现场，确认现场环境安全。

第一步，判断患者有无意识。

发现有人晕倒时应用力拍打患者肩部，附耳大声呼喊：“您怎么了？醒醒！”如果没有应答，应触摸患者的颈动脉，感受有无搏动；同时贴近患者的鼻腔，感受患者有无自主呼吸并观察胸廓有无起伏。若感受不到动脉搏动、呼吸、心跳与胸廓起伏，判断为意识丧失状态，应立即进行心肺复苏。

> **小贴士**
>
> 颈动脉位于喉结旁1~2厘米处。判断患者状态不能超10秒，进行心肺复苏的同时要寻求帮助。

第二步，胸外按压。

准备：将患者平放于硬板床或平整地面上，解开衣物。

按压部位：两乳头连线中点。

按压方法：两手叠扣，手指上翘，仅以掌跟接触胸骨。两臂伸直，肘关节不可以弯曲，利用身体重力，垂直向下用力按压。

按压深度：使胸骨下陷至少 5 厘米，每次按压后要让胸廓充分回弹，但手掌始终不离开按压部位。按压与放松的时间应大致相当。

按压频率：每分钟 100~120 次。

比例：30 次胸外按压 /2 次人工呼吸。

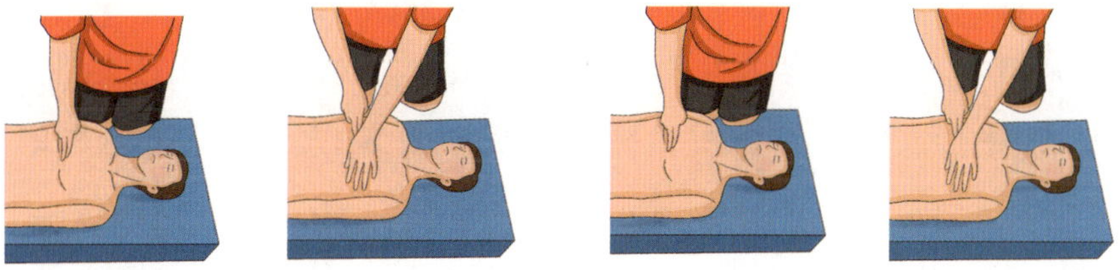

图 1-8-1　胸外按压

> **试一试**
>
> 请同学们登录课程平台进行“气道异物梗阻的现场急救”的学练。

第三步，气道开放。

进行胸外按压后，患者可能会出现呕吐的情况。这时需将头偏向一侧，清除口鼻腔的分泌物（若有），可以用纱布或者手帕将异物从口腔中掏出。有假牙的患者要注意取下假牙。若无颈部损伤，用仰头抬颌法打开气道；若有颈部损伤，用推举下颌法。

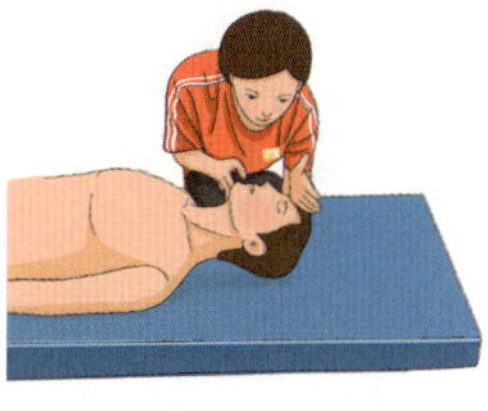

图 1-8-2　仰头抬颌法

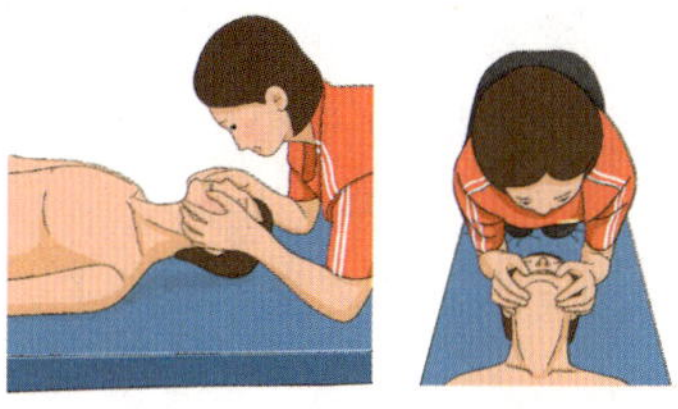

图 1-8-3　推举下颌法

第四步，人工呼吸。

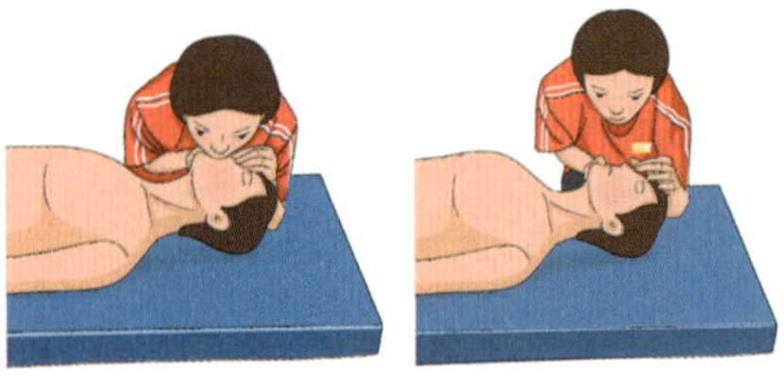

图 1-8-4 人工呼吸

气道通畅后应迅速进行口对口人工呼吸。患者仰卧，施救者一手托其下颌使头后仰，另一手捏其鼻孔并用手掌边缘压住其额头。吸气后对患者口内用力吹气（注意要将患者的嘴包严），然后放开鼻孔，待胸廓回缩呼气。连续吹气 2 次，每次吹气要见胸廓有明显起伏才表示有效。

如此重复循环 5 次以后，判断患者的状态。如患者瞳孔缩小，恢复自主呼吸，颈部大动脉出现搏动，末梢循环恢复，说明复苏有效。若复苏无效，则继续进行心肺复苏至患者心跳、呼吸恢复或急救人员到达现场。

小贴士

2021 年 6 月，在丹麦对芬兰的欧洲杯小组赛上，丹麦队中场埃里克森突然遭遇心搏骤停倒地。队医马上携带 AED 进场对他实施心肺复苏。在队医进场之前，丹麦队队长克亚尔及时施救，不让已经昏迷的埃里克森吞下舌头，并保护住他的脖子，对他的呼吸道进行清理。由于在“黄金 4 分钟”内施救及时，埃里克森得救了。

试一试

请同学们登录课程平台学习“自动体外除颤器（AED）的使用及注意事项”。

学习评价

1. 热射病典型的临床表现和现场处理方法有____________________________。
2. 利用模拟人进行心肺复苏术的操作练习，检验自己是否掌握了心肺复苏术的技能，并给自己打分。

专题八 提升安全避险的本领

学习目标

1. 树立防灾意识、网络安全意识、性安全意识、食品安全意识。
2. 掌握拥挤踩踏事故的应对与预防方法，防范性侵害的方法，食品选购与辨识食物中毒的方法。

情境导入

某单位集体食堂午餐时，有十余人出现腹泻、头晕等不适症状，该单位及时将这些人送往医院治疗。卫生部门经检查，认为是青条鱼未充分煮熟导致的食物中毒。

现实生活中隐藏着各类安全隐患，有天灾，也有人祸，如自然灾害、意外伤害等。如果处理不当或应对失误，这些安全隐患就会变为灾害或安全事故（事件），对财产造成损失，对我们的身心造成伤害，甚至危及生命。

本专题将带领同学们“亲临”灾害或安全事故（事件）“现场”，教同学们在危难或危急时刻学会保护好自己，掌握安全避险的本领，提高有效应对突发安全事故（事件）的能力，把灾害或安全事故（事件）造成的伤害和损失降至最低，确保自己和他人的生命与财产安全。

学一学

请同学们登录课程平台学习“地震的避险与逃生”的相关知识。

一、拥挤踩踏事故的应对与预防

（一）拥挤踩踏事故的应对

第一，如果发现慌乱的人群向自己行走的方向涌来时，要快速躲到一旁或靠墙角。等人群过后再离开，以防被卷到人流当中。

第二，在拥挤混乱的情况下，应该设法使自己双脚站稳，抓住身边的一个牢固物件（栏杆、柱子或看台固定的椅子等），侧身站立，保持身体平衡，同时远离玻璃等易碎物品。

第三，如果已被卷入拥挤的人群中，一定要镇静，和人群朝一个方向走，不要争着往外逃，脚下要走稳。如果鞋子被踩掉或有物品掉落，千万不要弯腰提鞋、系鞋带或捡拾物品。

第四，在拥挤的人群中前行时，要用一只手紧握另一只手腕，手肘撑开，平放于胸前，上身略向前倾，使胸前形成一定空间，以利于保持呼吸畅通。

第五，万一被挤倒在地，要设法使身体蜷缩成球状，双手紧扣，置于颈后，保护好头、颈、胸和腹部等重要部位。如有可能，设法靠近墙壁或其他支撑物，并尽一切可能在最短的时间内站立起来。

第六，在拥挤现场，如果发现前面有人摔倒，应立即停下脚步，同时大声呼救，告知后面的人群不要向前靠近和拥挤。在保证自身安全的情况下，尽量拉起或提醒摔倒的人，使其尽快站起来。

第七，如果有人发生了挤压性窒息，要尽早、尽快做人工呼吸，并拨打120急救电话。

（二）拥挤踩踏事故的预防

大型活动结束，进行疏散时，一定要提高防范意识，格外注意秩序。一般大型集会都会有专人统一指挥、疏导和保护，一定要听从工作人员的统一指挥，有序撤离。

在公共场所上下楼梯时，一定不要起哄、拥挤或打闹，要按规定或按序排队，靠右侧行走。一旦发现前面的人跌倒或出现其他异常，要停止上下楼梯，不要紧跟。要保持冷静，适当呼救，不要过于激动，严禁人为地制造恐慌，避免出现失控或骚乱的局面，以致人群在无组织、无目的的逃生中相互拥挤，引发踩踏事故。

不要逆行，不要在人群拥挤的地方停留，更不要出于好奇而主动到人群拥挤的地方打探究竟。

二、性侵害的防范与应对

防范性侵害是自我保护的重要组成部分。需要注意的是，实施性侵害的可能是陌生人，也可能是熟识的人；遭受性侵害的可能是女生，也可能是男生。

（一）性侵害易发生的时间和场所

> **学一学**
> 请同学们登录课程平台学习“性骚扰的防范与应对”的相关知识。

夏季天气炎热，夜生活时间延长，人们衣着单薄。夏季夜间是性侵害多发的时段，犯罪分子作案后也容易借着昏暗的光线逃脱。

此外，拥挤的公共场所和人少僻静的场所也是易发生性侵害的地点，包括教室、礼堂、影院、舞池等人多拥挤的地方和公园假山、树林深处、小巷等人少僻静的场所。

（二）性侵害

1. 性侵害的界定

性侵害是指加害者以威胁、权力、暴力、金钱或甜言蜜语，引诱胁迫他人做出违背其意愿的与性有关的行为，或在性方面对受害人造成伤害的行为，包括强奸、猥亵和组织强迫卖淫等。

2. 性侵害的危害

青少年正处于生长时期，身体各种机能、性器官都尚未发育成熟。任何性侵犯行为都会对其造成极大的身心伤害。如果处理不当，还会对成年后的生活造成很大的影响，最为常见的影响有厌恶身体接触、亲密恐惧、抑郁、焦虑、创伤后应激障碍，甚至自杀。

3. 性侵害的防范

①树立预防性侵犯的意识，牢记陌生人或熟人都可能是性侵害的加害人，要断然拒绝一切让我们感到不舒服的触碰、抚摸、亲吻、拥抱等亲密行为，勇敢说“不”。

②路上要结伴而行，避免在夜晚、僻静场所单独行动。

③不去歌厅、酒吧等场所，不轻易与不熟悉的人（包括网友）单独见面，不轻易接受陌生人或者可疑人的饮料和食品，与人交往时要保持适当的人际距离。

④避免单独和可疑人在家里或宁静、封闭的环境中会面，尤其是到可疑人家中。

⑤出去游玩等，一定要告诉父母返回时间、和谁在一起以及同伴的联系方式等。

⑥学习一些简单且实用的防护招式，遭遇危险的时候，能够利用肘、膝盖等部位，趁坏人不备，用力攻击其薄弱部位，如裆部、面部等。

⑦遇到危险学会向信任的人（如老师、家长）求助，不要为坏人保守任何秘密。必要时要报警，向警察求助，用法律武器保护自己。

4. 不幸遭遇性侵害时的应对策略

在保证生命安全的前提下，遭遇性侵害时可采用以下应对策略。

随机应变：如果不幸遭遇性侵害，一定要沉着冷静，临危不惧，拖延时间，谋划计策，寻找机会发出求救信号或逃走。

智慧取胜：如尽可能大声呼喊，制造动静，给对方施加心理压力；或佯装就范借机逃脱，一旦脱身，应及时向警察或路人求助。

防身妙招：学习几招简单而实用的应对招式，遭遇危险的时候冷静应对，利用肘、膝盖、脚跟、手等部位，趁其不备，用力攻击坏人的薄弱部位。

以上策略不可生搬硬套，我们必须因地制宜、灵活运用。总之，遭遇了性侵害，一是要告诉家长或老师；二是及时报警，运用法律武器保护自己和帮助他人；三是到医院做身体检查。

> **议一议**
>
> 请同学们登录课程平台学习“提高网络安全事故应对能力，远离网络伤害”的相关知识，并分享自己的心得体会。

三、关注食品安全

食品安全与人们的生活息息相关，关系到身体健康和生命安全。首先要把住食品选购关，其次要知道如何预防与应对食物中毒。

（一）食品选购与辨识

1. 认识食品标志

食品标志能帮助我们快速了解食品的质量、成分、区域、生产方式等信息，为食品选购提供依据。常见的食品标志包括有机产品标志、保健食品标志、无公害农产品标志、绿色食品标志等（见图 1-9-1）。

图 1-9-1 常见的食品标志

2. 购买包装食品要“五查看”

一要查看食品的“三期”，即食品的生产日期、保质期、保存期，尽量避免购买临近保质期的食品；二要查看是否为“三无”产品，即无生产商、无生产地、无生产日期，“三无”产品不能买；三要查看有无食品生产许可证编号，即 SC＋数字；四要查看包装是否有胀袋或破损，有胀袋或破损的不能买；五要仔细查看配料表，色素过量、防腐剂超标、糖精过量、高盐、高糖和含大量反式脂肪酸的食品不能买。

（二）食物中毒的预防与处理

食物中毒是指摄入含有生物性或化学性有毒、有害物质的食品，所引起的非传染性的急性和亚急性疾病。

1. 食物中毒的分类

细菌性食物中毒指因食用含有细菌或细菌毒素的食品（如变味的蛋糕、剩饭剩菜等）而引起的中毒。发病有明显的季节性，5—10 月较多，发病率高、死亡率低。

真菌及其霉素引起的食物中毒指因食用被真菌及其霉菌污染的食物（如发霉的花生、玉米、大米及甘蔗等）而引起的中毒，死亡率较高。

动物性食物中毒指食用有毒的动物性食品（如河豚、鱼胆等）而引起的中毒，发病率及死亡率都较高。

植物性食物中毒指因食用有毒的植物性食品（如未炒熟的豆角、未煮熟的豆浆、苦杏仁、鲜黄花菜、发芽的土豆等）而引起的中毒，发病率及死亡率均较高。

化学性食物中毒指因食用化学性有毒物品引起的中毒，如农药中毒、亚硝酸盐引起的食物中毒、有机磷引起的食物中毒、砷化物引起的食物中毒等，发病率及死亡率均较高。

2. 食物中毒的表现

食物中毒的原因不同，患者的表现会有所区别。但其共同特点是潜伏期短，食物中毒后几分钟到数小时起病；多人发病，食用过同一食物的人集体发病；第一反应往往是腹部不适，腹痛或腹泻，与腹部不适伴发的还有恶心、呕吐、头晕、发烧等症状；吐泻严重的还会发生脱水、酸中毒，甚至休克、昏迷等。一些特殊的化学性毒素还可能出现相应的特殊症状。

3. 食物中毒的预防

（1）食物选择

不采摘、捡拾、购买、加工和食用来历不明的食物，不食用死因不明的畜禽或水产品以及不认识的野生菌类、野菜和野果。

不吃已确认变质或怀疑可能变质的食品，不食用超过保质期的食品。

不购买无卫生许可证和营业执照的小店里或路边摊点上的食品。

做好自备水的防护，保证水质卫生、安全，不饮用未经煮沸的生活饮用水。

不生吃海鲜、河鲜、肉类等。

（2）食物加工

食物必须煮熟煮透。煮熟后放置 2 小时以上的食品，重新加热到 70℃以上再食用。隔夜食品在食用前必须加热煮透后方可食用。

蔬菜水果要洗净，做到“一洗、二泡、三冲洗”。

了解不同食材的安全加工方式，避免因加工不当导致食物中毒。

（3）食物储存

加工、储存食物一定要做到生熟分开，加工、盛放生食与熟食的器具应分开使用。

接触食品的器具和双手必须清洗干净并保洁。

直接入口的器具要消毒，以防食品受到污染。

冰箱等冷藏设备要定期清洁，冷冻的食品如果超过 3 个月最好不要食用。

桶装水最好一周内喝完。瓶装水要看是否过保质期，开盖时要看是否封严。

妥善保管有毒有害物品，农药、杀虫剂和消毒剂等不要存放在食品加工经营场所，避免被误食、误用或意外污染食品。

4. 食物中毒的应对

如果怀疑有食物中毒症状，应立即停食可疑食物，尽快去医院，并及时报告给老师、家长。切忌擅自用药。

学习评价

1. 如果在拥挤的人群中前行，为利于呼吸畅通，你应该怎样做？万一被挤倒在地，你该怎么办？
2. 遭遇性侵害时的应对策略有哪些？
3. 购买包装食品时要注意查看哪些信息？

专题九　注重体育精神的塑造

学习目标

1. 了解体育精神、奥林匹克精神、中华体育精神的内涵和意义。

2. 了解我国对世界奥运做出的重大贡献。

3. 通过学习党和国家领导人的体育思想，领会“女排精神”与“乒乓精神”，树立积极健康的人生观和价值观。

4. 培养良好的体育品德，自觉运用体育精神磨炼个人意志。

情境导入

小婷是一名中职学生，身高183厘米，中国女排前主教练郎平是她的榜样。她从小最大的愿望是进入理想的大学当一名排球运动员，甚至梦想穿上国家队的球衣为国争光。可伤病让她一次次与梦想失之交臂，所以她常常感到失落与迷茫。中国女排顽强拼搏、永不言败的精神让她重新振作起来。她相信阳光总在风雨后……后来她收到了她梦想中的大学的录取通知书。

体育是健康、青春、活力的代表，身体是奋斗的基础。同学们应在体育学习过程中更好地锤炼意志、健全人格、增强体质，形成顽强拼搏、奋斗为我的理想信念。

本专题将解读体育精神、奥林匹克精神和中华体育精神的内涵，介绍塑造体育精神的方法，意在使同学们全面认识体育锻炼对于健康人生的价值，培养良好的体育道德，树立积极健康的人生观和价值观。

一、体育精神

体育精神是指人们在体育实践活动中形成的，以健康快乐、挑战征服、公平竞争、团结协作为主要价值标准的仪式、思维活动和一般心理状态。体育精神是体育的整体面貌，是公平、公正、公开及凝聚力、感染力和号召力的反映，是体育的理想信念及体育知识、体育道德、体育审美水平的标志，是体育的支柱和灵魂。体育精神反映了人类在体育运动中追求的真、善、美与自由的价值理想，传递了人类突破自我、追求成功、超越有限、追求无限的价值追求。

二、奥林匹克精神

奥林匹克精神基于追求团结、友谊、和平、进步的奥林匹克运动，蕴含丰富的人文内涵。1991 年，《奥林匹克宪章》首次将奥林匹克精神正式表述为“互相理解、友谊、团结和公平竞争的精神”。

> **学一学**
> 请同学们登录课程平台学习“奥林匹克‘五环’的演变历程”。

随着时代的变迁，奥林匹克精神的价值追求已经超出了体育领域。古代奥运象征着和平、友谊；现代奥运以“更快、更高、更强、更团结”为口号，象征着奋发向上、不屈不挠的精神。巴塞罗那奥运会提出了“永远的朋友”；悉尼奥运会提出了“分享奥林匹克精神”；北京奥运会提出了“同一个世界，同一个梦想”；伦敦奥运会提出了“激励一代人”；东京奥运会提出了“激情聚会”……这些都是切合实际的感动世界的口号。

> **学一学**
> 请同学们登录课程平台学习“兴奋剂及其危害”。

三、奥运中国

2001 年 7 月 13 日，北京以票数过半的优势赢得了 2008 年第 29 届夏季奥林匹克运动会的主办权，这是我国奥运史上的重要里程碑事件。图 1-10-1 为 2008 年北京奥运会会徽。北京奥运会提出了“同一个世界，同一个梦想”的口号，倡导团结、友谊、进步、和谐、参与和梦想，以“绿色奥运、科技奥运、人文奥运”三大核心理念诠释了人文奥运所蕴含的和谐价值观，为世界人民留下了宝贵的体育文化遗产和重要的精神财富。2008 年 8 月 8 日，第 29 届北京奥运会盛大开幕。本届奥运会上共创造 43 项新世界纪录及 132 项新奥运纪录。另外，共有 87 个国家或地区在赛事中取得奖牌。我国以 51 枚金牌雄居金牌榜首，成为奥运历史上首个登上金牌榜首的亚洲国家。

图 1-10-1　2008 年北京奥运会会徽

2015 年 7 月 31 日，北京赢得了 2022 年第 24 届冬季奥林匹克运动会的主办权，这是我国奥运史上的又一里程碑事件。图 1-10-2 为 2022 年北京冬奥会会徽。本届冬奥会提出了“一起向未来”的口号，倡导追求团结、和平、进步、包容的共同目标，表达了世界需要携手走向美好未来的共同愿望，是“更快、更高、更强、更团结”奥林匹克精神的中国化宣言，以习近平总书记“绿色、共享、开放、廉洁”的办奥理念，让奥林匹克再次助力中国梦想，使冬季运动融入我国亿万民众，让世界更加相知、相融，为世界贡献了一场“精彩、非凡、卓越”的北京

图 1-10-2　2022 年北京冬奥会会徽

> **议一议**
> 请同学们上网搜索观看 2008 年北京夏季奥运会、2022 年北京冬季奥运会开幕式视频，交流观后感想。

冬奥会。北京冬奥会、冬残奥会的成功举办，青年一代更加积极向上，全党全国各族人民文化自信明显增强、精神面貌更加奋发昂扬。

四、中华体育精神

> 议一议
> 请同学们登录课程平台学习“中国女排十连冠”，并分享自己曾看过的中国女排比赛。

2019 年 9 月 30 日，习近平总书记在会见获得 2019 年女排世界杯冠军的中国女排队员、教练员代表时对女排精神进行了总结：祖国至上、团结协作、顽强拼搏、永不言败。1981 年 5 月，万里同志把“胸怀祖国、放眼世界、为国争光的精神，发愤图强、自力更生、艰苦奋斗的实干精神，不屈不挠、勤学苦练、不断钻研、不断创新的精神，同心同德、团结战斗的集体主义精神，胜不骄、败不馁的革命乐观主义精神”概括为“乒乓精神”。

“女排精神”“乒乓精神”是中华体育精神在排球和乒乓球运动中的高度凝练与集中体现。它们已成为时代的精神印记，衍生出强大的民族凝聚力，影响着各个行业领域。正如马克思所言：“任何真正的哲学都是自己时代精神的精华。”

中华体育精神是指中国人在体育实践活动中形成的，以爱国奉献、团结协作、公平竞争、拼搏自强、快乐健康为主要价值标准的意识、思维活动和一般心理状态。精神能化人，以“顽强拼搏、无私奉献、科学求实、遵纪守法、团结协作、为国争光”为主要内容的中华体育精神，不仅激励了一代代体育人干事创业、奋勇争先，而且为社会主义现代化建设增添了强大的精神动力。

在不同时期，中华体育精神有着鲜明的时代符号，这些符号无疑是时代风貌的生动写照。党和国家领导人在体育思想上高屋建瓴，为中华体育精神留下了宝贵的财富，指引着一代代中国人向着更好的目标奋进。

毛泽东在《体育之研究》中提出：“文明其精神，野蛮其体魄……体育之效，至于强筋骨，因而增知识，因而调感情，因而强意志”；为中华全国体育总会成立大会题词“发展体育运动，增强人民体质”；坚守“体育于吾人实占第一之位置”的观点；认为“健康第一，学习第二”，体育是德育和智育的基础；提出了“友谊第一，比赛第二”的竞技体育方针等。

习近平总书记指出：“体育是提高人民健康水平的重要途径，是满足人民群众对美好生活向往、促进人的全面发展的重要手段，是促进经济社会发展的重要动力，是展示国家文化软实力的重要平台”；“体育承载着国家强盛、民族振兴的梦想，体育强则中国强，国运兴则体育兴”；强调体育强国建设“以人民为中心，通过全民健身实现全民健康”；认为发展体育事业“能为中华民族伟大复兴提供凝心聚气的强大精神力量”，我们要“弘扬中华体育精神，弘扬体育道德风尚”，等等。

> 议一议
> 请同学们登录课程平台学习“中华体育精神符号”，并分享自己对这些体育人的认识。

从“体育救国”到“健康中国”，从体育的层面体现出我国在党的几代领导集体的带领下，在几代中国人民的勤劳奋斗下，步入社会主义新时代，开启中华民族伟大复兴的新篇章。

五、注重体育精神的塑造，树立积极的人生观和价值观

（一）主动参与、自我超越，担当青年使命

同学们可以试试：主动参加体育活动；尝试参加一项自己从未接触过的体育运动；尝试创造一个新的成绩。青年强，则国家强。当代中国青年生逢其时，施展才干的舞台无比广阔，实现梦想的前景无比光明。同学们要主动克服心理惰性，积极参与体育活动；要在实践中挑战自我、战胜自我、超越自我，要敢于站上跑道、走进赛场，不做过客、不当看客，为国家、为人民、为社会担起青年人的使命。

（二）不畏艰苦、勇于拼搏，磨炼坚强意志

同学们可以试试：在每次想要放弃的时候对自己说“再坚持一下”，大声喊出“我可以的”。冠军的金牌和鲜花是鲜艳亮丽的，但在站上领奖台之前，运动员需要接受千万次的艰苦磨炼，赛中更需要全盘考虑、周密部署、谨慎细致、拼尽全力，不敢有一丝马虎。同学们要立足本职、埋头苦干，从自身做起，从点滴做起，怀抱梦想又脚踏实地，敢想敢为又善作善成，立志做有理想、敢担当、能吃苦、肯奋斗的新时代好青年。

> **议一议**
>
> 请同学们登录课程平台学习“奥运史上令人瞩目的倒数第一名”，并分享从这则故事中得到的启示。

（三）服从规则、尊重对手，树立公平竞争意识

同学们可以试试：和同伴一起研究一个体育项目的规则；担任一个体育项目的裁判；向对手行赛前礼；向获胜的对手真诚致贺。体育的世界如同一场有规则的游戏。公平的前提是所有人都遵守规则，只有在相同的规则下，竞争才有意义。吹灭别人的灯，并不会让自己更加光明；阻挡别人的路，也不会让自己行得更远。我们必须要具备这样一种意识。这是对自己的尊重，也是对他人的尊重。

（四）团结友爱、协同配合，增强集体凝聚力

同学们可以试试：在比赛前和队友一起握手喊加油；和队友一起商量比赛战术；抱抱因失误而内疚的队友。团结就是力量，团结才能胜利。团结一致是一支优秀团队的目标、理想、作风、纪律、凝聚力和战斗力处于最佳状态的体现，是团队良性发展并取得优异成绩的可靠保证。赢了一起“狂”，输了一起“扛”，团队的荣辱兴衰关乎每一分子。当所有人都为这个集体默默地付出、贡献自己的力量时，这个团队才会凝心聚力，披荆斩棘，所向披靡。

（五）求真学问、求实创新，树立远大理想

同学们可以试试：成为一个小团体中某项技术领先的人；成为团队中最了解某个体育项目起源的人；创新一个简易的体育游戏。在知识更新日趋加速、技术迭代日新月异的今天，要成为挺立在时代潮头、中流击水的佼佼者，就必须坚持解放思想、实事求是、与时俱进、求真务实，一切从实际出发，把“求真学问，练真本领”作为首要任务。同学们要树立远大理想，奉行“事业靠本领、幸福靠成就”的理念，让体育精神成为青春远航的动力，让增长本领成为青春搏击的能量。

六、中职学生的基本体育道德规范

在课上要认真学练老师所授的每一项知识、技能，专心倾听老师的讲解与示范，认真揣摩、模仿尝试、学懂练会；在运动及比赛的过程中尊重伙伴和对手，践行公平、公正和公开竞争的原则；在“学—练—赛—评”中养成良好的体育道德。具体来说，同学们应做到以下几点。

1. 热爱运动，健康生活，遵守运动规则。
2. 尊重对手，尊重裁判，诚实守信。
3. 遵守运动礼仪，运动中不歧视、不藐视、不故意伤害任何运动伙伴和对手。
4. 团结协作，拼搏进取，互帮互助，共同进步。
5. 自强、自立、自尊、自信、自重，勇于挑战自我、超越自我。
6. 在规则下，能够体面地赢，也能够体面地输。
7. “学—练—赛—评”要积极主动、认真踏实、持之以恒、保质保量。
8. 运动中要文明礼貌，着整洁的运动装，言行举止得体。
9. 爱护校园一切体育设施，保护校园人文景观和自然环境，损坏公物要赔偿。
10. 尊敬体育教师，尊重体育器材保管员。

学习评价

1. 我认为体育精神是________________________________。
2. 我会通过以下途径塑造自己的体育精神________________________。
3. 通过学习“奥运中国”、党和国家领导人的体育思想，我打算从____________________________方面做起，为自己的健康负责，为我国体育事业贡献自己应有的一分力量。
4. 请收集重要赛事中运动员使用兴奋剂的案例，并和同学交流其危害，说一说这些案例对自己日常生活的启示。

第二单元

体能发展

体能是促进健康、助力技能掌握与职业发展的基础。一般体能保障日常生活中同学们的基本活动，促进机体健康；专项体能为专项运动的学习提供保障；职业体能为相应职业发展发挥助推作用，从而提升职业发展水平。本单元聚焦一般体能和职业体能的学练，专项体能相关内容放在了拓展模块的各专项运动之中。① 体能锻炼要讲究科学的方法，要有系统性、针对性。不同的人有不一样的体能基础。体能一方面受遗传因素影响，另一方面要依靠后天锻炼。正处于青春期阶段的中职学生，需要科学精准地锻炼体能、强健体魄，为将来所从事的职业储备重要力量，为祖国的建设做出应有的贡献。

通过系统学练，同学们可以了解不同类型体能的特点与锻炼要求，确定适合自己的针对性体能锻炼方案，坚持不懈，精准锻炼，有效提升体能发展水平。

① 专项体能详见拓展模块各专项运动的“训练专项体能”部分，需要同学们登录课程平台进行学练。

专题一　一般体能

学习目标

1. 了解和掌握一般体能的概念、意义、构成要素、训练及评估方法。

2. 学会根据自身情况，并结合相关要求，制订个性化的一般体能训练计划，并付诸实践。

3. 进行日常体能训练实践，养成终身体育的理念。

情境导入

一定有不少同学喜欢足球、篮球、排球、网球、游泳、中长跑等体育项目，也经常在电视上看到运动健儿们为荣誉而奋力拼搏，并常常惊叹于他们卓越的技术。同学们有没有观察到一个现象？一些运动员在比赛的前半节遥遥领先，但在后半节却被反超，你们知道这是为什么吗？其中一个重要原因是这些运动员尽管拥有较好的技术，却缺少一般体能储备，导致在比赛的后半节发挥不出自己应有的水平，最终失败。所以能摘得桂冠的运动员不仅要有娴熟的运动技能，还要有强大的一般体能。那么，如何才能提高一般体能呢？让我们通过本专题的学习来一探究竟。

一般体能与人体健康密切相关，是指个人除足以胜任日常工作外，还能有余力休闲娱乐，以及能应付压力与突如其来的变化的身体适应能力。良好的一般体能对于提高学习和工作效率、参与休闲娱乐活动、过积极且有活力的生活有着重要意义。

一、一般体能的评价

在进行一般体能训练之前，首先要对自己的一般体能进行评价，以了解自身的体能现状，制订适合自己的体能锻炼计划。根据《国家学生体质健康标准（2014 年修订）》的相关测试内容和标准，同学们可以评估自身的体能状况。评估时要注意根据自身的身体基础参与测试，遵守相关要求，认真对待。

做一做

表 2-1-1 《国家学生体质健康标准（2014 年修订）》的评价指标与权重（高中阶段）

评价指标	权重	基础体能维度	你的成绩
体重指数（BMI）	15%	身体成分	
肺活量	15%	心肺耐力	
50 米跑	20%	速度	
坐位体前屈	10%	柔韧性	
立定跳远	10%	爆发力	
引体向上（男）/1 分钟仰卧起坐（女）	10%	肌肉耐力	
1000 米跑（男）/800 米跑（女）	20%	心肺耐力	

注：体重指数（BMI）= 体重（kg）/ 身高 ^{2}（m^2）；评分标准请参考《国家学生体质健康标准（2014 年修订）》。

二、一般体能训练计划的制订

在学习每个要素的具体训练方法之前，首先应了解一般体能训练计划的制订方法，具体步骤如下。

（一）分析需求，设定目标

首先，应根据自己的体能测试结果，分析自己的不足之处，找出需要进一步发展的方面。其次，要结合自身特点、兴趣爱好以及项目特点等因素确定自己的训练目标。

（二）确定练习动作和练习方式

根据需求分析结果和设定目标，选择合适的练习方式。例如，以提高立定跳远成绩为目标的一般体能训练计划，可以选择训练力量、爆发力等练习方式。

（三）确定锻炼的频率、强度和持续时间

1. 频率

频率指每日或每周锻炼的次数。不同的一般体能训练频率由训练内容决定，如柔韧性、协调性、平衡能力的练习可以每天一次；力量、速度、心肺耐力的练习可以每周 3~4 次（隔日锻炼）。

2. 强度

强度指身体练习对人体生理刺激的程度，一般以运动中的心率占最大心率的百分比来表示。在实际运动中，以保持 60%~80% 最大心率强度为宜。对于力量练习，常采用负荷的重量、练习的组数、每组的重复次数来控制强度。

3. 持续时间

持续时间指每次练习的时间。有氧运动的时间一般保持 30~40 分钟为宜。力量练习中，持续的时间则依据每组的重复次数和组数而定。

（四）训练的顺序

一般体能训练需要遵循自上而下、先易后难、先小强度后大强度的练习顺序。如先进行强度较小、时间较短的灵敏性、协调性、平衡能力的锻炼，再进行强度较大、时间较长的力量、速度、心肺耐力的训练。

三、一般体能的训练方法

（一）力量

力量是指人体神经肌肉系统在工作时克服内外阻力的能力。内部阻力包括体重、心肺承受力、肌肉的黏滞力和各肌肉间的对抗力等；外部阻力包括物体的重量、支撑反作用力、摩擦力以及空气或水的阻力等。

1. 力量的分类

力量主要包括肌肉耐力、肌肉力量和爆发力。

肌肉耐力是指肌肉在一定负荷下长时间保持收缩的能力，可用肌肉克服某一固定负荷的最多重复次数（动力性运动）或最长时间（静力性运动）来表示。

肌肉力量是指肌肉紧张或收缩时对抗阻力的能力，可用肌肉收缩时所能克服的最大阻力负荷来表示。

爆发力是指单位时间内产生力量的能力，也就是在特定负荷下使身体快速获得速度的加速能力。

2. 力量的训练方法

力量训练必须遵循超负荷原则、针对性原则、渐进性原则。

肌肉耐力和肌肉力量的增强主要通过抗阻训练来完成。抗阻训练是一种依靠自身力量克服一切外界阻力的运动。阻力（或助力）可来自他人、自身、重力、专门器械、杠铃、弹力带等，主要包括静力性练习和动力性练习。

爆发力训练以间歇性训练为主，训练形式分为上肢爆发力（如投掷类）和下肢爆发力（如原地跳、立定跳、反向跳、跳跃、跳箱、跳深）及躯干爆发力（如团身跳）等模式。在每周的训练中，四肢训练、躯干训练要交替安排。通常不建议在一次训练中安排两种爆发力训练，可以把肌肉耐力或肌肉力量训练与爆发力训练结合起来。

科学的训练计划可以有效地提高肌肉耐力、肌肉力量和爆发力。以提高一般体能为主的训练，可参照以下训练原则制订计划（见表 2-1-2）。

表 2-1-2　力量训练计划的制订原则

力量类型	频率及时间	负荷强度	组数	间歇时间
肌肉耐力	2~3 次 / 周 （隔日） 60 分钟 / 次	8~12 RM	2~3 组	≤ 30 秒
肌肉力量	> 3 次 / 周 60 分钟 / 次	1~6 RM	3~6 组	2~5 分钟
爆发力	1~3 次 / 周 （两次训练间隔 48~72 小时）	每次训练的动作次数为 80~120 次	爆发力的训练要注意每组都尽最大努力去完成动作，组间要有足够的间歇休息来恢复神经和能量。爆发力的训练与休息时间分配，要根据具体的训练动作难度和量来确定，一般为 1：5~1：10	

注：RM 是指某个负荷量能连续做动作的最高重复次数。

3. 力量的训练动作

一般体能中的力量训练以肌肉耐力训练为主，主要方式为抗阻力训练（见表 2-1-3）。

表 2-1-3　肌肉耐力训练动作

训练部位	动作名称	动作示例	频次
肱二头肌	站姿哑铃臂弯举		次数：15~20 次 组数：3~4 组 间歇：30 秒
肱三头肌	俯身单侧哑铃臂屈伸		次数：15~20 次 组数：3~4 组 间歇：30 秒
三角肌	站姿弹力带侧平举		次数：15~20 次 组数：3~4 组 间歇：30 秒
背阔肌	站姿弹力带划船		次数：15~20 次 组数：3~4 组 间歇：30 秒
核心肌群	跪姿平板支撑		时间：2~3 分钟 组数：3~4 组 间歇：30 秒

续表

训练部位	动作名称	动作示例	频次
腹直肌	仰卧卷腹		次数：15~20 次 组数：3~4 组 间歇：30 秒
臀大肌、股四头肌	箭步蹲		次数：15~20 次 / 单侧 组数：3~4 组（左右侧均完成 15~20 次为一组） 间歇：30 秒
胸大肌、肱三头肌、核心肌群	（斜上）俯卧撑		次数：15~20 次 组数：3~4 组 间歇：30 秒
背阔肌、肱二头肌、胸肌	引体向上		次数：8~12 次 组数：3~4 组 间歇：30 秒
髂腰肌、腹直肌	悬垂举腿		次数：8~12 次 组数：3~4 组 间歇：30 秒
臀大肌、股四头肌	自重深蹲		次数：30 次 组数：3~4 组 间歇：30 秒
腓肠肌	单足站姿提踵		次数：12~15 次 组数：3~4 组 间歇：30 秒

4. 爆发力的训练动作

爆发力训练主要采用间歇性训练方式，四肢的爆发力训练动作如表 2-1-4 所示。

表 2-1-4　四肢的爆发力训练动作

训练部位	动作名称	动作示例	频次
上肢	杠铃高翻		次数：6~10 次 组数：2~3 组 间歇：3 分钟
	双人向前砸药球		次数：10~15 次 组数：2~3 组 间歇：3 分钟
下肢	杠铃半蹲跳		次数：8~10 次 组数：2~3 组 间歇：3 分钟
	双人拉力绳阻力跑		时间：30~45 秒 / 组 组数：3~5 组 间歇：3 分钟

（二）心肺耐力

心肺耐力又称有氧适能或有氧耐力，是指人体长时间进行有氧工作的能力。心肺耐力水平主要与机体的心血管系统和呼吸系统功能有关，反映了人体心肺功能的适应能力。心肺耐力是人体健康水平或体质强弱的重要标志。

有氧运动是指以有氧代谢系统供能为主的运动，是维持和发展心肺耐力的最常用的练习方式。其主要特点是低强度、较慢的速度、较长的距离、较长的运动时间、周期性的运动和全身大肌肉群参与活动。常见的中低强度有氧训练有快走、慢跑、游泳、骑自行车等，建议每周练习 2~4 次，运动时心率控制在最大心率（220－年龄）的 60%~80% 范围内。

（三）柔韧性

柔韧性是指人体关节活动幅度以及关节韧带、肌腱、肌肉、皮肤和其他组织的弹性与伸展能力，即关节和关节系统的活动范围。经常做伸展练习可以减少在体育活动和日常生活中因动作幅度加大、扭转过猛而导致的关节、肌肉等软组织的损伤。

1. 伸展的分类

伸展可分为动态伸展和静态伸展。

（1）动态伸展

动态伸展是指有节奏且速度略快地多次重复同一动作的伸展方法。动态伸展对提高肌肉的伸展性与收缩性、促进血液循环、提高肌肉的弹性和动作效果等均有良好的作用。动态伸展多用于各种训练前的准备活动，一般每个动作持续 1~2 秒，重复 10~20 次，完成 1~2 组。

（2）静态伸展

静态伸展是指缓慢地将肌肉、韧带等软组织拉长到最大程度后保持一段时间静止不动的伸展方法。使用静态伸展时，注意不要弹震，一般每个动作保持 15~30 秒，完成 1~2 组。伸展过程中始终保持自然呼吸而不憋气。

2. 伸展的训练动作

动态伸展和静态伸展均设计了针对上下肢及躯干的训练动作（见表 2-1-5）。

表 2-1-5　动态伸展和静态伸展训练动作

训练类型	训练部位	动作名称	动作示例	频次
动态伸展	上肢	站姿 T 字		次数：20 次 组数：2 组 间歇：5 秒
		站姿 W 字		次数：20 次 组数：2 组 间歇：5 秒
		交叉摆臂		次数：20 次 组数：2 组 间歇：5 秒
	下肢	提踵走		次数：20 次 组数：2 组（左右两侧各一组） 间歇：5 秒
		脚跟走		次数：20 次 组数：2 组（左右两侧各一组） 间歇：5 秒
		行进间股四头肌伸展		次数：20 次 组数：2 组（左右两侧各一组） 间歇：5 秒

续表

训练类型	训练部位	动作名称	动作示例	频次
动态伸展	下肢	提膝展髋走		次数：20 次 组数：2 组（左右两侧各一组） 间歇：5 秒
		直腿行军步		次数：20 次 组数：2 组（左右两侧各一组） 间歇：5 秒
		抱膝落跪步走		次数：20 次 组数：2 组（左右两侧各一组） 间歇：5 秒
	全身	合抱扩胸		次数：20 次 组数：1 组 间歇：5 秒
		蝎子摆尾		次数：10 次 组数：2 组（左右两侧各一组） 间歇：30 秒
静态伸展	上肢	肱三头肌主动伸展		保持时间：30 秒 组数：2 组（左右两侧各一组） 间歇：无
		腕部屈肌主动伸展		保持时间：30 秒 组数：2 组（左右两侧各一组） 间歇：无
		三角肌后束主动伸展		保持时间：30 秒 组数：2 组（左右两侧各一组） 间歇：无

续表

训练类型	训练部位	动作名称	动作示例	频次
静态伸展	下肢	小腿三头肌主动伸展		保持时间：30 秒 组数：2 组（左右两侧各一组） 间歇：无
		股四头肌主动伸展		保持时间：30 秒 组数：2 组（左右两侧各一组） 间歇：无
		内收肌主动伸展		保持时间：30 秒 组数：2 组 间歇：无
		股二头肌和臀肌主动伸展		保持时间：30 秒 组数：2 组（左右两侧各一组） 间歇：无
		站姿正前屈		保持时间：30 秒 组数：1 组 间歇：无
	躯干	背阔肌伸展		保持时间：30 秒 组数：2 组 间歇：无
		骆驼式		保持时间：30 秒 组数：1 组 间歇：无
		臀肌、躯干伸肌和胸肌主动伸展		保持时间：30 秒 组数：2 组（左右两侧各一组） 间歇：无
		躯干伸肌、背阔肌、菱形肌和臀肌主动伸展		保持时间：30 秒 组数：2 组 间歇：无
		腹直肌主动伸展		保持时间：30 秒 组数：1 组 间歇：无

（四）速度

速度是指人体快速运动的能力，能反映机体运动的加速度和最大速度的能力。

1. 速度的分类

（1）反应速度

反应速度是指人体对各种信号刺激（声、光、触等）快速应答的能力。训练中往往根据不同项目的特点测定运动员对特定信号的反应时间。如短跑、游泳等周期性竞速项目中，运动员主要接收听觉信号，而乒乓球运动员则主要通过接收视觉信号做出技战术反应。两人拍击（背）、反应起跳（竹竿）、追逐游戏、启动追逐等都可以训练反应速度。

（2）动作速度

动作速度是指人体或人体某一部分快速完成动作的能力。动作速度是技术动作不可缺少的要素，表现为人体完成某一技术动作时的挥摆速度、击打速度、蹬伸速度、踢踹速度等，还包含在单位时间里连续完成单个动作时重复的次数（动作频率）。动作速度主要取决于中枢神经系统的功能、引起该部位运动的肌肉力量，以及技术动作的合理性。听信号摆臂、原地快速高抬腿跑等都可以训练动作速度。

（3）移动速度

移动速度是指人体在特定方向上位移的速度，以单位时间内机体移动的距离为评定指标，在体育运动中常常以人体通过固定距离所用的时间来表示，如男子 100 米跑 10 秒等。移动速度的主要影响因素是步长和步频。小步跑或高抬腿跑转加速跑、后蹬跑变加速跑、单足跳变加速跑等都可以训练移动速度。

2. 速度的训练动作

为了有针对性地训练同学们的反应、动作、移动三种速度能力，我们设计了如下训练动作（见表 2-1-6）。

表 2-1-6　速度的训练动作

训练类型	动作名称	动作示例	频次	动作要领
反应速度	高抬腿跑转身跑	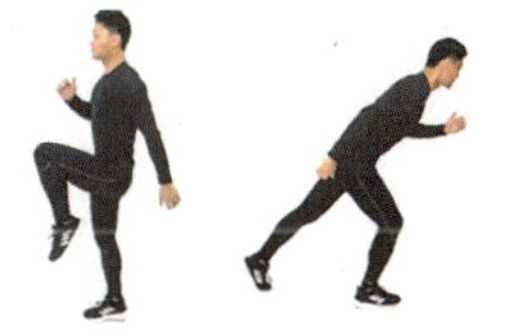	组数：3 组 间歇：2 分钟	原地高抬腿，听到开始口令后向后转身，然后向前冲刺跑 20 米左右
	俯卧撑起跑		组数：2~3 组 间歇：2 分钟	在地面上做俯卧撑，听到开始口令后，迅速站立向前起跑冲刺 20~30 米
	两人拍击（背）		时间：1 分钟 / 组 组数：2~3 组 间歇：2 分钟	两人面向开立，听到开始口令后，设法拍击对方背部，同时避免被对方击中；在规定时间内（每次 1 分钟左右），拍击对手多者为胜

续表

训练类型	动作名称	动作示例	频次	动作要领
动作速度	快速小步跑		时间：15~30 秒 / 组 组数：2~3 组 间歇：2 分钟	小步跑 15~30 米，两腿频率越快越好
	原地快速高抬腿或支撑高抬腿		时间：15~30 秒 / 组 组数：4~6 组 间歇：2 分钟	站立或前倾支撑肋木或墙壁，听信号后做高抬腿，大腿抬至水平，上体不后仰
	快速传接球		时间：60 秒 / 组 组数：3~5 组 间歇：2 分钟	两人相距 6 米站立，做快速胸前传接球；要求传接技术正确，传球速度越快越好
移动速度	小步跑或高抬腿跑转加速跑		组数：2~3 组 间歇：2 分钟	向前小步跑或高抬腿跑；小步跑要做好“扒地”动作；高抬腿要求大腿提至与地面平行的高度，跑 10~15 米后做加速跑
	快速后蹬跑		组数：2~3 组 间歇：2 分钟	上体及骨盆微微前倾，前面的腿成弓步，后面的腿用力向后蹬地；前跨摆动腿积极向前上方摆动至水平或接近水平位置时，带动同侧髋充分前送，同时膝关节放松，大腿积极下压；小腿前送至足，前脚掌着地，缓冲，然后迅速转入后蹬；以此动作向前移动 30~50 米
	双人间距追逐跑		次数：循环 2 次 组数：3~5 组 间歇：2 分钟	两人间距约 20 米开始起跑，后面的人加速跑到前面的人前方约 20 米处后开始慢跑，同时另一个人开始加速跑

（五）平衡能力

平衡能力是身体素质的一种，是人体在神经系统控制下，由肌肉、骨骼保持全身处于稳定状态的能力。维持平衡是人体的一项基本能力，人的坐、立、行等都建立在平衡能力的基础之上。

平衡能力的训练动作设计如表 2-1-7 所示。

表 2-1-7 平衡能力的训练动作

动作名称	动作示例	频次
单腿站立		时间：30~60 秒 / 组 组数：3~5 组 间歇：15~30 秒
燕式平衡		时间：30~60 秒 / 组 组数：3~5 组 间歇：15~30 秒

（六）协调性

协调性包括一个人的各种能力，是一种综合体现，主要包括空间定向能力、学习能力、反应能力等。协调性能够充分融合肌肉的紧张和放松状态。

协调性的训练动作设计如表 2-1-8 所示。

表 2-1-8 协调性的训练动作

动作名称	动作示例	频次
绳梯横向小滑步		单位组：10~15 秒往返 1 次 组数：3~5 组 间歇：15 秒
交叉步跑		单位组：30~60 米 / 组 组数：3~5 组 间歇：15~30 秒

（七）灵敏性

灵敏性是身体素质的一种，是运动技能和各种素质在运动过程中的综合表现，可在急停、运动或躲闪跑等多变的环境中迅速改变身体位置时表现出来。用“之”字跑、躲闪跑、穿梭跑和折返跑四项组成的综合性练习都能体现灵敏性。

灵敏性的训练动作设计如表 2-1-9 所示。

表 2-1-9 灵敏性的训练动作

动作名称	动作示例	频次
绳梯“之”字形双脚跳		时间：5~8 秒 / 组 组数：3~5 组 间歇：15~30 秒
变向跑		次数：循环 2~4 次 组数：3~5 组 间歇：15~30 秒

学习效果检测

请登录课程平台，完成一般体能的效果检测，评价自己的学习效果。

专题二 职业体能

学习目标

1. 了解职业体能的概念、作用以及与自己的关系。
2. 掌握不同类型职业体能的科学训练方法，并实际运用到自己的生活和工作中。

情境导入

体能不仅与健康、运动有关，也与职业有关，关系到我们生活的方方面面。同学们终有一天会踏上自己的工作岗位。体能作为促进健康的动力源泉，能够提升我们的健康水平，进而提高我们的工作效率，增强我们的抗压能力，最终提高我们的职业水平。那么，与职业相关的体能到底有哪些呢？如何发展职业体能？通过本专题的学习，同学们将对职业体能有全面且深入的了解。

职业体能是与职业（劳动）有关的身体素质及在不良劳动环境条件下的耐受力和适应能力，是经过特定的工作能力分析后，需要具备的身体活动能力和适应能力。不同类型岗位的职业劳动者所需要的职业体能会存在一定的区别。中等职业教育的核心和目标是为社会培养熟练掌握岗位知识和技能，从事生产、销售、服务等工作的操作型技术技能人才。因此，同学们在职业活动中必须具备良好的相应体能。目前，职业类型主要包括久坐型、久站型、经久高度注意力型、特定职业、乘务类职业等。根据不同职业类型的特征，发展相应的职业体能，这对于同学们而言至关重要。

一、久坐型职业体能训练

现代社会分工精细，导致许多人工作时体位改变很少，长时间保持坐姿。例如，财务工作人员（会计与出纳）、文秘及大部分办公室白领大都以脑力劳动为主，以“伏案型”为主要工作方式。调查表明，该类员工每个工作日的 8 小时劳动中，坐的时间为 6～7 小时或更久。坐位姿势是一种静态姿势，这种姿势下完成单一工作，极易引起疲劳，从而导致工作效率的下降。

久坐型职业会对人体造成哪些危害?

◆ 颈部：坐姿工作时，头部一般呈前俯或后仰的姿势。此时颈部会受到较大的压力，并增加颈部患病的概率。正确姿势应为颈部前倾 0°～10°。

◆ 胸部：长期低头含胸，使得胸廓得不到充分的舒展扩张。一方面导致肺通气功能下降；另一方面使胸廓变形，造成驼背。

◆ 腰背部：坐姿工作时，人体背部一般呈弓起向前微倾的状态，背部肌群长期紧张性收缩，并且椎间盘受力不均，尤其是腰椎部位。长此以往，会导致背部小肌群的损伤，引起酸、麻、胀、痛。严重者会导致椎间盘突出。

◆ 心血管系统：长时间坐姿工作，由于身体处于屈曲位，会使下肢静脉血回流至心脏受阻，导致足背浮肿。同时还会使直肠、肛管静脉回流受阻，引起静脉扩张而发生痔疮。此外，长期久坐会使心脏工作量减少，导致心脏机能下降，血液循环减慢，脑部供血不足。轻者容易出现头晕、眼花、嗜睡，重者会增加心肌梗死、高血压、冠心病等心血管疾病的患病风险。

◆ 肺通气功能：长时间坐位伏案使胸廓得不到充分扩张，会导致肺通气功能下降，影响呼吸机能，最终使氧气供应不足，影响工作效率。

根据久坐型职业的工作特点及其对人体的危害特点，针对该类型职业的体能训练应从增强肌肉力量、提高心肺耐力等方面进行。例如，利用对肩颈部、腰背部以及腕部的肌群进行力量训练，来提高局部肌群的肌肉力量；利用健身走、健身跑等提高心肺耐力。利用上述练习，最终可以达到改善血液循环、延缓疲劳、预防损伤、提高工作效率的目的。

（一）力量训练

针对久坐型职业设计的力量训练如表 2-2-1 所示。

表 2-2-1　针对久坐型职业设计的力量训练

训练部位	动作名称	动作示例	频次
斜方肌中下束	弹力带直臂肩后缩		次数：8~12 次 组数：3~4 组 间歇：30 秒
竖脊肌	俯卧挺身		次数：8~12 次 组数：3~4 组 间歇：30 秒
背阔肌	俯身弹力带划船		次数：8~12 次 组数：3~4 组 间歇：30 秒

续表

训练部位	动作名称	动作示例	频次
三角肌	哑铃 侧平举		次数：8~12 次 组数：3~4 组 间歇：30 秒
臀大肌	站姿 后踢腿		次数：12~15 次 组数：3~4 组 间歇：30 秒

（二）伸展训练

针对久坐型职业设计的伸展训练如表 2-2-2 所示。

表 2-2-2　针对久坐型职业设计的伸展训练

训练部位	动作名称	动作示例	频次
上肢	三角肌前束 主动伸展		时间：30 秒 组数：3~5 组 间歇：30 秒
	肱二头肌 主动伸展		
下肢	臀大肌 主动伸展		
躯干	胸大肌 主动伸展		
	斜方肌上部 主动伸展		
	斜方肌中下 部主动伸展		
	竖脊肌 主动伸展		
	背阔肌 主动伸展		

（三）心肺训练

1. 健身走

健身走时，上下肢应协调运动，并保持深而均匀的呼吸。健身走的速度是决定锻炼效果的关键因素，通常可分为慢步走（每分钟 70 ~ 90 步）、中速走（每分钟 90 ~ 120 步）、快步走（每分钟 120 ~ 140 步）和疾步走（每分钟 140 步以上）。

2. 健身跑

健身跑时，呼吸要深、长、细、缓，且有节奏。呼吸的节奏可为两步一呼、两步一吸，或者三步一呼、三步一吸。尽量用腹式呼吸，吸气时鼓腹，呼气时尽量吐尽。跑步时，步伐要轻快，全身肌肉放松，双臂自然摆动。

二、久站型职业体能训练

久站型职业是指长期在站姿的情况下工作的职业，如护士、外科医生、教师、前厅接待、餐厅服务员、售货员、厨师和模特等职业。这些岗位的服务人员均需要在工作期间保持长时间的站姿。这些工作对下肢耐力具有较高的要求，因而需要着重加强下肢的力量练习。

久站型职业会对人体造成哪些危害?

- 腰腹部：自然站立时，躯干部位的重量经过腰椎向下传导，需要腰部肌肉力量予以支撑，以保持腰椎的正常生理前凸。如果腰腹肌力量较弱，并且腹部脂肪堆积较多，会增加腰部肌群的负担，导致腰肌劳损。
- 脊柱：脊柱的负荷为机体的体重、肌肉张力和外在负重的总和。不同部位的脊柱承担着不同的负荷。由于腰椎处于脊柱的较低位，因而负荷相对较大。站姿时，第三、第四腰椎间盘承受的压力较大，因此长期的站姿会增加患腰背痛的概率。
- 下肢：人体在走动或者站立时，下肢肌群会紧张性收缩，以维持身体姿势并保持身体平衡。长时间保持站立不动，会影响下肢血液循环，导致下肢肿胀，甚至导致静脉曲张。
- 心血管系统：长时间站立后，血液受到重力的作用，滞留在心脏水平以下的血管中，使静脉回流量下降，导致出现脚背浮肿、趾关节炎和下肢静脉曲张等症状。
- 骨骼肌肉：人体的肌肉在平时会维持一定的张力，以维持一定的身体姿势。站立时，大腿、小腿、腰背部和臀部的肌肉处于等张收缩状态，需要参与的肌群比坐姿时更多，也更加容易疲劳受损。

根据长期的站姿会对下肢、腰腹及脊柱造成较大压力的特点，久站型职业体能训练应着重下肢及腰腹部位的力量训练。同时，可以采取健身走、健身跑的练习方式来提高心肺功能，也可以采用做膝关节保健操、踝关节保健操的方式来改善和消除肌肉疲劳。

（一）力量训练

针对久站型职业设计的力量训练如表 2-2-3 所示。

表 2-2-3 针对久站型职业设计的力量训练

训练部位	动作名称	动作示例	频次
腹部肌群	仰卧两头起	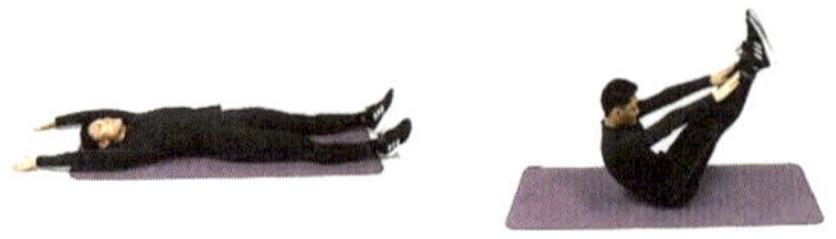	次数：8~12 次 组数：3~4 组 间歇：30 秒
核心肌群	平板支撑		时间：2~3 分钟 组数：3~4 组 间歇：30 秒
小腿三头肌	站姿提踵		次数：12~15 次 组数：3~4 组 间歇：30 秒
臀大肌	站姿侧踢腿		次数：12~15 次 组数：3~4 组 间歇：30 秒
股四头肌	杠铃深蹲		次数：8~12 次 组数：3~4 组 间歇：30 秒

（二）伸展训练

针对久站型职业设计的伸展训练如表 2-2-4 所示。

表 2-2-4 针对久站型职业设计的伸展训练

动作名称	动作示例	频次
股四头肌主动伸展		时间：30 秒 组数：左右各 3 组 间歇：30 秒
股二头肌主动伸展		

续表

动作名称	动作示例	频次
腓肠肌主动伸展		时间：30 秒 组数：3~5 组 间歇：30 秒
髂腰肌主动伸展		

（三）心肺训练

久站型职业体能的心肺练习训练，与久坐型职业体能的心肺训练方法一致。

三、经久高度注意力型职业体能训练

经久高度注意力型职业工作者多为脑力劳动者，常常需要长时间保持注意力的高度集中。常见职业有会计、同声传译、外科手术医生、科学家等。长期从事该类职业工作，人的大脑会负担过重，可能会因长期处于紧张状态而出现失眠、神经衰弱等症状。

经久高度注意力型职业会对人体造成哪些危害？

- 失眠多梦：长时间进行注意力高度集中的脑力劳动，大脑得不到有效放松，会导致夜不能寐、多梦等。
- 神经衰弱：脑力劳动者由于长时间用脑，且休息不够充分，会损害大脑神经细胞，导致神经衰弱。

根据长时间注意力高度集中会对大脑造成损害的特点，该类职业工作者的体能训练应以轻松愉悦的练习为主，以增加大脑供氧量，缓解精神紧张。

（一）有氧训练

针对经久高度注意力型职业设计的有氧训练如表 2-2-5 所示。

表 2-2-5　针对经久高度注意力型职业设计的有氧训练

动作名称	动作示例	频次
跳绳		时间：1 分钟 / 组 组数：3~5 组 间歇：1~2 分钟

（二）伸展训练

经久高度注意力型职业体能的伸展训练，与久坐型、久站型职业体能伸展训练的方法一致。

四、特定职业体能训练

特定职业如警察、安保、消防等具有高度的危险性和不确定性，常常需要面对各种突发事件，工作环境复杂；而且常常不分早晚，容易造成身体的损害。此类职业人群必须具备较强的耐力、较好的力量、较快的速度以及敏捷的反应。根据特定职业工作者常常需要短距离快速出击、长距离持续奔跑、迅速攀爬跨越各种障碍物的特点，应对该种职业工作者进行全方位的体能训练，如力量训练、爆发力训练、速度训练、耐力训练以及通过障碍路径的综合训练等。

（一）力量训练

针对特定职业设计的力量训练如表 2-2-6 所示。

表 2-2-6　针对特定职业设计的力量训练

训练部位	动作名称	动作示例	频次
胸大肌	中距俯卧撑		次数：15~20 次 组数：3~4 组 间歇：30 秒
背阔肌	引体向上		次数：8~12 次 组数：3~4 组 间歇：30 秒
胸大肌	哑铃推举		次数：8~12 次 组数：3~4 组 间歇：30 秒
竖脊肌	俯卧两头起		次数：15~20 次 组数：3~4 组 间歇：30 秒
三角肌	哑铃肩上推举		次数：12~15 次 组数：3~4 组 间歇：30 秒
股四头肌	杠铃深蹲		次数：30 次 组数：3~4 组 间歇：30 秒

（二）爆发力训练

针对特定职业设计的爆发力训练如表 2-2-7 所示。

表 2-2-7　针对特定职业设计的爆发力训练

训练部位	动作名称	动作示例	频次
臀大肌、股四头肌、腘绳肌、小腿三头肌	跳箱		次数：15~20 次 组数：3~5 组 间歇：1 分钟

（三）速度训练

针对特定职业设计的速度训练如表 2-2-8 所示。

表 2-2-8　针对特定职业设计的速度训练

训练类型	动作名称	动作示例	频次	动作要领
反应速度	听信号转身起跑		组数：3~5 组 间歇：从终点走回起点	背对跑进方向做快速高抬腿跑；听到起跑的信号（哨声或者掌声）后，迅速转身起跑 20~30 米
动作速度	原地快速高抬腿		时间：30 秒 组数：3~5 组 间歇：30 秒	两脚自然站立，上体前倾，双手支撑肋木或墙壁等；听到信号后做高抬腿 10~30 秒，大腿抬至水平，上体不要后仰
位移速度	加速跑		组数：3~5 组 间歇：从终点走回起点	起跑后逐渐加速至最高速度后保持一定距离，然后放松跑；可加速跑 50 米、80 米或 100 米

（四）耐力训练

部分特定职业对耐力有一定的要求，因此设计越野跑的相关训练，以期增强同学们的心肺功能和肌肉耐力。

具体的训练建议为：将距离设置为 4000 ~ 5000 米，可以轻装或者负重；跑动中注意调整好呼吸，合理分配体力，时间越短越好。

（五）400 米障碍综合训练

400 米障碍综合训练是人体力量、速度、耐力、柔韧性和灵敏性等身体素质的综合体现，是特定职业者必要的训练方式。该训练能有效地发展特定职业者在实际工作中跨越各种障碍所需的奔跑、跳跃、攀越、支撑平衡和钻爬等基本技能。

五、乘务类职业体能训练

乘务类职业包括航空乘务、铁路乘务、海上轮船类乘务等。该职业的工作环境存在不稳定性，因此对平衡能力、核心的稳定能力、应激反应等有较高的要求。日常可以着重通过力量、柔韧性、平衡能力等素质训练提升自身职业体能。

（一）力量训练

针对乘务类职业设计的力量训练如表 2-2-9 所示。

表 2-2-9　针对乘务类职业设计的力量训练

训练部位	动作名称	动作示例	频次
股四头肌	波速球深蹲		次数：15~20 次 组数：3~4 组 间歇：30 秒

续表

训练部位	动作名称	动作示例	频次
小腿三头肌	哑铃站姿提踵		次数：12~15 次 组数：3~4 组 间歇：30 秒
背阔肌	俯身哑铃划船		次数：8~12 次 组数：3~4 组 间歇：30 秒
核心肌群	仰卧卷腹		次数：12~15 次 组数：3~4 组 间歇：30 秒

（二）平衡训练

针对乘务类职业设计的平衡训练如表 2-2-10 所示。

表 2-2-10　针对乘务类职业设计的平衡训练

训练类型	动作名称	动作示例	频次
平衡能力	闭眼站立		时间：15~20 秒 / 组 组数：3~4 组 间歇：30 秒
	瑞士球肘撑交替提膝		次数：15~20 次 组数：3~4 组 间歇：30 秒
	瑞士球上跪姿平衡		时间：15~20 秒 / 组 组数：3~4 组 间歇：30 秒
	瑞士球过顶传接球		次数：15~20 次 组数：3~4 组 间歇：30 秒

（三）伸展训练

乘务类职业体能的伸展训练，与久坐型、久站型职业体能的伸展训练方法一致。

学习评价

1. 职业体能的锻炼原则和方法有哪些？哪几点是我们锻炼时需要强调和改变的？
2. 如何根据自己未来的职业选择合适的职业体能训练？
3. 给自己制订一份专业体能训练计划。

拓展模块

无论是为了终身参与体育锻炼，还是为了提升职业发展所需的运动能力，每个同学都需要学习并熟练掌握 1~2 项运动技能。《中等职业学校体育与健康课程标准》中的运动项目包含球类运动、田径类运动、体操类运动、武术与民族民间传统体育类运动、水上类运动、冰雪类运动、新兴体育类运动七大类。每一类运动都有其独特的价值和兴趣点，同学们可以从这些类型的运动中自主选择自己喜爱的、适宜的运动。同学们在具体选学某一项运动的时候，最好能够按照“想学、能学、学会”的标准来综合判定。“想学”是指对某项运动有兴趣，“能学”是指具备学练的条件，“学会”是一种结果追求。学练掌握 1~2 项运动技能，这能够真正地为终身体育及职业发展奠定基础。

希望同学们在满足兴趣爱好与运动需求的基础上，认真学练你们自主选择的拓展模块中的专项运动，能具备一定的运动特长，培养出一定的运动能力，为促进健康和终身参与体育锻炼夯实根基。

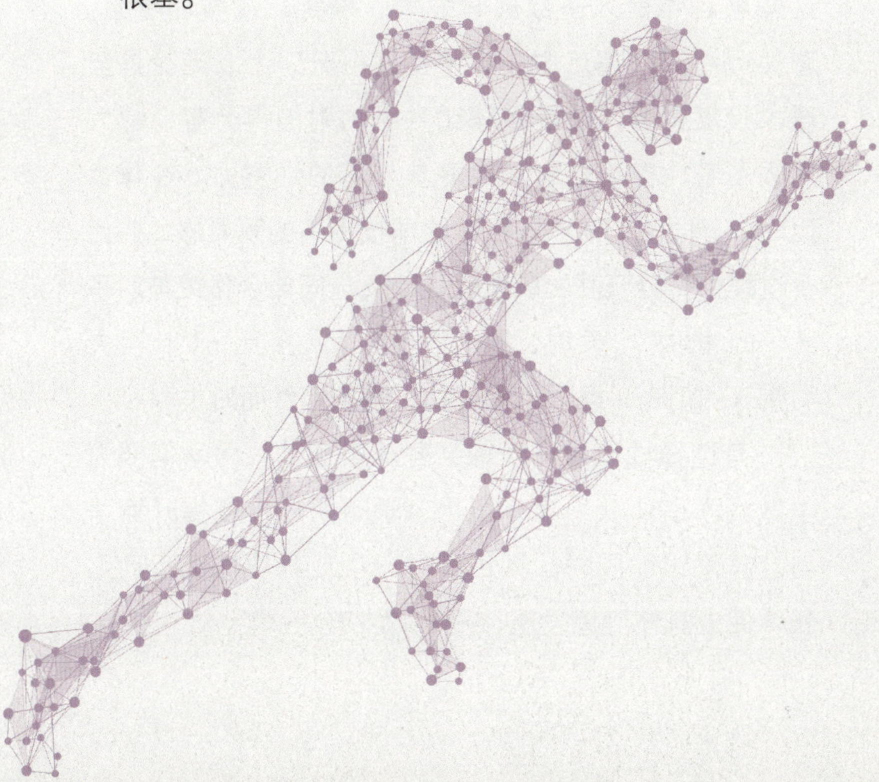

第三单元

球类运动

竞争是球类运动最突出的特征。无论是集体合作完成的某项运动，还是单枪匹马与对手交锋的球类项目，都具有较强的竞争性。此外，集体项目还能充分培养同学们团队合作的意识和能力。因此，中职学生有必要选择某些球类运动进行学习，以提高未来走向社会所需的竞争与合作的意识和能力。本单元球类运动中设置了学校最常开展的篮球、足球、排球、羽毛球、乒乓球、网球(俗称“三大球”和“三小球”)项目，这些项目也是大多数同学爱学、爱练、爱赛的项目。球类运动的兴趣点主要集中在“得分”上。无论是篮球的投篮得分，还是足球比赛中的射门得分等，都大大吸引着比赛观看者和比赛参与者的注意力。在球类运动中，同学们能够不断体验球技提高的获得感，在比赛过程中得分获胜的成就感，以及与同伴合作或与对手竞争的愉悦感。同时，同学们也要学会接受一时比赛失利带来的沮丧，既要享受成功，也要坦然面对失利。

有选择性地认真学练某些球类运动，同学们要力争做到学有所获、学有所用、学有所乐，在提升竞争与合作意识的同时，真正具备一项或几项球类运动之长，促进身体健康发展，提升职业竞争力。

项目一 篮球

体育中国

我国男篮共获得16次亚锦赛冠军，世锦赛和奥运会的最好成绩均为第8名。我国女篮共获得12次亚锦赛冠军，并获得1992年奥运会银牌、1994年世锦赛银牌，以及2020年东京奥运会三人篮球铜牌，2022年三人篮球亚洲杯冠军以及2022年女篮世界杯亚军。2019年中国首次举办篮球世界杯，这是历史上参赛队伍最多、关注度最高、影响力最大的一届篮球世界杯。

学一学

请同学们上网搜索“友谊第一，比赛第二”的相关资料，了解这一体育精神的由来，领会毛泽东关于体育与比赛的思想精髓。

励志人物：姚明，2002年获美国职业篮球联赛（NBA）选秀状元，曾连续6个赛季（生涯共8次）入选NBA全明星阵容，是我国著名的篮球运动员。姚明是我国2022年冬奥会形象大使之一。他创立的“姚基金”用于援建希望小学和资助经济困难学生，提升我国相对贫困地区的教育与体育水平等。

学习目标

1. 了解篮球技术动作和基础战术配合的基本知识，以及篮球竞赛的基本规则和裁判方法。

2. 掌握篮球基本技术、组合技能和战术配合，并能在多种练习和比赛情境中运用；增强力量、速度、耐力和灵敏性等身体素质；积极参加各项篮球活动和比赛，养成坚持锻炼的习惯。

3. 在学练、比赛中表现出团队合作、公平竞争的意识和行为；遵守规则，服从裁判，尊重他人；能正确对待比赛胜负，合理调控情绪，适应比赛中的各种角色。

一　了解篮球运动

篮球运动是一项以篮球为竞赛工具，以投篮得分为目的的攻守交替的集体对抗运动项目。篮球运动起源于美国，1895年传入我国。1936年男子篮球运动成为奥运会正式比赛项目；1976年第21届奥运会增加了女子篮球项目。篮球运动集健身性、集体性、对抗性、游戏性和观赏性为一体，其集体比赛形式，对培养同学们的战胜自我、勇于拼搏、团结合作等精神有重要作用。同时，篮球运动还可以锻炼力量、耐力、速度、灵敏性和柔韧性等身体素质，对同学们今后从事对身体灵活度要求较高的职业有较大帮助。

二 学练篮球技能

模块一

本模块设置了篮球运动中较为基础的技战术内容。其中，单项技术学练包括行进间双手胸前传接球、运球急停急起、行进间单手肩上（高手）投篮、防守有球队员，以及课程平台中的反弹传接球、单手肩上传球、原地单手肩上投篮、防守无球队员；基本战术学练包括传切配合，以及课程平台中的挤过配合、穿过配合；组合技能练习设置的是行进间传接球 + 投篮，以及课程平台中的运球 + 传接球。同学们学练本模块的内容，能提高基本的技战术水平，为参与本模块设置的比赛提供保障，为后续模块的学练奠定基础。

（一）单项技术学练

1. 行进间双手胸前传接球

图 3-1-1 行进间双手胸前传接球

（1）动作要领

跑动中，上体稍向来球方向侧转，双眼注视来球，当球接近自己时，上步接球，在跨另一步时用双手胸前传球方法将球传出。做到传接球手法正确，跑动中跨步接球、迈步传球动作协调连贯；传球的方向和落点准确，有一定的提前量。

（2）学练建议

①分成两组，相对站立，做跑动换位传接球练习。

②做四角弧形跑动传接球练习。

③两人或三人做全场行进间传接球推进练习。

④拓展练习：结合投篮技术，进行全场二攻一、三传两抢练习。

注意事项

1. 传给原地或已摆脱对手的同伴时，落点要控制在远离防守者的一侧。
2. 传给移动的同伴时，落点应控制在其移动方向向前一步左右的地方。

2. 运球急停急起

（1）动作要领

运球急停时，身体重心下降、后移，用手快速按拍球的前上方，同时两脚做跨步急停，并转入低运球，用手臂、身体和腿保护球；运球急起时，后脚用力蹬地，上体迅速前倾起动，同时按拍球的后侧上方，向前运球，加速超越对手。手按拍球时要短促有力、部位正确，急停时两腿制动停得稳，急起时蹬地有力且快速起动，手、脚、身体紧密结合并协调一致。

图 3-1-2 运球急停急起

（2）学练建议

①做原地体侧前推后拉运球练习。

②利用标志线，做慢速运球急停急起练习。

③听口令做运球急停急起练习。

④拓展练习：结合投篮技术，在防守的情况下进行半场或全场一攻一练习。

注意事项

1. 运球练习时，养成目视前方、观察场上情况和屈膝的习惯。
2. 急停时，球要靠近身体，用手臂、身体和腿保护球。
3. 加强弱侧手的运球练习。

3. 行进间单手肩上（高手）投篮

试一试

请同学们登录课程平台学练“如何确定投篮瞄准点”。

（1）动作要领

以右手投篮为例，行进间右脚跨出性一大步的同时双手接球，左脚迈一小步迅速蹬地起跳，右腿屈膝上抬，双手举球于右肩上方，上体稍后仰，腾空后右臂向前上方伸展，手腕前屈，食指、中指用力拨球，通过指端将球投出。“一大、二小、三高跳”要节奏清楚，起跳和腾空充分，举球、伸臂、屈腕、拨球动作连贯，用力适度。

图 3-1-3　行进间单手肩上（高手）投篮

（2）学练建议

①做徒手行进间投篮脚步动作练习。

②运一次球后跨步接球，紧接着迈步起跳做投篮练习。

③做半场运球行进间单手肩上投篮练习。

④拓展练习：结合行进间传接球、运球等技术进行组合练习。

注意事项

1. 在学习动作初期，动作速度不宜太快，重点形成正确的脚步动作和投篮手型。
2. 在掌握动作的基础上，可结合运球突破、传接球进行组合练习，提高动作的实战运用能力。

4. 防守有球队员

图 3-1-4　防守有球队员

（1）动作要领

防突破时，两脚左右开立，两手臂侧伸不停摆动，重心下降，与对手保持一步半的距离，左右滑步与后撤步移动迅速；防投篮时，两脚前后开立，重心下降，前脚同侧手臂前伸并上下摆动，用前后滑步干扰对手投篮。注意保持“人—我—篮”三点一线的防守位置，重心要低，移动快速、到位，手脚配合协调。

（2）学练建议

①做防守脚步移动练习。

②两人一组，持球队员做投篮、突破动作，防守队员做干扰球练习以及撤、滑步练习。

③做沿三分线防运球练习。

④拓展练习：在限制进攻的条件下，进行半场或全场一防一练习。

注意事项

1. 在练习中，应根据持球队员的进攻意图，选择合理的防守位置和防守姿势。
2. 做滑步动作时，要始终屈膝，头要保持在同一高度，其投影要在两脚之间，脚不要交叉移动，要保持重心的平稳。

（二）基本战术学练

图 3-1-5　传切配合

传切配合

（1）战术方法

①一传一切配合：持球队员传球后，利用起动速度或假动作摆脱防守，向篮下切入接回传球投篮。

②空切配合：无球队员掌握时机，摆脱对手，切向防守空隙区域接球或做其他进攻配合。

学一学

请同学们登录课程平台学习“篮球运动中的号位”。

（2）学练建议

①做两人连续空切练习。

②做三人连续传切练习。

③做结合投篮的传切配合练习。

注意事项

1. 配合队员之间要拉开距离，切入路线要合理。
2. 切入队员应抢在防守前侧身看球切入，传球队员应结合投篮、突破等假动作，及时准确将球传给同伴。

（三）组合技能练习

行进间传接球 + 投篮

（1）练习方法

①两人一组一球，相距 4~5 米站于端线外，向另一侧篮筐直线跑动传球推进，到篮下行进间单手肩上投篮。

②三人一球，保持“两前一后”的三角队形，直线跑动传接球推进，到篮下行进间单手肩上投篮。

（2）练习要求

同伴之间保持合理位置；传球者要根据接球者跑动的速度和位置，传球到位，落点准确，接球与行进间投篮衔接连贯。

模块二

本模块在上一模块学练的基础上，进阶性地设置了篮球运动新的学练内容。其中，单项技术学练包括体侧传球、体前变向换手运球、行进间单手低手投篮、交叉步持球突破；基本战术学练包括侧掩护配合，以及课程平台中的突分配合、绕过配合、交换防守；组合技能练习设置的是交叉步持球突破＋投篮，以及课程平台中的变向换手运球＋投篮。同学们学练本模块的内容，在掌握一定难度技战术和组合技能的基础上，能够参与本模块设置的比赛活动，并为难度更高的下一模块的学练做好铺垫。

（一）单项技术学练

1. 体侧传球

（1）动作要领

双手持球于胸前，传球时（以右手传球为例），右脚向右跨出半步，同时将球移至右手并引到右侧，右手拇指朝上，掌心朝前，手腕后屈；出球时，前臂向前做弧线摆动，当摆过右侧前方的时候，迅速收臂，手腕前屈，用食指、中指的力量拨球，将球传出。

图 3-1-6　体侧传球

（2）学练建议

①做原地持球跨步、引球模仿练习。

②两人相距 3~4 米，面对面地做单手体侧传球练习。

③原地运球后，做单手体侧传球练习。

④拓展练习：结合投篮技术，在防守的情况下进行体侧传球练习。

注意事项

1. 传球时，手腕、手指的力量要运用得宜，尽量减少多余的动作。
2. 传球时，结合攻击性动作或假动作，增强传球的隐蔽性。

2. 体前变向换手运球

（1）动作要领

以从防守队员右侧突破为例，变向时，用右手按拍球的右侧上方，使球经自己的体前向左侧前方反弹，同时右脚向左前方跨出，上体左转侧肩，用肩、腿保护球，接着迅速换左手按拍球的后上方，加速运球超越对手。

图 3-1-7　体前变向换手运球

（2）学练建议

①做原地体前变向换手运球练习。

②在障碍物前做体前变向换手运球练习。

③做行进间多个障碍物连续的体前变向换手运球练习。

注意事项

1. 运球时，养成抬头观察的习惯，加强弱侧手的运球练习。
2. 在攻防练习时，要敢于突破，并注意用肩、腿保护球。

④拓展练习：结合投篮技术，在防守的情况下进行半场或全场一攻一练习。

3. 行进间单手低手投篮

（1）动作要领

以右手投篮为例，行进间右脚跨出一大步的同时双手接球，左脚迈一小步迅速蹬地起跳，右腿屈膝上抬，同时右手托球随惯性向前上方伸展。当接近球篮时，手腕、手指上挑使球向前旋转投出。注意跨步和接球动作要连贯，充分向前上方跳起，单手稳定托球，屈腕柔和拨球，使球前旋投出。

图 3-1-8　行进间单手低手投篮

注意事项

1. 在练习中，行进间单手低手投篮可与运球突破、传球等技术组合，提高技术运用的实战性。
2. 在完成动作的基础上，加快动作完成的速度。

（2）学练建议

①原地持球做“托球上举 + 提肘 + 手指上挑球”练习。

②做半场运球行进间单手低手投篮练习。

③两人一组，一人传球，另一人侧身跑接传球在行进间做单手低手投篮练习。

④拓展练习：结合行进间传接球、运球等技术进行组合练习。

4. 交叉步持球突破

（1）动作要领

以右脚做中枢脚为例，突破时，左脚向左前方跨出半步，做向左突破的假动作，当对手身体重心向右移动时，左脚前脚掌内侧用力蹬地，迅速向右侧前方跨出一大步，同时上体右转探肩，重心前移，将球引于右侧，在右脚离地前，用右手立即将球拍至左脚右侧前方，并加速超越对手。

图 3-1-9　交叉步持球突破

（2）学练建议

①原地或行进间向篮筐方向抛球，跳步急停接球，接球后做交叉步或同侧步突破接投篮练习。

②接同伴的传球后，做持球突破练习。

③做持球突破与加速运球投篮结合练习。

④拓展练习：结合投篮、假动作等技术，在防守的情况下进行一攻一练习。

注意事项

1. 两脚都能做中枢脚，并能及时、合理地向不同方向突破。
2. 在掌握动作的基础上，结合投篮、假动作、传球等技术进行综合练习，提高动作的实战运用能力。

学一学

请同学们登录课程平台学习“如何选择突破方向”，并尝试。

（二）基本战术学练

侧掩护配合

（1）战术方法

掩护队员采取合理的行动，掩护者站在同伴的防守者侧面（稍偏后一些），用身体挡住同伴防守者的移动路线，帮助同伴摆脱防守。

（2）学练建议

①分成两组，徒手做掩护配合，熟悉掩护配合的方法和路线。

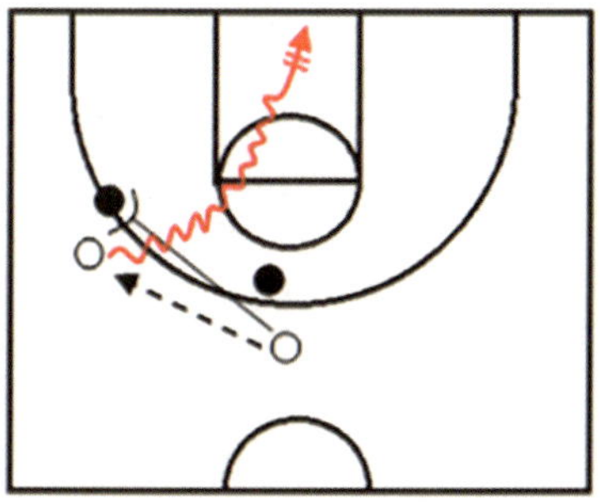

图 3-1-10 侧掩护配合

②两人一组，相距 5~6 米。持球者传球给同伴后，给同伴做侧掩护。接到球的同伴在掩护后运球切入，交替进行练习。

③分成两组，设置一名防守队员，在限制防守情况下进行侧掩护配合练习。

注意事项

1. 掩护的位置、距离要合理，距离太远不易成功，距离太近容易发生身体接触而导致犯规。
2. 进行掩护配合时，被掩护队员要隐蔽行动意图与方向，运用假动作吸引防守，待时机成熟再及时起动。

（三）组合技能练习

交叉步持球突破 + 投篮

（1）练习方法

①接自抛球跳步急停，交叉步持球突破后，运球至篮下上篮。

②设置一个固定传球人，练习者在摆脱障碍物后接球急停，做瞄篮、假动作后以交叉步突破，运球至篮下行进间投篮，依次练习。

（2）练习要求

接球后控制好身体重心，突破和投篮衔接连贯。

模块三

本模块难度有所增加，在单项技术学练方面设置了体前变向不换手运球、运球急停跳投、抢篮板球，以及课程平台中的头上传球；基本战术学练设置了夹击配合，以及课程平台中的策应配合、后掩护配合、补防配合；组合技能练习设置了接传球急停 + 跳起投篮，以及课程平台中的运球急停 + 跳起投篮。本模块的学习有助于同学们参与更高要求的篮球比赛。

（一）单项技术学练

图 3-1-11　体前变向不换手运球

1. 体前变向不换手运球

（1）动作要领

运球队员从对手左侧突破时，先将球从身体右侧拨至体前的中间位置，上体也随着向左侧晃动。当对手向左侧移动堵截时，运球队员突然将球拨回右侧，左脚向右侧跨出，同时右手运球加速前进。

（2）学练建议

①做原地单手体前左右拉球练习。

②做障碍物前体前变向不换手运球练习。

③做行进间多个障碍物连续的体前变向换手运球练习。

④拓展练习：结合投篮技术，在防守的情况下进行半场或全场一攻一练习。

> **注意事项**
> 1. 单手体前左右拉球时，注意不要翻腕。
> 2. 在掌握动作的基础上，配合上体的虚晃假动作，提高动作的实战运用能力。

2. 运球急停跳投

（1）动作要领

在快速运球中，采用跳步或跨步急停，两脚蹬地突然向上起跳，同时，两手持球上举，当身体接近最高点时，右臂向前上方伸展，手腕前屈，食指、中指用力拨球，通过指端将球投出。急停与起跳衔接紧凑，起跳动作突然、有力，在空中保持身体平衡和投篮出手时的稳定性。

图 3-1-12　运球急停跳投

（2）学练建议

①做急停跳起投篮练习。

②做行进间慢速运球急停跳投练习。

③做运球突破障碍物后急停跳投练习。

④拓展练习：结合突破技术，在防守的情况下进行一攻一练习。

注意事项

1. 练习时，可先练习跨步急停跳投，动作熟练和踝关节力量增强后，采用运球跳步急停方式做跳投练习。

2. 运球跳步或跨步急停时，要面对球篮。

3. 抢篮板球

（1）动作要领

当持球队员投篮出手后，攻守两方队员要利用脚移动抢占有利位置，力争把对手挡在身后，预判球的落点进而迅速起跳，用双手、单手抢球或将球拨给同伴。进攻队员抢到球后，应及时补篮或组织第二次进攻；防守队员抢到篮板球后，应及时传给接应同伴或运球突破。

（2）学练建议

注意事项

1. 抢进攻篮板球应有“冲抢”意识；抢防守篮板球应有“挡抢”意识。

2. 善于观察投篮未中时球反弹的方向及落点，及时抢占有利位置。

①每人一球，自己将球向上高抛起，在跳起的最高点用双手或单手练习抢球。

②每人一球，向篮板抛球后，上步起跳，用双手或单手在空中抢反弹回来的球。

③两人一组，一人向篮板抛球，另一人转身跨步（或上步）起跳用双手或单手抢球，做 5 次后两人交换。

④拓展练习：结合投篮、行进间传接球等，进行抢篮板球练习。

（二）基本战术学练

夹击配合

（1）战术方法

两个防守者采取突然的行动，封堵和围守边角运球者或在边角停球者。

（2）学练建议

①半场三攻三防，对进攻方持球突破的队员，相邻防守队员协同进行夹击，另一人移动补防。

②分成两组，做全场迎堵夹击练习。

图 3-1-13 夹击配合

注意事项

1. 正确选择夹击的时机和位置，在对方只顾运球而不注意观察场上情况或运球停球时，进行夹击防守。

2. 夹击时两个防守者应用腿和躯干围住持球者，同时挥动两臂，封堵传球角度，而不要急于抢球，以免造成不必要的犯规。

（三）组合技能练习

接传球急停 + 跳起投篮

（1）练习方法

①两人一组一球，一人捡球，另一人在限制区附近接球急停跳投，完成规定次数后两人交换。

②两人一组，一攻一守。进攻者利用各种动作摆脱防守，接到传球者的传球后，急停跳投或运球突破后急停跳投，攻守双方交换。

（2）练习要求

接球急停与起跳衔接连贯，蹬地快速有力，空中控制投篮出手的稳定性。

三 参与篮球比赛

请同学们登录课程平台，了解自己感兴趣的比赛活动的方法、要求和注意事项等，自行组织比赛，在竞赛中巩固学练成果。

模块一比赛有：定时投篮比赛、半场一对一。

模块二比赛有：角篮球、半场三对三 。

模块三比赛有："三国演义" 15 人制篮球赛、五对五篮球赛。

四 实施自主评价

在前面学、练、赛的过程中，同学们对自己和身边同学的学习效果有了初步的评判，那么如何系统地评价自己对篮球运动技战术的掌握程度和整个运动的理解程度呢？请同学们登录课程平台，进行系统、全面的自主评价。

五 训练专项体能

想要更好地发挥自己的水平，离不开专项体能的支撑。同学们需要不断地训练并提升自己的专项体能，为今后更好地参与篮球运动，乃至在职场中展现出更好的身体素质打牢基础。

请同学们登录课程平台进行两人全场快速传球上篮往返、全场变距折返运球和篮板球接力的专项体能训练。

项目二 足球

体育中国

我国女足1995年获世界杯殿军；1999年进入决赛，在与美国女足的点球决战中惜败，屈居亚军。2022年2月6日，中国女足在决赛中3比2逆转韩国女足，时隔十六年第9次获得亚洲杯冠军。

励志人物：李惠堂。20世纪前叶在我国流传这样一句话："看戏要看梅兰芳，看球要看李惠堂。"我国足球运动员李惠堂曾被称为"亚洲球王"。李惠堂曾在抗日战争期间拒绝汪精卫的拉拢，多次组织足球义赛筹款抗日，是我国体育界的民族英雄之一。

议一议

请同学们上网搜索和了解"志行风格"，并讨论当下我们应当如何领会、践行这种体育精神。

学习目标

1. 了解足球运动的历史、文化，以及足球比赛的规则、安全防护等相关知识，能看懂足球比赛中的战术并有自己的见解和看法。

2. 掌握运、传、接球等基本技术动作，能与他人配合完成二过一等简单战术，能够参加较正规的足球比赛，并有能完成足球比赛的专项体能。

3. 通过对足球运动的学习，提高对足球运动的兴趣，增强自信心，进一步增强团队意识、拼搏精神，养成良好的运动习惯。

一 了解足球运动

足球运动是一项以脚为主来控制和支配球，两支球队按照一定规则在同一块长方形球场上互相进行攻守对抗的运动项目。足球起源于我国古代山东淄州（今淄博市）的球类游戏"蹴鞠"，后经阿拉伯人传至欧洲，在英国逐渐演变为现代足球。1900年，在第2届夏季奥运会中，足球被正式列为奥运会比赛项目。"世界杯"是世界上最盛大的足球赛事，每四年举办一次。足球运动因观赏性强、战术多变、参与人数多等特点被称为"世界第一运动"。它可锻炼速度、灵敏性等全身综合素质，提高下肢力量、核心力量和身体协调性，能有效地发展体能，增强身体新陈代谢的能力。由于足球比赛需要参与者具有追求成功、坚忍不拔、超越自我的精神及集体合作意识，因此，从事团队配合职业的人可以适当参与足球运动。

二 学练足球技能

模块一

本模块设置了足球运动中较为基础的技战术内容。其中，单项技术学练包括脚背外侧运球、脚内侧踢球、脚内侧接球，以及课程平台中的脚背颠球；基本战术学练包括踢墙式二过一进攻战术，以及课程平台中该战术的其他练习方法；组合技能练习设置的是传球+接球组合练习、运球+传接球组合练习，以及课程平台中的接球+运球+二过一组合练习。同学们学练本模块的内容，能提高基本的技战术水平，为参与本模块设置的比赛提供保障，为后续模块的学练奠定基础。

（一）单项技术学练

1. 脚背外侧运球

（1）动作要领

图 3-2-1　脚背外侧运球

运球时身体呈正常跑动姿势，上体稍前倾，步幅不宜过大，膝关节稍屈且前摆，脚跟提起，脚趾稍内扣，脚背外侧正对运球方向，在运球脚落地前用脚背外侧轻推球的后中部（快速轻触）。以小腿摆动发力推球前进，脚触球一瞬间应保证球在身体投影下方，以增大脚背触球面积，提高运球稳定性。

（2）学练建议

①一人踩球，另一人做运球动作，以此固定脚型。

②采用一步一触球的方式，直线慢速运球。

③做“Z”字形运球练习。

④拓展练习：绕不等间距或不规则摆放标志桶运球。

> **注意事项**
>
> 1. 绷直脚踝，不能勾脚踝。
> 2. 依靠膝关节屈伸发力，不能用踝关节发力。
> 3. 脚须内扣，不能垂直于地面。
> 4. 上身保持正常跑动姿势，防止变形影响跑速。
> 5. 注意不能低头运球，应将头抬起观察场上情况，随时改变运球或传球方向。

2. 脚内侧踢球

（1）动作要领

支撑脚踏在球的侧方 15 厘米左右处，踢球腿在前摆过程中屈膝外展，踢球脚的内侧正对出球方向，踝关节紧绷，用脚内侧部位击球的后中部。支撑脚脚尖、击球脚内侧以及身体都应正对传

图 3-2-2　脚内侧踢球

> **注意事项**
>
> 1. 踢球脚踝关节紧绷，脚尖不能下垂。
> 2. 支撑腿应适当微屈，不能伸直，不能过于僵硬。
> 3. 以髋关节为轴发力，脚掌不要内翻。
> 4. 踢球腿击球后应继续向前送出，不要过早落地。
> 5. 击球后重心前移跟随，身体不能过分后仰。

球方向，踢球脚脚尖稍上翘，脚掌与地面平行。

（2）学练建议

①一人踩球，另一人原地踢固定球，或将球放于墙角，做摆腿、击球练习。

②两组队员面对面相距 10 米，连续传球，传球后跑到对面队伍中。

③画边长为 10 米的正方形场地，每个角站 2~3 名队员，按顺时针或逆时针做传接球练习。

④拓展练习：在同一场地内多人同时进行传球练习。

3. 脚内侧接球

（1）动作要领

脚内侧接地滚球，根据来球，提前移动到位。支撑脚脚尖正对来球，膝关节微屈。接球腿提膝外展，脚踝紧绷，用脚内侧磕推来球，将球接到合适位置。注意接球脚脚尖上翘，脚掌与地面平行，上体保持正直。

图 3-2-3　脚内侧接球

注意事项

1. 接球时提前观察，及时移动到位接球，不能跨步接球。
2. 接球时接球脚要紧绷并主动发力，脚踝不能放松。
3. 接球时身体要随球前倾。
4. 接球时眼睛不能只盯着球，还需要留意周围环境。
5. 球停下的位置不能离身体过近，以免影响下一次触球。

（2）学练建议

①一人手抛地滚球，另一人接球。

②两人一组，轮流接球，逐渐加大踢球力量，体验不同球速的接球感觉。

③两组队员面对面站立，持球人传球给对面排头队员，接着跑到该队的排尾，依次循环传接球，并跑动相互交换位置。

④拓展练习：在同一场地内多人同时进行传接球练习。

（二）基本战术学练

二过一配合是足球比赛中最基础的进攻战术，所有复杂的战术都是由若干个像二过一这样的基本战术所构成的。而踢墙式二过一又是二过一战术中最常用的一种。

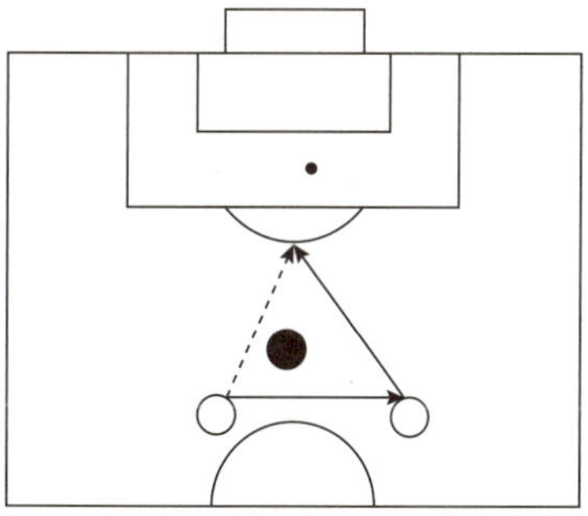

图 3-2-4　踢墙式二过一进攻战术

注意事项

1. 第一传球人要把握好传球的时机，时机过早起不到吸引防守者上抢的目的，时机过晚容易被抢断。
2. 第二传球人因为要一脚出球，所以一定要提前调整好身位，让自己处于最佳传球角度。
3. 在实战中，第二传球人不要过早跑过去接应，避免被盯防。
4. 两人传球时都要把握好传球的力量，控制好传球的速度。
5. 第一传球人传球后一定要迅速前插，以便能甩开防守者。

踢墙式二过一进攻战术

（1）战术方法

持球队员在防守队员距自己 2~3 米时，将球传给接应的队员之后迅速向前跑动。接球队员根据传球队员的跑动时机以不停球的方式将球向前传回给传球队员，形成一次踢墙式二过一进攻战术。

（2）学练建议

①两人一组，以标志桶为防守者，用手抛球的方式练习。

②两人一组，以标志桶为防守者，用脚传球的方式练习。

③三人一组，一人作为防守者，将球传给进攻者后消极防守（只封堵传球路线，不抢球），两名进攻队员完成二过一配合后射门。

（三）组合技能练习

合理并熟练地衔接运用脚内侧传接球及脚背外侧运球技术，可以有效提高比赛中进攻推进的速度与灵活性。

1. 传球＋接球组合练习

（1）练习方法

两人相距 10 米平行向前跑动，一边传球一边向前推进，形成“Z”字形传球。

（2）练习要求

控制好传球的角度和力量，将球传到队友身前。

2. 运球＋传接球组合练习

（1）练习方法

将所有队员分成四组，如图 3-2-5 站立。队员运球变向 90° 后将球传给下一组队员。

（2）练习要求

控制运球速度，4 名队员尽量保持一致；运球变向要一次到位；传球时提前观察，控制传球力量，用脚内侧传球；接球时要将球接到身前以便衔接运球。

图 3-2-5 运球＋传接球组合练习

模块二

本模块在上一模块学练的基础上，进阶性地设置了足球运动新的学练内容。其中，单项技术学练包括脚背正面踢球、脚背内侧踢球、脚背正面接球，以及课程平台中的大腿颠球、大腿接球；基本战术学练包括回传反切二过一；组合技能练习设置的是长传＋短传组合练习、运球＋传球＋射门组合练习，以及课程平台中的长传球＋接球＋射门组合练习。同学们学练本模块的内容，在掌握一定难度技战术和组合技能的基础上，能够参与本模块设置的比赛活动，并为难度更高的下一模块的学练做好铺垫。

（一）单项技术学练

1. 脚背正面踢球

（1）动作要领

图 3-2-6　脚背正面踢球

直线助跑，支撑脚在球的侧方 10~15 厘米处，脚尖正对出球方向。当膝盖摆至接近球正上方时，小腿做爆发式前摆，脚背绷直，以脚背的正面击球的后中部。上身保持正直，两臂自然摆开，支撑腿有力支撑，脚背紧绷击球。

注意事项

1. 直线助跑，随着身体与球接近，两眼要紧紧地盯住球。
2. 跨步支撑时步幅要大而积极，支撑脚踏在球的侧方 10~15 厘米处。
3. 足尖与出球方向保持一致，膝关节微屈。
4. 踢球腿在跨步支撑的同时大腿后引，小腿尽力后屈。
5. 在击球的瞬间，脚背绷直，脚腕压紧，以脚背正面击球后中部。击球后，踢球腿应继续前摆。

（2）学练建议

①一人踩球，另一人原地踢固定球。

②对墙踢定位球，开始相距 3~5 米，逐渐加大力量、加长距离。

③两人一组，相距 15 米，迎球跑动踢球。

④拓展练习：踢来自各个方向的球。

2. 脚背内侧踢球

（1）动作要领

图 3-2-7　脚背内侧踢球

斜线助跑，助跑方向与出球方向的角度约为 45°。支撑脚踏在球的侧后方 20~25 厘米处，支撑脚脚尖指向出球方向，身体稍向支撑脚一侧倾斜，两臂自然摆开，支撑腿有力支撑同时身体向出球方向转动。踢球脚以髋关节为轴，大腿带动小腿由后向前摆动，小腿加速前摆，脚尖稍向外转，脚面绷直，脚趾扣紧，运用脚的第一、第二跖骨和第一、第二楔骨之间的脚背部踢球，脚尖指向斜下方，以脚背内侧踢球的后下部。

（2）学练建议

同“脚背正面踢球”。

3. 脚背正面接球

图 3-2-8　脚背正面接球

（1）动作要领

脚背正面上迎下落的球，接球脚微上翘。当球与脚面接触的一瞬间，小腿及接球脚踝关节适度紧张，与球下落的速度同步下撤，将球接到需要的地方。接高空球时，脚微抬并适度屈脚背。

> 注意事项
> 1. 接球时提前观察，及时移动到位接球。
> 2. 接球时不能只盯着球，还需要留意周围环境。
> 3. 球停下的位置不要离身体过近，以免影响下一次触球。

（2）学练建议

①每人一球，自抛自接，正脚背接球，逐渐提高抛球高度。

②两人一组，相距 5 米左右，一人上抛球，另一人做脚背正面接球练习。

③在规定的 1 米停球区域内做长传球练习。

④拓展练习：做跑动中接球练习。

（二）基本战术学练

回传反切二过一

回传反切二过一是通过三次传球组成的战术配合方法，对队员的传球技术、跑动时机要求更高。

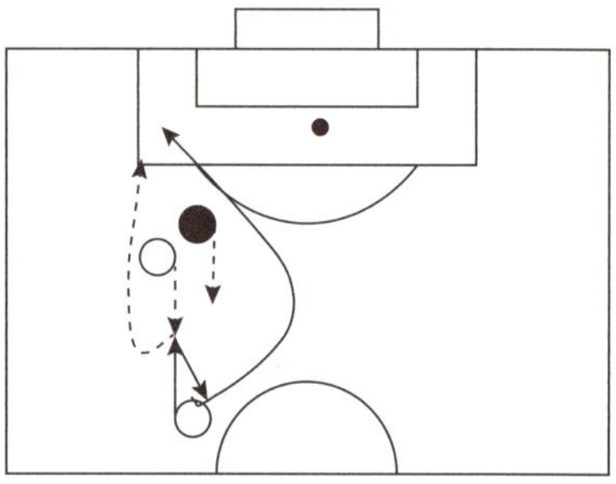

图 3-2-9 传球练习

（1）战术方法

持球队员距接球队员 8~10 米时传球，接回传球后，立即将球传到防守队员身后的空当。传球要到位，力量要适当。

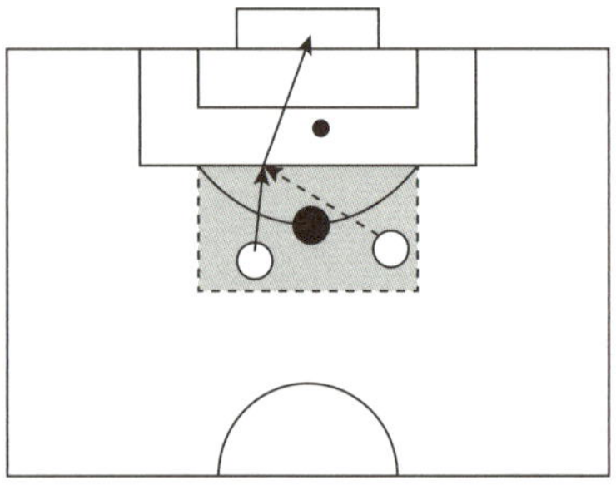

图 3-2-10 二过一配合射门练习

（2）学练建议

①两人一组，以标志桶作为防守者，用手抛球的方式练习（尽量制作足球墙板辅助练习）。

②三人一组，一人作为防守者消极防守（只封堵进攻者传球路线，不抢球），另两人完成二过一配合后射门。

③在罚球区前 10 米 ×10 米范围内进行二过一配合练习。

（三）组合技能练习

经常进行长传、短传、运球及射门的组合练习，能有效提高练习者综合运用足球技术的能力。

1. 长传 + 短传组合练习

两人相距 20~30 米，一人长传球后迅速迎上接同伴的短传球，再后退接长传球，两人交替进行长传与短传练习。

2. 运球 + 传球 + 射门组合练习

两人一组，一人站在中路，另一人站在边路。中路队员将球传给边路队员后，向前包抄，接边路队员传中完成射门。

模块三

本模块难度有所增加，在单项技术学练方面设置了头顶球、脚背外侧踢球、胸部接球，以及课程平台中的双脚内侧、外侧颠球和腹部接反弹球；基本战术学练则设置了利用第二空当战术；组合技能练习设置了长传球＋头顶球＋射门练习、结合位置的长传＋短传＋运球＋射门组合练习，以及课程平台中的多部位颠球、配合突破射门。本模块的学习有助于同学们参与更高要求的足球比赛。

（一）单项技术学练

1. 头顶球

（1）动作要领

两脚用力蹬地起跳，两臂自然张开，在身体上升阶段展腹挺胸，下颌微收，眼睛注视来球。当球运行至额前 30 厘米处时，迅速收腹，上体前摆，颈部固定，用前额正面将球顶出。

图 3-2-11　头顶球

（2）学练建议

①做无球动作练习。

②用绳将球吊起，跳起做头顶球练习。

③一人抛球，另一人做头顶球练习。

④拓展练习：做加助跑起跳后的头顶球练习。

2. 脚背外侧踢球

图 3-2-12　脚背外侧踢球

（1）动作要领

斜线助跑，助跑方向与出球方向的角度约为 45°，支撑脚踏在球侧后方。踢球腿和脚尖内旋，脚面绷直，脚趾扣紧，以脚背外侧部位踢球的后中部。踢球时，身体充分展开，踢球脚脚踝固定紧绷，大腿带动小腿加速摆动。

（2）学练建议

①做无球动作练习。

②一人踩球，另一人踢固定球。

③两人一组，面对面相距 10 米，做踢定位球练习。

④拓展练习：增加两人传球距离，做长传球练习。

注意事项

1. 助跑最后一步一定要跨步制动。
2. 控制好支撑脚与球之间的距离，以免影响踢球动作。
3. 踢球脚脚尖内扣，保证脚踝紧绷，控制好脚触球部位。
4. 击球后重心前移跟随，身体不能过分后仰。

3. 胸部接球

图 3-2-13　胸部接球

（1）动作要领

面对来球站立（两脚左右或前后开立），两膝微屈，重心置于支撑面内，上体后仰，下颌微收，两臂自然张开，维持身体平衡。在接触球的瞬间，两脚蹬地，膝关节伸直，用胸部轻托球的下部使球微微弹起于胸前上方，球弹起的高度尽量不要超过头。

（2）学练建议

①做自抛球练习。

②两人一组，做近距离轻抛球＋接球练习。

③两人一组，做远距离抛球＋接球练习。

④拓展练习：两人一组，做长传球＋胸部接球练习。

> 注意事项
> 1. 提前判断好来球落点并移动到位。
> 2. 注意接球后下一技术的衔接。

（二）基本战术学练

利用第二空当战术是二人配合的高级战术，对队员战术意识的要求非常高，需要队友间默契配合，不然时机稍纵即逝。

利用第二空当战术

（1）战术方法

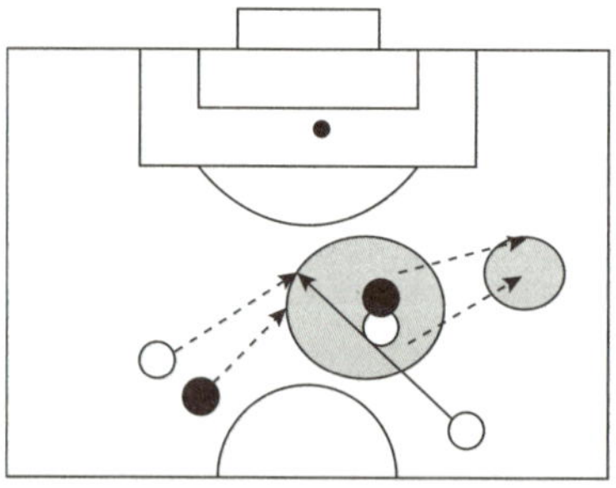
图 3-2-14　利用第二空当战术

当一名进攻队员跑向一个有利的空当（第一空当）并牵制一名防守队员时，原区域出现了空当（第二空当），此时第二个进攻队员迅速插向第二空当，利用传接配合，突破防守。

（2）学练建议

①②同模块二“回传反切二过一”战术的学练建议①②。

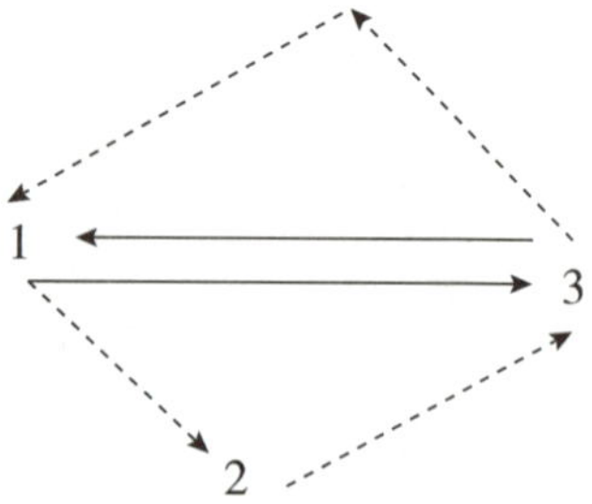

图 3-2-15　利用第二空当战术传球

③ 1 号持球与 2、3 号呈三角形，相距 10~15 米。3 号向第一空当拉扯，1 号将球传向 3 号扯动后留下空当，2 号插入空当接球。这时 2 号持球，1 号向原 2 号位置扯动，2 号将球传到原 1 号位置上，3 号插入空当接球。

（三）组合技能练习

此部分的组合技术要么是各种高难技术的组合，要么是多种技术的组合，要么是技术与战术的组合，要求同学们具备较全面的技战术能力。

1. 长传球 + 头顶球 + 射门练习

（1）练习方法

持球者将球传给边路的同伴，做接同伴传球、头顶球射门练习。

（2）练习要求

传球队员控制好传球的落点和高度，头顶球队员控制插入时机和起跳时机。

2. 结合位置的长传 + 短传 + 运球 + 射门组合练习

（1）练习方法

在半场内，后卫站在球门线做长传球练习，前卫在中线接后卫长传球后传给中间的前锋队员，前锋队员接球后运球射门。

（2）练习要求

传球准确，接球以及下一个动作的衔接要快速合理。

三 参与足球比赛

请同学们登录课程平台，了解自己感兴趣的比赛活动的方法、要求和注意事项等，自行组织比赛，在竞赛中巩固学练成果。

模块一比赛有：限时颠球比赛、三角运球追逐赛、三对三运球突破比赛、足球对抗赛。

模块二比赛有：长途跋涉、定位球踢准、接回传球射门赛、冠军争夺战。

模块三比赛有：头顶球入筐（或入门）、网式足球、三对三区域比赛、11 人制对抗赛。

四 实施自主评价

在前面学、练、赛的过程中，同学们对自己和身边同学的学习效果有了初步的评判，那么如何系统地评价自己对足球运动技战术的掌握程度和整个运动的理解程度呢？请同学们登录课程平台，进行系统、全面的自主评价。

五 训练专项体能

想要更好地发挥自己的水平，离不开专项体能的支撑。同学们需要不断地训练并提升自己的专项体能，为今后更好地参与足球运动，乃至在职场中展现出更好的身体素质打牢基础。

请同学们登录课程平台进行四方形跑、身体敏捷训练和弓步支撑伸腿的专项体能训练。

项目三
排 球

体育中国

我国男排共获得 3 次亚锦赛冠军、3 次亚运会冠军，2022 年 8 月 14 日晚，中国男排 3 比 0 战胜日本男排，时隔十年再夺亚洲杯冠军。我国女排共获得 10 次世界大赛冠军，分别为 3 次奥运会冠军、5 次世界杯冠军、2 次世锦赛冠军。我国女排还获得 13 次亚锦赛冠军和 8 次亚运会冠军。

励志人物：郎平，我国女排的旗帜性人物，被评为 2016 年度感动中国人物，2018 年被党中央、国务院授予改革先锋称号并获颁改革先锋奖章。郎平作为 20 世纪 80 年代我国女排主力队员，和其他队员一起实现了中国女排“五连冠”，塑造了祖国至上、团结协作、顽强拼搏、永不言败的“女排精神”，激励各行各业的人们为中华民族腾飞而不懈奋斗。

学习目标

1. 了解排球运动的相关知识，理解排球运动的锻炼价值，懂得一般的排球规则，能够组织简单的排球比赛。

2. 掌握传、垫、扣、发、拦等基本技术和常用的进攻、防守战术，发展弹跳力、移动速度、反应速度、协调性、灵敏性等体能素质，提升竞争与合作、专注与应变等职业能力。

3. 体验排球运动的乐趣，形成积极主动、团结合作的品质，提升合作意识。

一 了解排球运动

排球运动是一项多人合作的隔网对抗的球类运动项目，起源于 1895 年的美国，具有极高的团队合作性、激烈的对抗性、技战术的多变性等特点。排球运动不仅有利于改善人体中枢神经系统和内脏器官的功能状况，提高力量、速度、弹跳力、协调性、灵敏性等身体素质，对同学们今后从事对身体协调性、反应速度、下肢爆发力要求较高的职业有较大帮助。经常参与排球运动，能帮助同学们调节自身心理状态，锻炼控制情绪的能力，做好自我管理，对提升同学们的社会交往、沟通合作等职业能力有很大帮助。排球运动是夏季奥运会和我国全运会的重要比赛项目，也是全民健身的重要运动项目。中国女排是世界上第一支夺得“五连冠”的队伍，是中国人的模范和骄傲。

二　学练排球技能

模块一

本模块设置了排球运动中较为基础的技战术内容。其中，单项技术学练包括垫球、传球、并步移动；基本战术学练包括排球比赛场地上基本的站位与位置轮换；组合技能练习设置的是垫球 + 传球。同学们学练本模块的内容，能提高基本的技战术水平，为参与本模块设置的比赛提供保障，为后续模块的学练奠定基础。

（一）单项技术学练

1. 垫球

（1）动作要领

两臂前伸插球下，两臂夹紧腕下压；蹬地抬臂，在腹前击球；面对来球，呈半蹲或稍蹲准备姿势站立，及时移动取位；当球飞行到距腹前一臂距离时，抬双臂用腕关节以上 10 厘米处击球，全身协调用力垫球；垫球结束后，立即松开双臂做好下一个动作的准备。

图 3-3-1　垫球

（2）学练建议

> **注意事项**
>
> 1. 认真领悟垫球的手形、垫击部位、击球点、手臂角度及全身协调用力等要求。
> 2. 注意两臂向前插臂、蹬地、提肩、顶肘、压腕的身体协调动作及手形、垫击部位平面、两手夹臂的动作。

①做徒手模仿练习。

②做结合球的练习，如击固定球练习、垫抛球练习、对墙垫球练习。

③做结合移动的垫球练习：两人或三人一组，一人抛球，另一人或两人轮流向左、右、前、后移动垫球。

④拓展练习：呈三角形或围圈垫球，垫不同方向的来球，将球垫向不同方向。

2. 传球

（1）动作要领

采用稍蹲准备姿势，两手自然张开呈半球形，拇指相对；当球接近额前上方约一球距离时蹬地、伸膝、伸臂，两手微张，从脸前向前上方主动迎击来球，靠上下肢协调配合及手腕的反弹力将球传出；击球后身体重心随击球动作前移，准备下一个击球动作。

图 3-3-2　传球

（2）学练建议

①做徒手模仿练习。

②做原地传球练习：每人一球，自己向额前上方抛球；原地自传球；对墙自传球。

注意事项

传球技术比较细致，在掌握正确的传球手形后，注意慢慢体会从下往上身体协调发力。

③做移动传球练习：每人一球行进间自传球；每人一球向前、后、左、右移动传球；两人一组，一抛一传球。

④拓展练习：呈三角形或四边形站立，接不同方向的来球，并将球传往不同方向。

3. 并步移动

（1）动作要领

两脚前后站立，两膝微屈，上体稍前倾，两手自然放松置于腰腹；并步时，近球一侧的脚向来球方向跨出一步，另一侧脚迅速有力地蹬地，并迅速跟上做好接球的准备姿势；并步可向前、后、左、右各方向移动；要求移步快，转身活，重心稳，对准球。

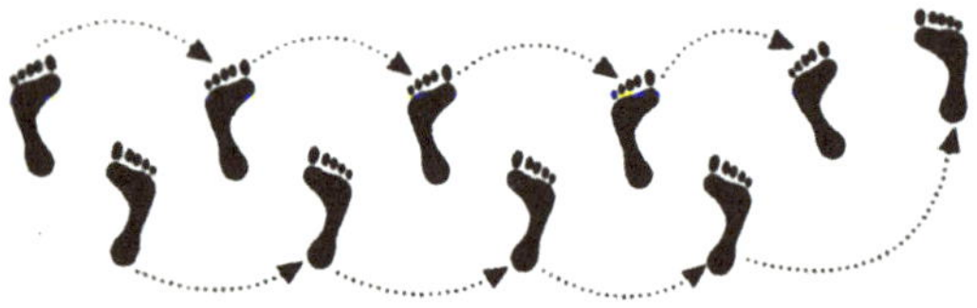

图 3-3-3 并步移动

（2）学练建议

①徒手做并步移动，体会完整动作。

注意事项

并步移动是基本移动步法，仔细体验、感知动作要领，注意起动要迅速，与其他动作的衔接变化要流畅。

②由半蹲准备姿势开始，进行左右快速并步移动。要防止身体重心起伏跳动，移动后保持好准备姿势。

③ 3~4 人一组，站在端线后，先做原地快速小步跑，听到口令后，快速做并步到达中线。

④拓展练习：结合垫球、传球技术，进行有球并步移动练习。

（二）基本战术学练

排球比赛场地上基本的站位与位置轮换

（1）战术方法

比赛中每队上场 6 人，前后各 3 人，靠近球网的 3 人为前排队员，位置从左到右分别为 4 号位、3 号位、2 号位，后排队员从左到右分别为 5 号位、6 号位、1 号位。

每当接发球队获得发球权后，该队的队员要轮转一个位置，方向为顺时针。

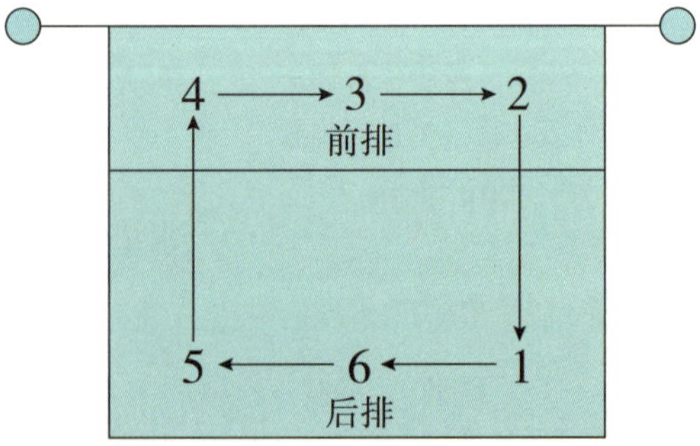

图 3-3-4 基本站位与位置轮换

当 1 号位队员发出球后，场上队员可以任意移动到任意位置，不受 1~6 号位限制。

当发球队员击球时，如果有队员不在自己应该在的正确位置上，则应被判为失一球，然后恢复正确位置，球权给对方，继续比赛。

注意事项

转位的顺序是顺时针，要能准确、快速地说出自己所处的场上位置。

（2）学练建议

①每队 6 人，能够按照规定的位置站在场地上。

②站位正确，能够明确说出各个位置。

③能够正确地进行位置轮换。

④拓展练习：结合练习比赛的位置轮换进行练习。

（三）组合技能练习

垫球＋传球

（1）练习方法

①两人一组，相距 3~4 米，面对面进行传垫球练习。

②两人一组，隔网进行传垫球练习。

（2）练习要求

准备姿势正确，移动步法选择合理，垫球和传球动作正确，上下肢协调配合，应注意传球手形和传球位置、垫球时球触手臂的位置。

图 3-3-5 垫球＋传球

模块二

本模块在上一模块学练的基础上，进阶性地设置了排球运动新的学练内容。其中，单项技术学练包括正面扣球、正面下手发球；基本战术学练包括“中一二”进攻战术；组合技能练习设置的是发球＋垫球、传球＋扣球、传球＋扣球＋垫球。同学们学练本模块的内容，在掌握一定难度技战术和组合技能的基础上，能够参与本模块设置的比赛活动，并为难度更高的下一模块的学练做好铺垫。

（一）单项技术学练

1. 正面扣球

（1）动作要领

采用稍蹲姿势站于离网 3 米左右的位置，看准来球。第一步定方向，第二步跨出并定人球的距离，后步跨上猛蹬地，两臂配合向上摆，腰腹发力应领先，协调挥臂如甩鞭，击球保持最高点，击球时用全手掌包满球，以掌心击球后中部，起跳后身体呈反弓形，扣球后两脚前脚掌先着地同时屈膝缓冲，并立即做好下一个动作的准备。

图 3-3-6 正面扣球

（2）学练建议

①助跑起跳练习：原地双脚起跳练习；一步或两步助跑起跳练习；队员分别站在进攻线后，听口令向网前做两步或多步助跑起跳练习。

②扣球挥臂动作的击球手法练习：徒手模仿扣球挥臂练习；扣固定球练习；自抛自扣练习；扣抛球练习。

③做完整扣球练习。

④拓展练习：做降低网高的一抛一扣练习。

2. 正面下手发球

图 3-3-7　正面下手发球

（1）动作要领

身体面对球网，两脚前后开立。左手将球平稳抛至体前右侧，右臂由后向前直臂摆动，在腹前以掌根或鱼际部位击球后中下部，击球时右脚蹬地，击球后身体重心前移，迅速进场。牢记左手抛球低出手，右臂摆动肩为轴，击球瞬间不屈肘，掌根部位击准球。

（2）学练建议

①做徒手模仿练习。

②结合球练习：抛球练习；固定目标的抛球练习；做抛球、抬臂和引臂的配合练习。

③完整发球技术练习：两人一组，相距 12 米左右，一人发球，另一人接球，然后发回，反复练习。

④拓展练习：可将对方场地划分成左右或前后部分，或规定区域，进行点线（直线、斜线）结合的练习，提高发球的准确性。

注意事项

1. 发球的准备姿势正确，抛球高度相对稳定，击球手法、击球部位准确。
2. 多体会下肢与腰腹力量协调配合用力，以及击球时重心顺势前移等动作要领。

（二）基本战术学练

“中一二”进攻战术

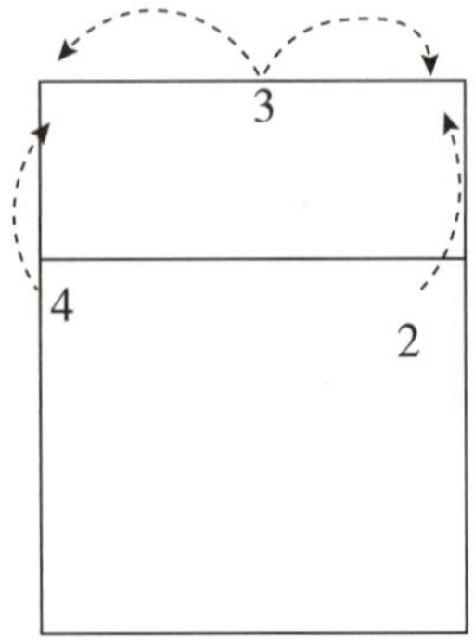

图 3-3-8 “中一二”进攻战术

（1）战术方法

前排 3 号位队员充当二传手，2、4 号位队员做攻手，当二传队员轮转到 2 号位或 4 号位时，可换到 3 号位做二传手。这种进攻战术最为简单，易于采用，但进攻点少，战术的突然性和攻击性小，意图易被对方识破，多为初级技术水平的球队所采用。

（2）学练建议

①一名同学在 6 号位向 3 号位抛、传球，3 号位二传队员将球交替传给 4、2 号位队员扣球，扣球后互相交换位置。

②场上 6 名队员站成“中一二”接发球站位阵形，一名同学从对区抛球，队员接发球练习“中一二”进攻战术。

③进行课堂比赛。

（三）组合技能练习

1. 发球 + 垫球

（1）练习方法

一人站在端线发球，另一人在另一边场地接发球。

（2）练习要求

发球的动作要规范，接发球尽量采用垫球，垫球的动作要规范，感受发球和垫球时球接触手或者手臂的位置。

2. 传球 + 扣球

（1）练习方法

一人在网前传球，另一人在 4 号位或者 2 号位扣球。

（2）练习要求

传球队员注意传球手形和手的位置，扣球队员注意脚的起跳姿势。

3. 传球 + 扣球 + 垫球

（1）练习方法

一人在网前传球，将球传到 2 号位或者 4 号位；2 号位或者 4 号位队员进行扣球；在网另一边的队员用垫球进行接球。

（2）练习要求

积极移动，准备姿势正确，传球、扣球、垫球动作到位、规范，每个人都要上下肢协调配合。

模块三

本模块难度有所增加，在单项技术学练方面设置了拦网；基本战术学练设置了“边一二”进攻战术、“边跟进”防守战术；组合技能练习设置了传球 + 扣球 + 拦网。本模块的学习有助于同学们参与更高要求的排球比赛。

（一）单项技术学练

拦网

图 3-3-9 拦网

拦网按人数分为单人拦网、集体拦网。集体拦网的技术动作与单人拦网相同。

（1）动作要领

以准备姿势面对球网，密切注视对方动向，随时做好移动和起跳准备，并把握好起跳时机。起跳的同时，两手从额前贴近并平行于球网向网上沿前上方伸出，两臂伸直，两肩尽量上提，两手自然张开呈勺型。当手触球时，用力捂盖球的前上方。

（2）学练建议

①降低球网，原地做徒手伸臂拦网动作练习；在网前做徒手原地起跳拦网练习；在网前做徒手拦网移动步法练习；两人一组隔网站立，一人在网前抛高球，另一人起跳拦网，体会起跳时间和压腕动作；两人一组隔网站立，一人扣球，另一人拦网。

②对方在 2、3、4 号位扣球，本方在相对应的三个位置单人拦网；对方在 2、4 号位扣球，本方移动后进行双人拦网。

③对方做接发球一攻练习，本方前排拦各种战术球。

④拓展练习：做前排拦网、后排防守的反攻练习；拦网后，立即准备接后排传起的球，进行反攻扣球或做转移传球。

> 注意事项
>
> 1. 集体拦网要确定以谁为主，密切协同配合，防止各行其是。
> 2. 主拦队员确定拦网中心，配合队员要及时选好起跳点，起跳时应避免互相冲撞和干扰。

（二）基本战术学练

1. “边一二”进攻战术

这种战术主要用于稳定场上局面。有时候由于对手太强，本方一时无法应付，也会被迫采用这种战术。为了提高战术的有效性，比赛中应该灵活运用多种攻守技术，如跑动换位、快球掩护、拉开、集中、围绕、交叉等。

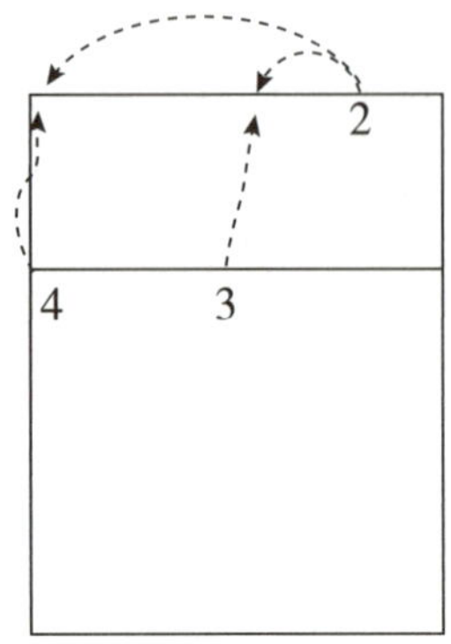

图 3-3-10 “边一二”进攻战术

（1）战术方法

前排 2 号位或 4 号位队员充当二传手，其他两名队员做攻手，一般是二传手在 2 号位组织进攻。

（2）学练建议

①一名同学在 6 号位向 2 号位或者 4 号位抛、传球，2 号位或者 4 号位队员将球交替传给 4 号位或者 2 号位队员扣球。

②场上 6 人站成“边一二”接发球站位阵形，一名同学从对方区抛球，队员接发球练习“边一二”进攻战术。

③做结合接发球的“边一二”进攻练习。

④拓展练习：在班级比赛中实际演练“边一二”进攻战术。

2.“边跟进”防守战术

（1）战术方法

当对方 4 号位队员进攻时，本方 2、3 号位队员拦网，其他 4 名队员组成半圆弧形防守。如遇对方吊前区，由边上 1 号位队员跟进防守吊球，6 号位队员移至 1 号位防守直线扣球。“边跟进”防守战术多在对方进攻较强、吊球较少时采用。其优点是加强了拦网，缺点是进行半圆弧防守时，场地中心有空当，易漏防。

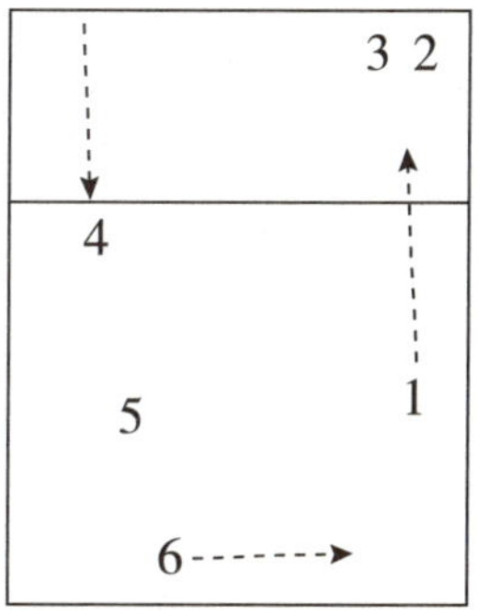

图 3-3-11 “边跟进”防守战术

（2）学练建议

①一名同学在对方 3 号位向 4 号位抛、传球，对方 4 号位队员扣球进攻。本方 2 号位和 3 号位队员进行拦网，其余 4 名队员组成半圆弧形防守。

②一名同学在对方 3 号位向 4 号位抛、传球，对方 4 号位队员吊前区。本方 2 号位和 3 号位队员进行拦网，1 号位的队员跟进防守，其余 3 名队员组成半圆弧形防守。

③对方采用“中一二”进攻战术时，本方根据传球情况及时调整防守阵形。

④拓展练习：分成两组，在班级比赛中实际运用防守阵形。

（三）组合技能练习

传球 + 扣球 + 拦网

（1）练习方法

一人在网前传球，将球传到 2 号位或者 4 号位，2 号位或者 4 号位队员进行扣球，在网另一侧的队员进行拦网。

（2）练习要求

积极移动，准备姿势正确，传球、扣球、拦网动作到位规范，每个人都要上下肢协调配合。

三　参与排球比赛

请同学们登录课程平台，了解自己感兴趣的比赛活动的方法、要求和注意事项等，自行组织比赛，在竞赛中巩固学练成果。

模块一比赛有：谁是班级垫传球冠军？我们是“最好搭档”。

模块二比赛有：接发球组织进攻比赛、三对三隔网比赛。

模块三比赛有：男生对女生友谊赛、班级内分组比赛。

四 实施自主评价

在前面学、练、赛的过程中，同学们对自己和身边同学的学习效果有了初步的评判，那么如何系统地评价自己对排球运动技战术的掌握程度和整个运动的理解程度呢？请同学们登录课程平台，进行系统、全面的自主评价。

五 训练专项体能

想要更好地发挥自己的水平，离不开专项体能的支撑。同学们需要不断地训练并提升自己的专项体能，为今后更好地参与排球运动，乃至在职场中展现出更好的身体素质打牢基础。

请同学们登录课程平台进行多向移动步伐练习、手抓网球练习和砸药球练习的专项体能训练。

项目四
羽毛球

体育中国

我国羽毛球队共获得22枚奥运会金牌、11次“汤姆斯杯”冠军、16次“尤伯杯”冠军、14次“苏迪曼杯”冠军。

我国羽毛球名将众多，如我国第一代羽毛球名将汤仙虎，史上首对奥运会、世锦赛和世界杯“三冠王”女双选手葛菲和顾俊，获得羽毛球四大世界大赛单打金牌“大满贯”的第一人杨阳等。他们都是为我国羽毛球运动做出突出贡献的羽坛人物。

学习目标

1. 了解羽毛球运动的特点、价值、技术动作及基础战术配合的相关基础知识。

2. 能够熟练掌握羽毛球的基本技术、组合技能、基本战术、实战战术和基本体能，具备通过羽毛球运动科学锻炼的能力。

3. 积极参加班级和学校组织的羽毛球活动、比赛，养成良好的体育锻炼习惯，培养精力集中、灵活应对、克服困难、团结协作、抵抗压力、持之以恒的能力，促进身心健康发展。

一　了解羽毛球运动

羽毛球是持拍类隔网对抗性项目，通过运用合理的击球技术和步法与对手往返对击，在场地上不停地进行移动、转体、跳跃、挥拍，具有简单易行、安全性高、强身健体、观赏性强等特点。它不仅有利于促进身心健康，还有利于开发智力，同时还具备较高的娱乐价值。羽毛球运动可锻炼力量、速度、耐力、柔韧性和灵敏性等身体素质，能有效提高上下肢力量、腰腹力量和身体各关节灵活度，对同学们今后从事需久坐、久站的职业有较大帮助。现代羽毛球运动起源于英国。1992年巴塞罗那奥运会上，羽毛球被列为正式比赛项目，设男单、女单、男双、女双4个项目；1996年亚特兰大奥运会又增设了混双项目，至此奥运会羽毛球项目增至5个。羽毛球运动在国内外具有较好的群众基础，亚洲国家的整体竞技水平最高，如中国、印度尼西亚、马来西亚、日本等，其次为欧洲国家。

二 学练羽毛球技能

模块一

本模块设置了羽毛球运动中较为基础的技战术内容。其中，单项技术学练包括正手握拍，反手握拍，正手发高远球，正手击高远球，基础步法——并步、垫步、交叉步，以及课程平台中的正手放网，反手放网，并步、垫步、交叉步其他学练方法，后退步法；基本战术学练包括放网意识、发球抢攻战术，以及课程平台中的高球压底线战术、发接发抢攻战术；组合技能练习设置的是两点打两点组合球练习（网前放网 + 后场高远），以及课程平台中的网前两点组合球练习（正手放网 + 反手放网）。同学们学练本模块的内容，能够提高基本的技战术水平，为参与本模块设置的比赛提供保障，为后续模块的学练奠定基础。

（一）单项技术学练

1. 正手握拍

（1）动作要领（以右手持拍为例，下同）

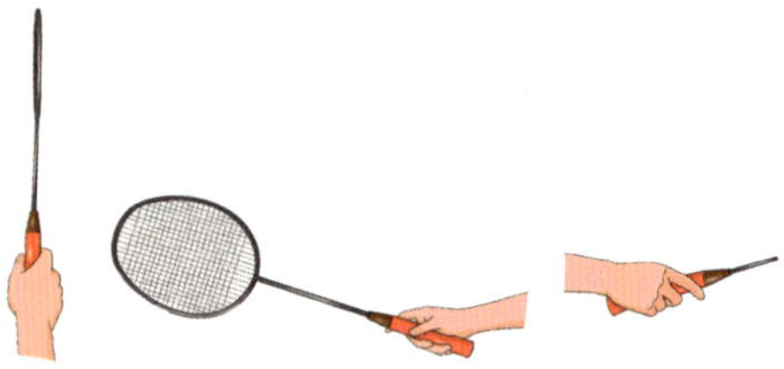

图 3-4-1　正手握拍

握拍时，先用左手拿住拍颈，使拍面与地面垂直，再张开右手，使手的小鱼际肌靠在拍柄底托处，虎口对准拍柄的内侧小棱边，拇指和食指贴在拍柄的两个宽面上，食指与中指稍微分开，然后小指、无名指和中指并拢握住拍柄。

（2）学练建议

①正反手握拍练习：握拍手自由转动拍柄，按照正确的技术动作要领，观察的同时由握拍手独立调整并完成呈正手握拍动作或反手握拍动作。

②正反手握拍转换练习：从正手握拍举至右肩上，到反手握拍举至左肩上，在自己的面前画横“8”字形，体会拇指、食指捻动球拍时手指与拍柄接触部位的变化。

③正手垫球练习：使用正手握拍法将羽毛球从拍面击入空中，训练注意力。

④反手垫球练习：使用反手握拍法将羽毛球从拍面击入空中，训练注意力。可交替练习反手小力量垫球、反手中等力量垫球，体会发力的感觉。

⑤拓展练习：正手垫球和反手垫球交替练习，进行行进间正反手垫球练习、行进间穿越羽毛球网正反手垫球练习。

注意事项

正手握拍法技术的关键：一要放松，二要灵活。

2. 反手握拍

（1）动作要领

在正手握拍法的基础上，将拍柄稍向外转，食指收回，拇指第二指节顶贴在拍柄内侧的宽面上，中指、无名指和小指并拢握住拍柄。

（2）学练建议

同"正手握拍"。

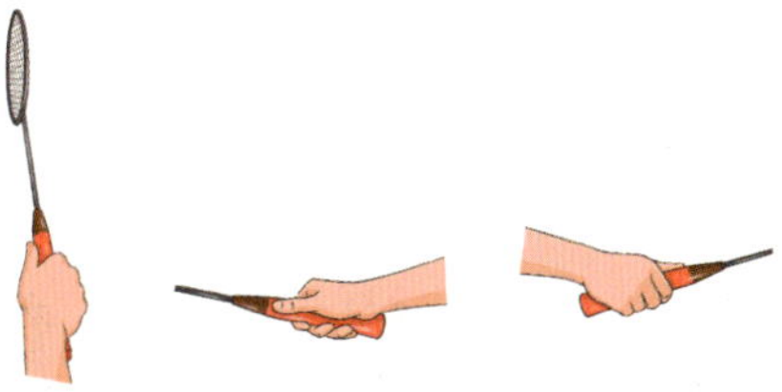

图 3-4-2　反手握拍

3. 正手发高远球

正手发高远球是用正手握拍，以正拍面将球击得又高又远，使球飞行到对方后场最高点后，突然改变方向，垂直下落至端线附近的一种发球方式。

图 3-4-3　正手发高远球

（1）动作要领

准备：站位靠中线，距前发球线约 1 米，左脚在前，足尖指向球网；右脚在后，足尖指向右斜前方；两脚间距约与肩同宽，身体重心放在右脚上，左手持球，自然伸臂平举于胸前，右手持拍，自然屈肘于身体右侧。

引拍：左手持球自然松开，使球自然下落；左肩对网，右臂随着肘向右后上提，上体微前倾，前臂稍展开，手腕尽量伸展，把球拍后引至一定高度。

击球：自然由右向左转肩，身体重心前移；右臂由上往下再向前上方挥动，拍面与球在身体右侧前下方接触；在击球瞬间前臂急速内旋并带动手腕由伸展至微屈，闪动手腕，握紧球拍，以正拍面发力击球。

收拍：击球后持拍臂随惯性自然向左上方挥动，然后将拍收回至体前，调整放松呈正手握拍。

（2）学练建议

①正手发高远球分解动作挥拍练习：将发高远球动作分解为准备动作、放球、挥拍、击球、收拍五个步骤，进行重复练习。

②正手发高远球完整动作挥拍练习：先做连贯的慢速挥拍练习，可以对着镜子做，或是两人共同练习，练习过程中互相观摩，纠正错误。

③正手发高远球挥拍和有球组合练习：做发高远球连贯挥拍练习，调整放球后挥拍的时机，挥空拍和击中球交替练习，体会"放球—击球"的时机和拍面正面击球的感觉。

④拓展练习：做正手发高远球练习，选择一个练习同伴，站在另一半场接发球区双打后发球线附近，高举球拍，将球发至练习同伴身后。

注意事项

发高远球时常见问题：挥拍路线不正确；挥拍动作僵直，不以肩为轴；不是由右后经右前下方再挥向左上方画弧，而是横扫，致使出球弧线太低；发球时脚拖带或离地致使发球违例。

图 3-4-4 正手击高远球

4. 正手击高远球

正手击高远球是把球打得既高又远，使球飞行至对方场区的端线上空后，垂直下落到端线附近场区内的一种击球方式。

（1）动作要领

准备：左脚在前，右脚在后，两脚间距与肩同宽，身体侧对球网，重心在两脚间。左手自然上举，双眼注视来球方向。右手采用正手握拍法，屈臂举于右侧，肘关节高度约与肩平，拍面面向球网。

引拍：当球下落到一定高度时，持拍手肘部上抬，手臂外旋，充分后仰，以肩为轴做回环引拍动作，手腕充分伸展，形成击球前较长的力臂；重心前移落在左脚上，右脚脚尖触地。

击球：击球时上臂上举，前臂急速内旋并带动手腕加速向前上方挥动，手腕屈收继续，手指屈指发力握紧球拍柄，以正拍面将球击出。击球瞬间，持拍手臂自然伸直。

收拍：右手随击球动作完成后的惯性向左下方挥动，减速后顺势收回至体前。

（2）学练建议

①正手击高远球分解动作挥拍练习：将击高远球动作分解为架拍、倒拍、挥拍击球、收拍四个步骤，根据口令重复进行练习。

②正手击高远球完整动作挥拍练习：先做连贯的慢速挥拍练习，可以对着镜子做，或是两人共同练习，练习过程中互相观摩，纠正错误。挥拍熟练后，可以逐渐加快挥拍速度进行练习。

③正手击高远球分解动作多球练习：两人一组，一人站在练习者侧前方，给练习者喂前上方固定点球，练习者练习挥拍击球（击抛出的球）。

④拓展练习：做正手击高远球完整动作多球练习，两人一组多球练习，一人发高远球，一人击高远球。发球者尽量把球发高发远，击球者侧并步移动到球下后，用完整、连贯的击高远球动作进行击高远球练习。

> **注意事项**
>
> 在右后场区用正手握拍以正拍面击球，击球点在右肩上方，应于最高点靠手腕的瞬间爆发力把球击出，避免击球点偏前或偏后。

5. 基础步法——并步、垫步、交叉步

（1）动作要领

并步：右脚向前（或向后）移动一步时，左脚立刻向右脚跟并一步，紧接着右脚再向前（向后）移一步。一般用于后退。

垫步：当右（左）脚向前（后）迈出一步后，紧接着以同一脚向同一方向再迈一步。一

般用于上网及各种步法间的衔接和调整。

交叉步：左右脚交替向前、向侧或向后移动。经另一脚前面超越的为前交叉步，经另一脚后面超越的为后交叉步。适用于上网和后退。

图 3-4-5　并步

图 3-4-6　交叉步

（2）学练建议

①并步练习：在 30 米长的场地上，来回做侧身并步、侧身并步跳的练习。

②垫步练习：在 30 米长的场地上，来回做前进“之字形”垫步和后退“之字形”垫步练习。

③交叉步的腿部动作练习：依次进行分解动作练习和交叉步连贯动作练习。

注意事项

在移动过程中注意对身体重心的把控，尽量不上下起伏，使重心在同一水平线上，以保持快速移动。

（二）基本战术学练

1. 放网意识

（1）战术方法

网前击球时以放网为主，在网前不轻易起高球，而应逼迫对方起高球，为本方进攻创造机会，尤其是混双比赛中，女队员网前的放网运用较多。

（2）学练建议

一对一全场放网，两人一组，发小球后抢网，两人互相放网，单打采取对搓球练习，双打采取对放网练习。

注意事项

单打的放网战术练习使用搓球，让球尽可能近网且旋转；双打的放网战术练习拍面尽量垂直于地面，水平向前切击球头，使球尽量贴网而过。

2. 发球抢攻战术

（1）战术方法

发球抢攻是指根据对方的站位、习惯球路、心理特点而采取不同的发球动作，打乱对方的节奏，使对方处于被动状态，尤其在争关键分时，运用发球抢攻的效果较好。

（2）学练建议

发球抢攻分为发前场球抢攻和发后场球抢攻：发

注意事项

发球抢攻战术成功的前提是发球质量高，即球的速度、弧线、落点的质量高。当发球质量不高时就要注意防守，将发球抢攻战术改为防守反击战术。发球抢攻时需要有抢攻的意识，即对方回球后能迅速回击。羽毛球比赛是双方博弈的过程，发球抢攻对应着对手的接发球抢攻，所以我方采取的战术应根据场上的形势而调整，不能强攻。

前场球时根据对方的习惯球路及发球质量及时做好第三拍准备，组织进攻；发后场球时以平高球和平射球为主，尤其当直线球路在对方的头顶区时，容易令对方被动，发球后发现对方回球质量不高时，可加快比赛节奏，发动进攻。

（三）组合技能练习

两点打两点组合球练习（网前放网＋后场高远）

（1）练习方法

①步法练习：运用所学动作，做持拍无球练习。

②多球练习：同伴连续向练习者发球，练习者做网前放网和后场高远球练习；熟练后，可以逐渐加快发球的球速。

③对打练习：两人一组，进行两点打两点组合球练习。

（2）练习要求

步法娴熟，动作标准、连贯；回球质量高，落点准确；击球回合数多，击球点标准，出手果断。

模块二

本模块在上一模块学练的基础上，进阶性地设置了羽毛球运动新的学练内容。其中，单项技术学练包括正手挑球，正手杀球，进阶步法——蹬步、跨步，以及课程平台中的反手发网前球、反手挑球、正手搓球、反手搓球、正手推球、反手推球、上网步法；基本战术学练包括搓球抢网战术、杀球上网战术，以及课程平台中的接发球抢搓战术、接发球推压进攻战术；组合技能练习设置的是两点打一点组合球（正手挑球＋后场高远球），以及课程平台中的网前两点组合球（正手挑球＋反手挑球）、杀球上网。同学们学练本模块的内容，在掌握一定难度技战术和组合技能的基础上，能够参与本模块设置的比赛活动，并为难度更高的下一模块的学练做好铺垫。

（一）单项技术学练

1. 正手挑球

图 3-4-7　正手挑球

正手挑球是用正手握拍，以正拍面把对方击来的网前球从球网的下端较低位置由低往高击到对方后场端线上空的击球方式。

（1）动作要领

准备：两脚左右开立，右脚在前，左脚

在后，两脚间距比肩略宽，右手握拍，置于体前，身体稍向前倾，收腹。

引拍：以肩、肘为轴心，前臂外旋带动手腕伸腕在身体的右前下方做半弧形回环引拍动作。

击球：击球的瞬间，前臂迅速内旋带动手腕向前上方展腕发力击球（与正手发高远球的击球动作一致）。

收拍：持拍臂随惯性向左前上方挥拍并减速，然后收拍并移动复位，还原成放松的正手握拍姿势。

（2）学练建议

①正反手挑直线球、挑斜线球挥拍练习：进行引拍、挥拍的动作练习。

②多球正反手挑直线球练习：按照动作要领做挑球的徒手练习；利用手抛球进行挑高球练习；两人一组从正反手区的边线位置，用多球反复挑直线高远球，目标落点为后场边线和底线的角落。

③多球正反手挑斜线球练习：按照动作要领做正反手挑斜线球动作练习；两人一组从正反手区的边线位置，用多球反复挑斜线高远球，目标落点为后场边线和底线的角落。

④多球正反手上网挑直线球练习：按照动作要领做正反手三步上网挑球动作练习；两人一组用多球反复练习正反手三步上网挑直线高远球，目标落点为后场边线和底线的角落。

⑤多球正反手上网挑斜线球练习：按照动作要领做正反手三步上网挑球动作练习；两人一组用多球反复练习正反手三步上网挑斜线高远球，目标落点为后场边线和底线的角落。

⑥拓展练习：做多球网前正反手上网挑直线球、挑斜线球练习。按照动作要领做正反手三步上网挑球动作练习；两人一组用多球反复练习正反手三步上网挑直线球、挑斜线高远球，目标落点为后场边线和底线的角落。

2. 正手杀球

正手杀球是在中、后场区用正手握拍，以正拍面在右肩前上方，在尽可能高的击球点全力将球从高处向对方场区扣压的击球方式。

图 3-4-8　正手杀球

（1）动作要领

准备：左脚在前，右脚在后，两脚间距与肩同宽，身体侧对球网，重心在两脚间。左手自然上举，双眼注视来球方向；右手采用正手握拍法，屈臂举于右侧，肘关节约与肩平。

引拍：当球下落到一定高度时，持拍手肘部上抬，手臂外旋，充分后仰，以肩为轴做回环引拍动作，手腕充分伸展，形成击球前较长的力臂；重心前移落在左脚上，右脚脚尖触地。

击球：击球点在右肩前上方（比击高远球时的击球点稍靠前些）的位置上。击球前身体后仰，几乎呈弓形，在击球瞬间，将上下肢的力量调动起来，以肩为轴，前臂内旋，手腕前屈微收，快速闪腕发力，以正拍面向前下方全力下压击球。

收拍：杀球后，随击球惯性向左下方挥动球拍，然后回收到胸前，呈接球前的准备姿势。

（2）学练建议

①原地杀球挥拍练习：20 个一组，练习 3 组。

②原地起跳挥拍练习：20 个一组，练习 3 组。

③两人一组进行多球练习：一人发球，另一人练杀球，20 个一组，练习 5 组。

> 注意事项
>
> 注意观察杀球时的击球点位置和发力方式，加深对杀球技术的印象，在练习中领悟杀球动作要领，直到掌握杀球技术。

3. 进阶步法——蹬步、跨步

（1）动作要领

蹬步：以一脚为轴，另一脚用力向前、向侧或向后蹬出。

跨步：在移动最后一步时，一脚支撑，另一脚向来球的方向跨出一大步。一般用于上网，在向后场底线两角移动抽球时也常用。

（2）学练建议

①蹬步的腿部动作练习：单腿跳、后蹬跑、单腿前后换腿蹬跳。

②蹬步的相关力量练习：跑楼梯、半蹲跳、单腿收腹跳。

③跨步的腿部动作练习：抱膝前跨弓步走、跨步跑、劈竖叉。

④跨步的相关力量练习：单腿下蹲起、单腿弓步前蹬起。

> 注意事项
>
> 注意动作协调、蹬地有力，步法与手法配合得当，做到步法合理、移动快速，到位击球。

（二）基本战术学练

1. 搓球抢网战术

（1）战术方法

搓球抢网战术是争得网上主动权的战术，通过重复搓球，争夺网上主动权，逼迫对方挑球，创造进攻机会。

（2）学练建议

两人网前重复搓球，结合勾对角技术，当对方回球不到位时可直接扑球。

> 注意事项
>
> 搓球抢网时需要注意，如果对方把注意力也放在网前，可结合后场球将对方调动至后场。

2. 杀球上网战术

（1）战术方法

杀球上网战术是一种先发制人的战术，通过后场杀球，包括长短线路和重杀轻杀，进行下压进攻，对方防守挡网时迅速上网，通过抢搓或推的技术抢网，从速度上压制对手，掌握主动权。

（2）学练建议

练习时先进行不同杀球技术的训练，包括长杀、短杀、重杀、

> 注意事项
>
> 运用杀球上网战术时需注意，当杀球质量不高或者对方防守能力较强时，杀球后不要盲目上网，防止对方的后场重复球造成我方被动；当网前搓或推的质量较高时，不要急于后退，因为对方有可能重复打网前球。

轻杀，再进行网前抢搓和抢推技术的运用训练、前后场连贯步法的运用训练。

（三）组合技能练习

两点打一点组合球（正手挑球 + 后场高远球）

（1）练习方法

①步法练习：利用所学动作，做持拍无球练习。

②多球练习：同伴连续向练习者发球，练习者做“正手挑球 + 后场高远球”练习；熟练后，可逐渐加快发球的球速。

③对打练习：两人一组，进行两点打一点组合球练习。

（2）练习要求

步法娴熟，动作标准、连贯；回球质量高，落点清晰；击球回合数较多，击球点标准，出手果断到位。

模块三

本模块难度有所增加，在单项技术学练方面设置了正手吊球、正手抽球、正手勾对角球，以及课程平台中的正手扑球、反手扑球、正手抽球、反手抽球、正手勾对角球、反手勾对角球、反手击高远球、杀上网步法、左右接杀球步法；基本战术学练设置了四方球战术，以及课程平台中的防守反击战术，接发球抽压底线战术，接杀球勾、抽对角战术；组合技能练习设置了后退两边高远球，以及课程平台中的网前两点组合球（正手搓球 + 反手搓球）、上直线退斜线四方球。本模块的学习有助于同学们参与更高要求的羽毛球比赛。

（一）单项技术学练

1. 正手吊球

在后场区用正手握拍，以正拍面将对方打来的后场球还击到对方网前区域。正手吊球根据出球角度不同，可以吊直线球或吊对角球。

图 3-4-9　正手吊球

（1）动作要领

准备：左脚在前，右脚在后，两脚间距与肩同宽，身体侧对球网，重心在两脚间。左手自然上举，双眼注视来球方向。

引拍：以肩为轴做回环引拍动作，手腕充分伸展，形成击球前较长的力臂；重心前移落在左脚上，右脚脚尖触地；左手随转体动作伸向左侧，协调右手发力。

击球：击球点在右肩上方，运用前臂外旋使拍面向前下方切击球托的右斜侧面，击球瞬间，手腕要内扣并控制好拍面角度，主要靠手腕、手指控制力量，使球向对方场区网前飞行。

收拍：球拍随击球惯性和转体向左下方挥动，上臂外旋，收拍至体前，呈接球前的准备姿势。

（2）学练建议

①做正手吊球分解动作练习。

②做正手吊球完整动作练习。

③做多球正手吊球练习。

④拓展练习：做并步后退正手吊球动作练习。

注意事项

注意击球瞬间手腕翻腕反搓（掌心朝前）时，拍面要与来球方向垂直，避免拍面上仰过多，造成吊球落点离球网远、不过网（下网）或过网时离网太高。

2. 正手抽球

正手握拍，在中场或后场把对方击来的低于肩高的球回击到对方底线场区。

（1）动作要领

准备：准确判断来球，快速移动步法，左脚蹬地，右脚向前跨出成弓箭步，侧身向网，上体向右后倒，重心在右脚。手臂向右举拍，大臂与小臂的夹角为120°。

图 3-4-10　正手抽球

引拍：准备击球时，小臂外旋伸腕，球拍后引拍面稍后仰。

击球：击球时，主要靠小臂带动手腕、手指“抽鞭”式向前挥拍，小臂由外旋到内旋，腕部由伸到屈闪动击球。

收拍：击球后，球拍随身体向左转，立即收拍于体前，重心也由右脚移到左脚，右脚向前迈。

（2）学练建议

①做正手抽直线球、抽斜线球挥拍练习。

②做反手抽直线球、抽斜线球挥拍练习。

③做多球正反手抽直线球练习。

④拓展练习：做多球正反手抽斜线球练习。

图 3-4-11　正手勾对角球

3. 正手勾对角球

正手握拍，以正拍面将对方击到右场区网前位置的球还击到对方右场区内。

（1）动作要领

准备：两脚左右开立，右脚在前，左脚在后，两脚间距比肩略宽，右手握拍，置于体前，身体稍向前倾，收腹。

引拍：前臂随步法移动伸向前上方，并有外旋、手腕稍后伸的动作。

击球：击球前，拍头朝下，击球时以肘部一定的回拉动作带动上臂内旋，手腕由伸腕至收腕发力切击球托的右后侧部位，击球力量不宜过大，且应根据不同的来球位置调整好击球的拍面角度。

收拍：右脚掌迅速蹬地向中心位置回动，同时击球手臂收回至胸前，呈正手放松握拍姿势，并准备回击下一个来球。

（2）学练建议

①按照引拍—击球—收拍的步骤先做慢速的挥拍练习，熟练后做快速挥拍练习。

②在网前，自己将球抛起后做正反手勾对角球练习。

③连续练习正反手勾对角球。

④拓展练习：先练习上网步法，再练习正反手网前勾对角球动作，最后将步法和手上技术结合起来练习。

注意事项

在做引拍动作时，如前臂和手腕没有外旋，容易被对方识破出手意图，达不到推、搓、勾对角球动作的一致性和动作的突变性，影响勾对角球的效果。

（二）基本战术学练

四方球战术

（1）战术方法

利用高球、吊球、搓球、勾对角球、挑球、推球等技术将球击到对方的四个角，通过多拍拉吊使对方进行大范围的跑动，不急于进攻，消耗对方体力，积累优势，等待对方失误或当对方步法不到位、回球质量不高时补一拍杀球或者扑球即可得分。此战术在单打比赛中运用较多。

注意事项

当对方移动及转体慢时，多采用对角线战术，增大对方跑动距离和接球难度，尤其在头顶区可多让对方转体；当对方步法较好且移动速度较快时，可采用重复线路的方法，破坏对方节奏。

（2）学练建议

四方球战术是单打运动员需具备的战术能力。在初学阶段，可以采用两点打四点的练习方法，其中两点可以为网前两点，也可以为后场两点，练习跑动及控制球的能力。

（三）组合技能练习

后退两边高远球

（1）练习方法

①步法练习：利用所学动作，做持拍无球练习。

②多球练习：同伴连续向练习者发球，练习者做后场两边高远球练习；熟练后，可逐渐加快发球的球速。

③对打练习：两人一组，进行后场两边高远球对打练习。

（2）练习要求

步法娴熟，动作连贯；发力干脆，出手果断，回球质量高；回球有弧线，出球又高又远，落点清晰。

三 参与羽毛球比赛

请同学们登录课程平台，了解自己感兴趣的比赛活动的方法、要求和注意事项等，自行组织比赛，在竞赛中巩固学练成果。

模块一比赛有：放网比赛、半场高远球比赛。

模块二比赛有：半场挑球、高远球组合比赛和单打比赛（半场）。

模块三比赛有：全场随机多球比赛、单打比赛（全场）。

四 实施自主评价

在前面学、练、赛的过程中，同学们对自己和身边同学的学习效果有了初步的评判，那么如何系统地评价自己对羽毛球运动技战术的掌握程度和整个运动的理解程度呢？请同学们登录课程平台，进行系统、全面的自主评价。

五 训练专项体能

想要更好地发挥自己的水平，离不开专项体能的支撑。同学们需要不断地训练并提升自己的专项体能，为今后更好地参与羽毛球运动，乃至在职场中展现出更好的身体素质打牢基础。

请同学们登录课程平台进行羽毛球场地折返跑、绳梯训练和“米字”移动的专项体能训练。

项目五 乒乓球

体育中国

自从1988年乒乓球被列为奥运会比赛项目以来，我国获得了全部42枚金牌中的37枚。在2024年巴黎奥运会中，我国共获得男单、女单、男团、女团、混双5枚金牌。截至2025年6月底，我国乒乓球队有121人获得世界冠军，共获274枚金牌（奥运会金牌37枚、世乒赛金牌163枚、世界杯金牌74枚）。

我国乒乓球名将众多，如邓亚萍等已退役的世界乒坛代表人物，又如拿到“大满贯”的现役乒乓球国手马龙、樊振东等，均为推动我国乃至世界乒乓球的发展起到重要作用。

议一议

1. 请同学们搜索“乒乓外交”，并讨论其对我国外交方面的促进作用。
2. 请同学们搜索2020年东京奥运会乒乓球女团项目完赛后，我国国家乒乓球队与香港地区乒乓球队颁奖合影的照片，并讨论其积极意义。

学习目标

1. 了解乒乓球运动的特点、价值、技术动作及基础战术配合的相关基础知识。

2. 掌握乒乓球的正反手攻球、搓球和弧圈球技术，左推右攻、推挡侧身攻的组合技能，以及发球抢攻、接发球抢攻、对攻、搓攻等战术。

3. 培养良好的体育锻炼习惯、遵守体育道德，积极参加班级和学校组织的乒乓球活动、比赛，在学练和比赛中培养遵纪守法、团结互助、积极乐观、勇于拼搏的品格。

一 了解乒乓球运动

乒乓球运动是一项由两名或四名运动员在乒乓球桌上进行隔网攻守的运动，在世界上许多地方流行。乒乓球运动1900年起源于英国，20世纪初在欧洲和亚洲蓬勃开展起来。乒乓球运动易于开展，打法多样，球路变化丰富，技术动作要求协调、灵敏、精确，观赏性强。乒乓球运动能有效发展力量、速度、耐力、灵敏性等身体素质，同时也能锻炼和培养勇敢、顽强、机智、果断等心理品质。乒乓球运动对今后从事需久坐、久站的职业，尤其是需要进行精细化操作的职业人群身体状况的改善有积极的作用。“乒乓精神”所蕴含的技术创新和精益求精也是同学们应该学习和践行的职业精神。乒乓球运动在国内外广泛开展，乒乓球世界杯、世锦赛与奥运会并称世界乒乓球三大赛事。

二 学练乒乓球技能

模块一

本模块设置了乒乓球运动中较为基础的技战术内容。其中，单项技术学练包括握拍方法与核心技术、反手推挡、正手攻球，以及课程平台中的平击发球；基本战术学练包括发平击球抢攻，以及课程平台中的接平击球抢攻；组合技能练习设置的是 1/2 左推 + 右攻，以及课程平台中的推挡 + 侧身攻。同学们学练本模块的内容，能够提高基本的技战术水平，为参与本模块设置的比赛提供保障，为后续模块的学练奠定基础。

（一）单项技术学练

1. 握拍方法与核心技术

乒乓球的握拍方法分为直板和横板。

（1）动作要领

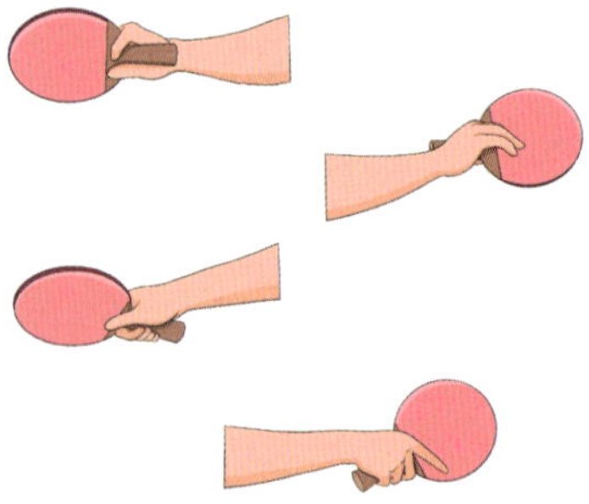

图 3-5-1 直板握拍和横板握拍

乒乓球核心技术的支撑动作规格是前臂带动手腕内旋 90°，形成一个与端线平行的平面，用于反手支撑技术；前臂带动手腕外展 90°，形成一个与端线平行的平面，用于正手支撑技术。乒乓球核心技术的卷带动作是在完成对反手球进行支撑的基础上，前臂带动手腕由内旋变为外展，完成反手击球动作；在完成对正手球进行支撑的基础上，前臂带动手腕由外展变为内旋，完成反手击球动作；击球点在身体的侧前方，发力阶段在卷带期。

（2）学练建议

①原地颠球练习，要求端平球拍。

②行进间颠球练习，要求身体重心保持水平状态。

③对墙练习，先进行正反手的支撑练习，同时结合单步和并步练习。

④拓展练习：在熟练完成正反手支撑练习的基础上完成支撑卷带的练习，同时配合脚步动作；进行球台的正反手支撑练习；在支撑熟练的基础上，进行球台的正反手支撑卷带练习。

> **注意事项**
>
> 乒乓球击球过程的支撑和卷带是一个连贯的动作：先进行支撑练习，再进行卷带练习；动作要先慢后快，弧线要先高后低；先进行单个动作练习，再进行连贯动作练习。

2. 反手推挡

（1）动作要领

击球前，左脚稍前站立，身体离台 40~50 厘米；通过脚步移动来到球落点的侧前方，前臂内旋将球拍后引至身体左侧稍后；在上升期击球的中上部；击球后前臂向上方外转 90°，然后迅速还原成击球前的准备姿势。

图 3-5-2 反手推挡

注意事项

1. 乒乓球的推挡练习要严格按照技术路线进行。
2. 推挡技术的学习先慢后快，先高弧线支撑，然后按弧线的方式进行练习。
3. 学推挡技术前，要先进行单球练习，然后进行连贯动作的练习。

（2）学练建议

①在练习过程中先进行颠球练习，完成 50 次颠球后进行对墙练习。

②上台练习，完成支撑动作。

③在支撑熟练的基础上完成乒乓球卷带动作。

④拓展练习：通过不断增加推挡的次数巩固技术，实现从量变到质变的目标。

3. 正手攻球

攻球技术是乒乓球技术中重要的得分技术之一，它在击球方式上以撞击为主，因此具有击球速度快、动作小、进攻性强的特点。攻球技术可分为正手攻球和反手攻球，乒乓球技术中的每一部分又进一步细化为快攻、快点、快拉、快带、突击、扣杀、挑打、滑板等技术。每种技术有着不同的特点和战术目的，要掌握全面的攻球技术，就必须掌握好基本的攻球技术。

图 3-5-3 正手攻球

（1）动作要领

击球前，左脚稍前站立，身体离台约 50 厘米；判断来球位置，前臂外展将球拍后引至身体右侧稍后；在球的上升期或高点期击球的中上部；击球点在正手位身体侧前方；击球后，迅速还原成击球前的准备姿势。

（2）学练建议

①在练习过程中先进行颠球练习，完成 50 次颠球后进行对墙练习。

②上台练习，完成支撑动作。

③在支撑熟练的基础上完成乒乓球卷带动作。

④拓展练习：通过减慢正手攻球速度巩固技术，通过加快击球速度提高技术质量。

（二）基本战术学练

发平击球抢攻

（1）战术方法

> 注意事项
> 1. 发球质量是抢攻的基础。
> 2. 发球要合乎规定。
> 3. 通过脚步移动寻找最佳击球点，能有效地提高技术质量。
> 4. 注意发球线路的变化。

①先要树立发球抢攻的战术意识。

②正手平击发球后通过脚步移动保证击球点在本方正手的侧前方。

③在抢攻的过程中保持技术的连贯性。

④发力阶段在击球的卷带期。

⑤注意动作的还原。

（2）学练建议

①先进行徒手的发抢练习。

②进行合法发球和技术衔接练习。

③先进行分解动作练习，再进行完整战术练习。

④拓展练习：通过分解练习提高抢攻的质量，通过实践进行战术应用。

（三）组合技能练习

1/2 左推 + 右攻

（1）练习方法

①准备动作：左脚在前，右脚在后，两脚间距比肩稍宽，低头含胸，两眼平视，手腕内旋，球拍在反手位的侧前方。

②动作要领：站在左半台先进行推直线练习，然后通过步法移动到中线附近，同时将执拍手移到正手位，调整重心到右脚，做好正手攻斜线的准备。在击球前，手腕外展，在击球过程中保证击球点在身体的侧前方，同时前臂带动手腕由外展变为内旋，挥拍至左眼上方，然后通过单步移动至反手位，回到准备动作阶段。

（2）练习要求

站在球台的左半台，离球台 40~50 厘米。推挡为直线，正手攻球为斜线，落点位置在左半台的边线位置。通过步法移动保证击球点在身体的侧前方。

模块二

本模块在上一模块学练的基础上，进阶性地设置了乒乓球运动新的学练内容。其中，单项技术学练包括攻球、推挡和快搓，慢搓，以及课程平台中的正手快带、转与不转球发球；

基本战术学练包括对攻战术，以及课程平台中的发转与不转球抢攻；组合技能练习设置的是推挡 + 侧身攻，以及课程平台中的左推 + 右攻。同学们学练本模块的内容，在掌握一定难度技战术和组合技能的基础上，能够参与本模块设置的比赛活动，并为难度更高的下一模块的学练做好铺垫。

（一）单项技术学练

1. 攻球、推挡和快搓

（1）动作要领

攻球、推挡、快搓技术按照核心技术进行分析，都是由支撑和卷带两个连贯的动作组成的。

①正手攻球：挥拍手由前臂带动手腕外展 90° 形成支撑动作，在击球的过程中向侧前方挥拍，手腕由外展变成内旋 90° 完成卷带动作。

②推挡：挥拍手由前臂带动手腕内旋 90° 形成支撑动作，在击球的过程中向侧前方挥拍，手腕由内旋变成外展 90° 完成卷带动作。

③快搓：挥拍手由前臂带动手腕内旋 90° 形成支撑动作，在击球的过程中向侧下方挥拍，手腕由内旋变成外展 90° 完成卷带动作。

图 3-5-4　快搓

（2）学练建议

①学习正反手的支撑动作。

②正反手支撑动作完成后，再完成侧前方卷带动作。

③正反手支撑动作完成后，再完成侧下方卷带动作。

④拓展练习：通过正反手的转换练习体验核心技术的区别与联系。

注意事项

1. 支撑动作一定要平。
2. 先高弧线支撑，熟练后再逐步降低弧线。
3. 支撑熟练后进行支撑卷带练习。
4. 配合重心的转移和脚步的移动保持击球点在身体的侧前方。

2. 慢搓

图 3-5-5　慢搓

搓球是近台还击下旋球的一种基本技术，可用它为拉弧圈球创造条件。它与攻球技术结合起来可以形成搓攻战术。搓球在接发球时可以有效地过渡，为自己下一板创造进攻机会。

（1）动作要领

慢搓要求右脚在前或两脚平行站立，身体离台 40~50 厘米。手臂外旋使拍面角度后仰，前臂向左上方引拍至胸前，横握拍手腕适当外展，直握拍手腕作屈，拍头指向斜上方。当来球跳至下降前期，前臂带动手腕加速向右前下方。用力摩擦球拍面后，仰击球的中下偏外侧的部位。击球后，前臂顺势前送，并注意还原。

注意事项

1. 乒乓球的搓球练习要严格按照技术路线进行。
2. 先学习慢搓，再学习快搓，先高弧线支撑，然后按弧线的方式进行练习。
3. 先进行单球练习，然后进行连贯动作的练习。
4. 一定在球的下降期击球。
5. 正反手慢搓技术动作相同，但方向相反。

（2）学练建议

①先进行颠球练习，完成 50 次颠球后进行对墙练习。

②上台练习，先完成支撑动作。

③在支撑熟练的基础上完成侧下方卷带动作。

④拓展练习：配合步法进行连续的搓球练习，并结合比赛运用。

（二）基本战术学练

对攻战术

（1）战术方法

先练压反手，伺机抢攻。当对方反手较弱或进攻能力不强时（如直拍），可用推挡、反手快拨或弧圈球连续压对方反手，伺机压一板中路，加大角度或力量，迫使对方回球质量不高后，再突然用正手进攻。第二压反手变正手，如果对方侧身的意识和能力很强，这时再连压反手就可能适得其反，而要主动采取伺机变正手的方式，既可偷袭对方正手位空当，又可牵制对方的侧身抢攻，一举两得。如果自己的反手不如对方而正手进攻能力较强，可主动变线形成正手对攻。

（2）学练建议

①进行徒手的对攻练习。

②进行合法发球和技术衔接练习。

③先进行分解动作练习，再进行完整战术练习。

④拓展练习：通过不断练习提高对攻的战术水平和质量，通过小型对抗赛来巩固对攻技术。

注意事项

1. 技术质量是战术的基础。
2. 战术意图执行要坚定。
3. 通过步法移动寻找最佳击球点，能有效地提高技术质量。
4. 注意发球线路的变化。

（三）组合技能练习

推挡 + 侧身攻

（1）练习方法

①准备动作：左脚在前，右脚在后，两脚间距比肩稍宽，低头含胸，两眼平视，手腕内旋，球拍在反手位的侧前方。

②动作要领：站在左半台先进行推斜线练习，然后通过步法移动到左侧边线外，同时将执拍手移到正手位的侧身位，调整重心到右脚，做好正手攻斜线的准备。在击球前，手腕外展；击球过程中，保证击球点在身体的侧前方，同时前臂带动手腕由外展变为内旋，挥拍至左眼上方，然后通过跳步移动至反手位，回到准备动作阶段。

（2）练习要求

站在左半台边，离球台 40~50 厘米。推挡和侧身攻为斜线，落点在球台的中线或左侧边位置。通过步法移动完成技术组合动作。

模块三

本模块难度有所增加，在单项技术学练方面设置了正手弧圈球、正手发左侧上（下）旋球，以及课程平台中的弧圈球、快搓、反手快拨；基本战术学练设置了侧身正手发左侧上下旋后抢攻，以及课程平台中的搓攻战术；组合技能练习设置了全台左推 + 右攻，以及课程平台中的推挡 + 侧身攻。本模块的学习有助于同学们参与更高要求的乒乓球比赛提供重要保障。

（一）单项技术学练

1. 正手弧圈球

（1）动作要领

击球前，左脚稍前站立，身体离台 50~60 厘米；以右手为例，引拍向右后方，球拍与来球同高或稍低于来球；在球的上升期或高点期击球的中上部，击球的瞬间，应将向前的撞击与摩擦球动作融为一体；在球的上升期和高点期击球，同时迅速还原。

图 3-5-6　正手弧圈球

（2）学练建议

①完成 50 次对墙练习。

②完成单个弧圈球技术练习。

③在支撑熟练的基础上完成连续的弧圈球技术练习。

④拓展练习：配合多球来巩固技术动作。

2. 正手发左侧上（下）旋球

（1）动作要领

正手发左侧上（下）旋球时，左脚在前，右脚在后，身体侧向球台，身体重心下降。左手将球向上抛起，同时右臂向右后上方引拍，握拍手腕外展，腰部略向右转动。当球下降至接近网高时，前臂加速向左前方挥摆，触球时手臂、手腕发力，直握拍手腕内旋，横握拍手腕内收，腰部配合向左转。发侧上旋球时，拍面略微立起，击球的中部向左侧上方摩擦；发侧下旋球时，拍面略后仰，击球的中下部向左侧下方向摩擦。随势挥拍，迅速还原。

图 3-5-7　正手发左侧上（下）旋球

（2）学练建议

①学习正确的抛球动作。

②进行无球徒手练习。

③进行正手发左侧上（下）旋球的练习。

④拓展练习：通过练习不断提高发球的速度和力量，通过班级对抗赛来巩固发球技术。

> **注意事项**
>
> 1. 学习正手发球时先要进行合法发球练习。
> 2. 正手发左侧上（下）旋球要与正手攻球进行有效的衔接。
> 3. 正手发左侧上（下）旋球要求在动作相似的前提下发出旋转球和不转球。
> 4. 正反的发球动作相同，但方向相反。

（二）基本战术学练

侧身正手发左侧上下旋后抢攻

（1）战术方法

发左侧旋球至对方反手位、反手底线大角中路偏反手底线或追身以及正手小三角短球，再配合一板直线急长球。对方侧身轻拉至反手，可用推挡加力或快压直线，也可用侧身攻（以速度为主）直线，迫使对方扑救正手位，再寻机发力；如对方用反手推拨或轻挂至反手，可压制其中路追身；如对方直接回至正手位，可用正手快带线到对方正手大角，然后等正手位做连续进攻的准备。

（2）学练建议

①先进行徒手的发抢练习。

②进行合法发球和技术衔接练习。

③先进行分解动作练习，再进行完整战术练习。

④拓展练习：通过不断练习提高发球抢攻的战术水平和抢攻的质量。

> **注意事项**
>
> 1. 发球质量是抢攻的基础。
> 2. 发球要合乎规定。
> 3. 通过步法移动，寻找最佳击球点，能有效地提高技术质量。
> 4. 注意发球线路的变化。

（三）组合技能练习

全台左推+右攻

（1）练习方法

①准备动作：左脚在前，右脚在后，两脚间距比肩稍宽，低头含胸，两眼平视，手腕内旋，球拍在反手位的侧前方。

②动作要领：在左半台先进行推直线练习，然后通过步法移动到正手位，调整重心到右脚，做好正手攻斜线的准备。在击球前，手腕外展；在击球过程中，保证击球点在身体的侧前方。同时，前臂带动手腕由外展变为内旋，挥拍至左眼上方，然后通过单步移动至反手位，回到准备动作阶段。

（2）练习要求

站在球台的左边，离球台40~50厘米。推挡为直线，正手攻球为斜线，落点位置在左半台的边线位置。要通过步法移动保证击球点在身体的侧前方。

三　参与乒乓球比赛

请同学们登录课程平台，了解自己感兴趣的比赛活动的方法、要求和注意事项等，自行组织比赛，在竞赛中巩固学练成果。

模块一比赛有：颠球比赛、推挡比赛、正手攻球比赛、11分教学比赛（一）。

模块二比赛有：快拨比赛、快攻比赛、11分教学比赛（二）。

模块三比赛有：搓球比赛、弧圈球比赛、11分教学比赛（三）。

四　实施自主评价

在前面学、练、赛的过程中，同学们对自己和身边同学的学习效果有了初步的评判，那么如何系统地评价自己对乒乓球运动技战术的掌握程度和整个运动的理解程度呢？请同学们登录课程平台，进行系统、全面的自主评价。

五　训练专项体能

想要更好地发挥自己的水平，离不开专项体能的支撑。同学们需要不断地训练并提升自己的专项体能，为今后更好地参与乒乓球运动，乃至在职场中展现出更好的身体素质打牢基础。

请同学们登录课程平台进行杠铃箭步蹲、侧抛实心球和绳梯步法训练及横向小滑步、两进两出的专项体能训练。

项目六
网 球

体育中国

2004 年，李婷、孙甜甜为我国首夺网球奥运会金牌。2006 年，郑洁、晏紫在澳网女双比赛中为我国斩获第一个“大满贯”冠军。2021 年，我国网球女双完成了奥运会和四大满贯赛“金满贯”的成就。2024 年，郑钦文为我国摘得巴黎奥运会网球女单冠军，王欣瑜、张之臻获得混双银牌。随着网球运动的蓬勃发展，中国网球运动员在各项国际大赛崭露头角。

学习目标

1. 了解网球项目的发展历史、礼仪、比赛规则、练习方法和基本的健康运动知识。

2. 掌握发球、正手、反手、截击球等技术动作的握拍方式、击球技术和简单战术，具备完成网球比赛的基本能力，并依据项目特点全面发展身体素质，为从事其他工作培养良好的运动交际能力。

3. 通过学练及比赛提升自信心，形成积极向上的生活态度，养成举止文明、遵守规则、公平竞争的行为习惯，锤炼出不怕困难、奋勇拼搏的意志品质。

一 了解网球运动

网球运动是一项动作精细、技战术复杂多变、对抗较为激烈、对体能和心智能力要求较高的运动项目。网球运动最早可以追溯到 12—13 世纪，现在已是风靡全球的，集强身健体、休闲娱乐、高雅时尚于一体的大众运动项目。网球独特的运动礼仪和比赛规则可培养参与者举止大方、健康阳光、自信优雅、自然协调的气质，因此网球运动素有“球场上的芭蕾”之称。其优雅的动作、激烈的对抗、参与者顽强的“战斗”把艺术美、力量美和人格美有机地结合在一起，赏心悦目。网球运动还具有室内外皆宜，男女老少、高矮胖瘦皆宜，节奏可快可慢的特点。参与者可以根据自身的运动能力、击球技术的水平调整击球的节奏和强度。网球运动可锻炼协调性、灵敏性、力量和耐力等身体素质，对同学们今后从事对身体灵活度和力量要求较高的职业有较大帮助。

二　学练网球技能

模块一

本模块设置了网球运动中较为基础的技战术内容。其中，单项技术学练包括正手上旋球（以右手持拍为例）、反手上旋球（以双手反手击球为例）、平击发球（以右手持拍为例）；基本战术学练包括对付中路深球—回中路高深球；组合技能练习设置的是底线四点移动击球，以及课程平台中的中场 + 截击组合。同学们学练本模块的内容，能提高基本的技战术水平，为参与本模块设置的比赛提供保障，为后续模块的学练奠定基础。

在学习所有动作之前，我们需要先学会如何握拍。

将球拍握柄 8 个面顺时针排序，以手掌两个标记点连线对应不同的面区别不同的握拍方式。正手握拍方式为：大陆式握拍对应 2 号面（发球、截击），东方式握拍对应 3 号面，半西方式握拍对应 4 号面，西方式握拍对应 5 号面（使用较少）。双手反手握拍一般为持拍手对应 1 号面，非持拍手根据习惯对应 3 或 4 号面；单手反手（单反）握拍一般对应 1 号面。

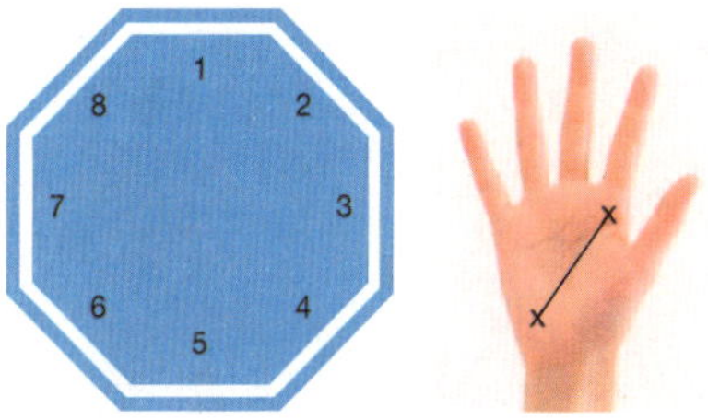

图 3-6-1　握拍

（一）单项技术学练

1. 正手上旋球（以右手持拍为例）

正手技术是网球击球技术中最基本的技术，正手上旋球技术是现在最常使用的正手技术。

图 3-6-2　正手上旋球

（1）动作要领

两脚分开，双手持拍置于身前。判断来球并侧身向来球移动，左脚向前踩位，左手指向击球点位置，将击球点让到身体侧前方，将球拍引至侧后方。当球落地后向上弹起时，由后向前快速蹬转，小臂与手腕内旋将拍头自后下方向前上方挥出，做弧线型鞭击动作，使球拍在击球瞬间摩擦，以产生强烈旋转，击球时拍面与地面垂直或微微前倾，球拍朝着自己设想的出球

注意事项

击球回合分为 5 个环节：准备预判、靠近来球、蓄力平衡、击球、回位。任何一个环节不到位都会影响下一板击球的质量。初级阶段以小场地、小力量、慢球速击球练习为主，逐步掌握网球击球技能。

底线击球过程中重心高度不变，腕肘关节相对固定。正手以小臂内旋的方式向前送拍，充分向击球方向随挥，切勿直接向左肩收拍。

方向随进，随挥动作放松并在左肩位置结束随挥动作。

（2）学练建议

①多球练习：手抛多球（定点 / 不定点）；拍送多球（定点 / 不定点）。

②颠球练习：原地颠球（2 人 1 目标区 /2 人 2 目标区 /2 人 4 目标区）；隔网颠球。

③调整回合节奏练习：两人隔网，相距球网 5 ~ 6 米进行回合练习，颠一次打一次上旋球（要求力量小、速度慢）。

④拓展练习：隔网手抛球，两人一把球拍，以完成更多回合为目标进行练习。

2. 反手上旋球（以双手反手击球为例）

反手技术同样是网球击球技术中最基本的技术，有双手反手、单手反手两种握拍击球方式。我们以稳定性更好的双手反手为例。

图 3-6-3　反手上旋球

（1）动作要领

双脚分开，双手持拍置于身前。判断来球并向来球移动，将击球点让到身体侧前方，移动过程中双臂自然将球拍引至侧后方。右脚向前踩位，当球落地后向上弹起时，重心由后向前快速蹬转，左小臂微微内旋将拍头自后下方向前上方挥出，做弧线形鞭击动作，使球拍在击球瞬间摩擦，以产生强烈旋转，击球时拍面与地面垂直或微微前倾，球拍朝着自己设想的出球方向随进，并在右肩位置结束随挥动作。

（2）学练建议

同“正手上旋球”。

> **注意事项**
> 反手击球点比正手击球点靠前。

3. 平击发球（以右手持拍为例）

平击发球是球速最快的发球方法，反弹高度较低。身材高大的选手可以借助高点击球的优势直接进攻，但是身材较矮小的选手受高点限制不宜使用平击发球。

（1）动作要领

①准备姿势：右手以大陆式握拍，侧身站立在端线外中场标记近旁边（单打），两脚分开约同肩宽，左脚与端线的夹角约为 45°，右脚约与端线平行，重心在左脚或两脚之间。左手持球，轻托球拍颈部在侧前方腰部高度，拍头指向前方。

图 3-6-4 平击发球

②抛球：抛球与后摆拉拍动作同步进行，持球手拇指、食指和中指三指轻轻托球，掌心向上。当向下向后引拍时，持球手同时直臂从斜前方向上抛球，球送至眉毛高度离开手指，手臂随球向上，手掌或手指指向抛出的球。当球飞到最高点时，身体重心前移，双膝微屈蓄力，同时持拍手臂大臂与肩持平，小臂与大臂的夹角约为 90°，肘关节充分放松，拍头指向斜前上方。

③击球：当球至最高点开始下落时，向球的方向蹬转发力，送肩顶肘拽动拍柄，手臂内旋鞭打球拍向球挥击。在身体的右前上方击球，以拍面中心平直击打球的后中上部。击球后身体重心向前跟进，完成随挥动作。

（2）动作规格

抛球、引拍蓄力动作同步协调，持球手直臂抛球，大概至眉毛、眼睛位置出手。击球过程中持拍手手腕固定，以小臂内旋方式击球并随挥，击球后向前上方随挥。

（3）学练建议

①简易发球：在发球位置侧身站立，右手持拍将球拍举至头部前上方呈“敬礼”姿势，抛球后转身在右前上方击球，将球击入界内。

②抛球练习：侧身站立，将球拍摆放在左脚前方，拍头与脚尖同向，直臂抛球，将球抛到合适高度，让球落在球拍拍面上。

③协调练习：左手持球，抛球后转体做击球动作，右手在侧前上方抓住球，然后小臂做内旋动作。

④拓展练习：从球网到底线，每连续发进发球区两颗球，后退一步继续发球。

注意事项

平击发球的击球点在身体侧前上方位置。击球点不准确容易造成击球动作变形，造成击球失误。击球时手腕固定，手背与小臂呈直线。初级阶段练习时需要控制击球力量，确保发力流畅，提高成功率。

（二）基本战术学练

对付中路深球—回中路高深球

（1）战术方法

回中路高深球既能减少失误，又可以限制对手回球角度。

（2）学练建议

技术的稳定性需要经过击定点落地球、不定点落地球的反复练习。练习者之间互相喂球，根据技能掌握水平循序渐进地进行手抛定点击落地球、拍送定点击落地球、击手抛不定点落地球、击拍送不定点落地球多球练习。

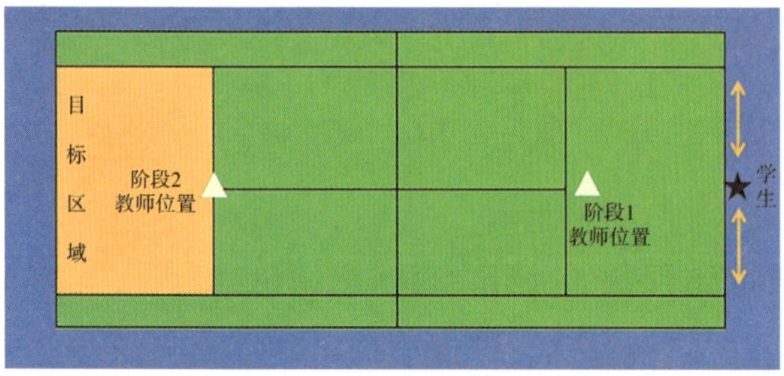

图 3-6-5　定点、不定点击落地球练习示意图

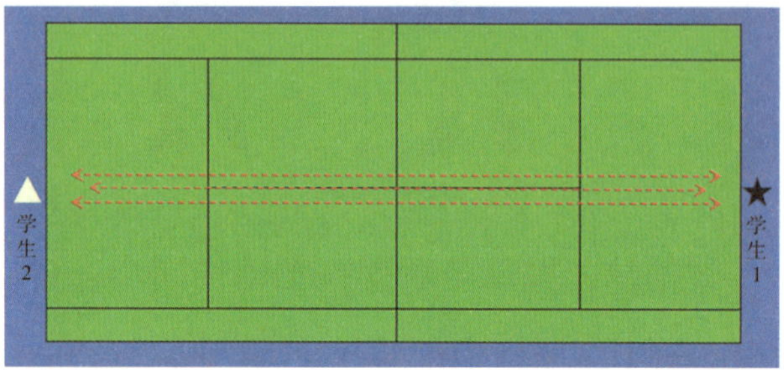

图 3-6-6　击球线路

（三）组合技能练习

底线四点移动击球

（1）练习方法

结合分腿垫步、小碎步调整击球点，结合交叉步、侧滑步回位。先进行手抛多球练习，熟练后进行拍送多球练习。

（2）练习要求

步法衔接快速有效，击球动作完整流畅，目标指向性清晰，控制击球力量、球的弧线高度适中。

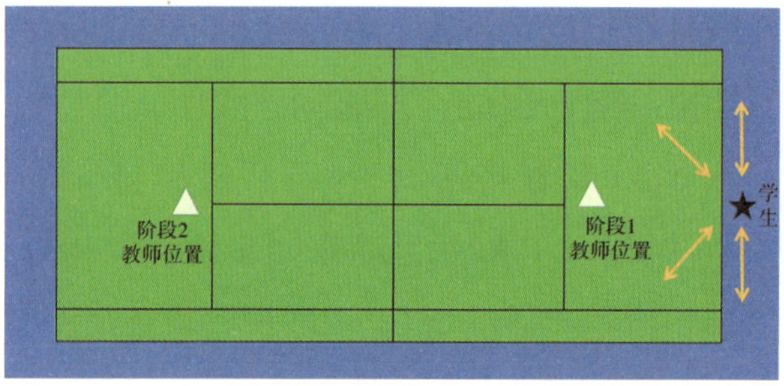

图 3-6-7　底线移动击球

模块二

本模块在上一模块学练的基础上，进阶性地设置了网球运动新的学练内容。其中，单项技术学练包括截击球、高压球、侧旋发球，以及课程平台中的挑高球；基本战术学练包括应对左半场来球；组合技能练习设置的是全场击球组合，以及课程平台中的发球随上组合。同学们学练本模块的内容，在掌握一定难度技战术和组合技能的基础上，能够参与本模块设置的比赛活动，并为难度更高的下一模块的学练做好铺垫。

（一）单项技术学练

1. 截击球

截击球是在网前利用最简洁的击球方式将球击打至对方场地内空当位置得分的手段。

图 3-6-8　截击球

（1）动作要领

双脚分开，右手以大陆式握拍，球拍置于身体前方，拍头翘起。判断来球后，重心及上半身迅速靠近来球方向，打开拍面，手臂伸出靠近来球，做格挡或碰击动作，并略微随挥，异侧腿随重心向前迈步保持平衡以及时回位防守。

注意事项

打墙练习是一种对初学者非常实用的自主练习方法，不受场地限制，只需要一块具有平整的墙面和地面的空地即可。打墙练习时需要根据自身反应、控球水平做调整：力量由小到大，速度由慢到快，距离由近到远，不受对手或搭档击球的影响，击球节奏由自己掌控。

（2）学练建议

①多球练习：1 拍送多球（定点 / 不定点）。

②回合练习：初级阶段进行 2 人 1 拍（网前人持拍）回合练习，进阶阶段进行 2 人 2 拍回合练习。

③打墙练习：1 人 1 球，距离墙 1～2 米，拍面微仰，进行打墙练习。

④拓展练习：2 人面对面进行隔空颠球练习，逐渐增加距离。

注意事项

截击动作简练，引拍、随挥动作小。击球时过多向下发力易击球下网。

2. 高压球

高压球是一种在头上用扣压的动作完成的一种击球方法，球速快、力量大。

（1）动作要领

高压球的动作要领与发球动作相似，以“敬礼”动作准备，快速预判来球，移动到位，在身体前上方击球。

（2）学练建议

①手抓球练习：一名同学在底线中点以挑高球方式将球击打至对方场地中场位置，另一名同学在中场位置徒手以高压球姿势准备，判断球的飞行轨迹及节奏以左手抓球。

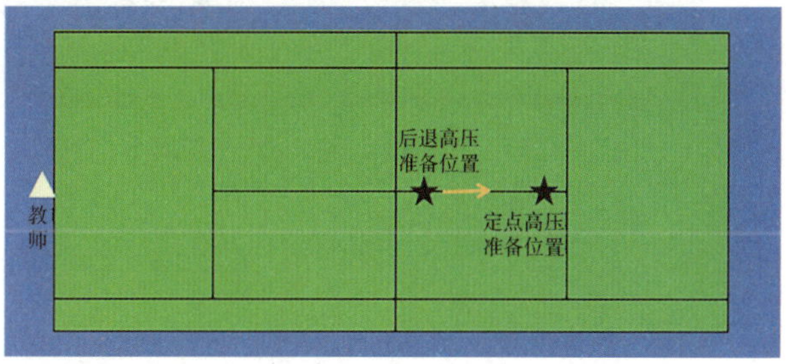

图 3-6-9　定点、后退高压准备位置示意图

②多球练习：以多球练习方式巩固训练。

③打墙练习：距离墙 6～10 米，将球击至距墙面 2～3 米的地面反弹到墙上弹起后击球，注意控制击球的力量。

④拓展练习：熟练后进行回合高压球练习。

注意事项

当来球过高过远时，需调整战略，快速向后移动使用其他方式击球。

3. 侧旋发球

侧旋发球不仅球速快、威胁大，而且容易提高发球命中率，尤其在球落地后方向改变上和旋转上很有优势。

（1）动作要领

侧旋发球与平击发球的动作要领、击球点位置基本相同，区别在于击球时拍面切入角度、击打球的部位以及随挥轨迹不同。侧旋发球拍面以 45° 角切球的右侧（3 点钟方向），以产生强烈的侧向旋转。

> **注意事项**
> 侧旋发球的飞行弧线类似“香蕉球”，进攻性非常强，想取得这样的效果需勤加练习。

（2）学练建议

同模块一“平击发球”。

（二）基本战术学练

应对左半场来球

> **注意事项**
> 积极预判、快速移动，根据球的飞行角度、速度、高度，调整击球点位置。控制击球的稳定性和过网高度，变化球的旋转和速度。

（1）战术方法

若对手在正手位的边角处回出一记直线球，应迅速移动到位，侧身正手抽斜线将对手调出场外。

（2）学练建议

技术的稳定性需要进行击定点落地球、不定点落地球的反复练习。练习者之间互相喂球，根据技能掌握水平循序渐进地进行手抛定点击落地球、拍送定点击落地球、击手抛不定点落地球、击拍送不定点落地球多球练习。

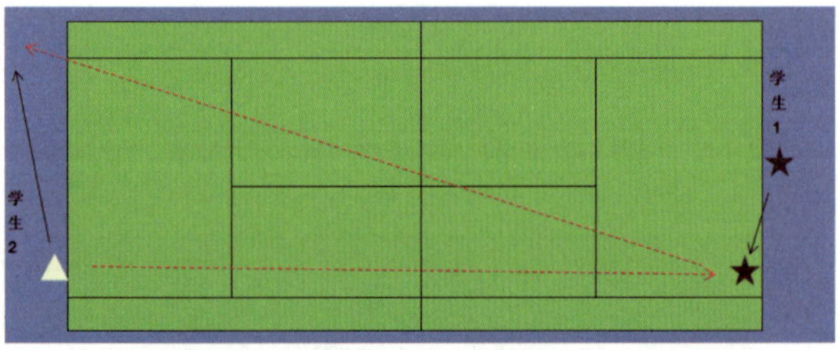

图 3-6-10　手抛定点击落地球练习示意图

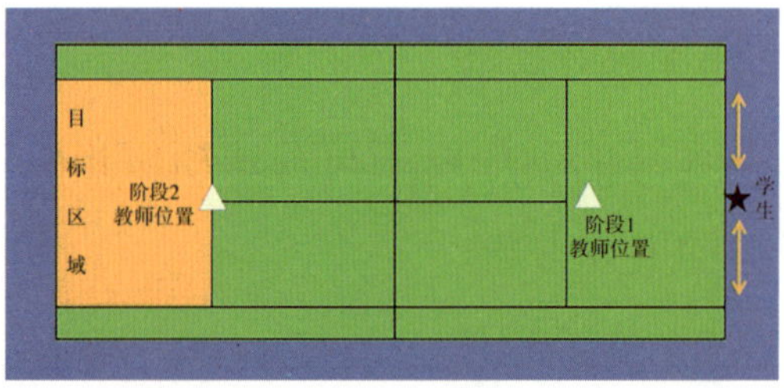

图 3-6-11　定点、不定点击落地球练习示意图

（三）组合技能练习

全场击球组合

（1）练习方法

全场击球组合主要训练全场击球意识、击打不同落点的球之间的步法衔接、各项击球技术在不同节奏中的灵活运用，适合各种水平的选手。全场击球组合技术共 6 颗球，击球顺序为：底线正反手各 1 板球、中场正手或反手 1 板球、截击 2 板球、后退高压 1 板球。

（2）练习要求

控制击球成功率、深度以及每板击球之间的步法衔接。

模块三

本模块难度有所增加，在单项技术学练方面设置了正手切削球、反手切削球、上旋发球，以及课程平台中的小斜线；基本战术学练设置了斜线对攻—用直线进攻对付浅球；组合技能练习设置了4种上旋球组合。本模块的学习有助于同学们参与更高要求的网球比赛。

（一）单项技术学练

1. 正手切削球

（1）动作要领

双脚分开，双手持拍置于身前。判断来球并侧身向来球移动，将击球点让到身体侧前方，双臂打开，左手指向击球点，右臂微屈将球拍引至身体右侧前方略高于右肩的位置。当球落地向上弹起后，身体保持低重心转动迎向来球，大臂带动小臂拽动拍柄，将拍头自后上方向前下方挥出，击打球的正后方位置，然后充分向前随挥。

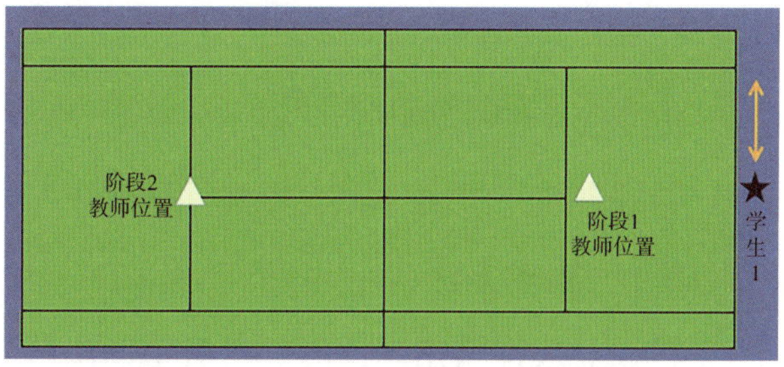

图 3-6-12　正手切削球练习示意图

注意事项

击球时不能过多仰拍面（含正手切削球、反手切削球），否则球易飞行过高。切削球是自上而下、由后向前的挥拍轨迹，主要向前发力。过多向下发力易下网。

（2）学练建议

①多球练习：手抛多球（定点/不定点）、拍送多球（定点/不定点）。

②打墙练习：距离墙10米左右进行练习，控制击球力量、弧球高度、旋转速度。

③回合练习：进行直线、斜线回合练习。

④拓展练习：练习不同转速、方向的切斜球，或进行放小球练习。

2. 反手切削球

（1）动作要领

双脚分开，双手持拍置于身前。判断来球并向来球移动，将击球点让到身体侧前方，左手扶拍将球拍引至左肩上方，摆好拍面做好击球的准备动作。当球落地后向上弹起时，低重心蹬转迎向来球，大臂带动小臂，球拍自后上方向前从球的正上部垂直向下切出并充分向前随挥。

（2）学练建议

同“正手切削球”。

3. 上旋发球

上旋发球是网球比赛中常用的击球方式，其技术特点相比平击发球、侧旋球更难掌握，但也是成功率最高的一种发球方式。

注意事项

右手持拍将球扣在左手掌上，举到头部前上方，左臂微屈，左手手指朝上，右手持拍托住球的后下部位，小臂内旋将球向前上方拨出，结束时拍头指向前上方。

（1）动作要领

上旋发球与平击发球、侧旋发球击球要领基本相同，区别在于击球点位置、击打球的部位以及随挥轨迹的不同。上旋发球的击球点在头部上方微微靠前位置，击球时拍面自下向上击打球的后下部（6~7点钟位置），充分摩擦以产生强烈的上旋。

（2）学练建议

同模块一“平击发球”。

（二）基本战术学练

斜线对攻—用直线进攻对付浅球

（1）战术方法

斜线对攻保持击球深度，若对手回出浅球，在高于球网的高度抽球或利用切削球直线进攻。

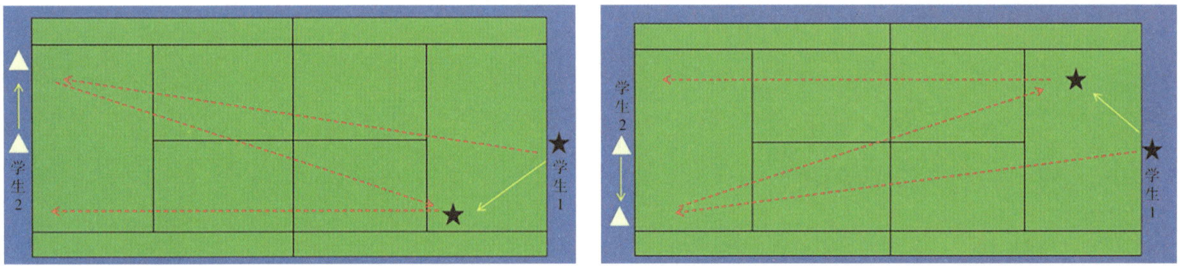

图 3-6-13 斜线对攻—用直线进攻对付浅球战术示意图

（2）学练建议

①练习方法 1：斜线对攻。两名学生进行斜线对攻。目标区域为 2 米宽的正方形（可根据水平扩大目标区域），当球落在目标区域内得 1 分，可根据实际情况计分或计时轮换。

②练习方法 2：单打线与双打线之间区域限时对抽。两名学生在单、双打线之间区域进行对攻练习，学生 1 只能使用正手，学生 2 只能使用反手，当球落在单、双打线之间区域内得 1 分，可根据实际情况计分或计时轮换。击球线路如图 3-6-15 所示。

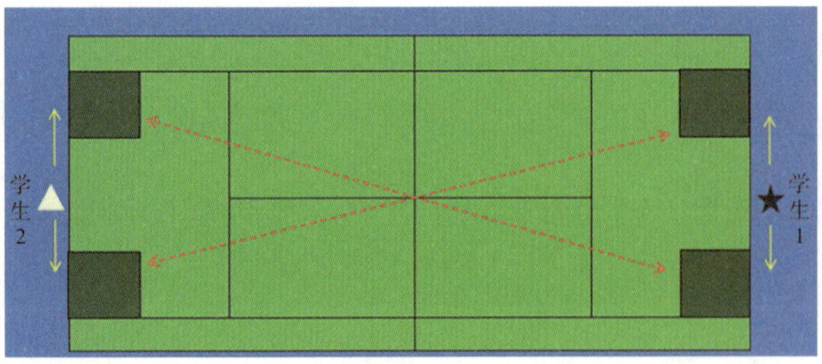

图 3-6-14 斜线对攻练习示意图

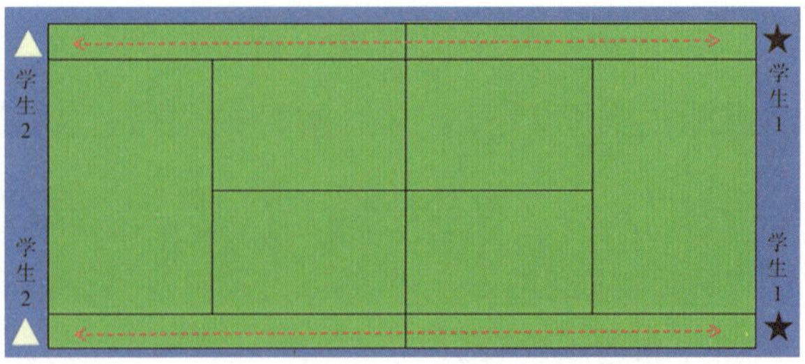

图 3-6-15 单打线与双打线之间区域限时对抽示意图

③练习方法 3：制胜球选择。两名学生进行 3~5 次斜线对攻，学生 2 回一板靠近边线的浅球。学生 1 可以回直线球直接得分，或者回一板斜线穿越。学生 2 回球成功，则学生 2 得 1 分；反之，则学生 1 得 1 分。击球线路、移动线路如图 3-6-16 所示。

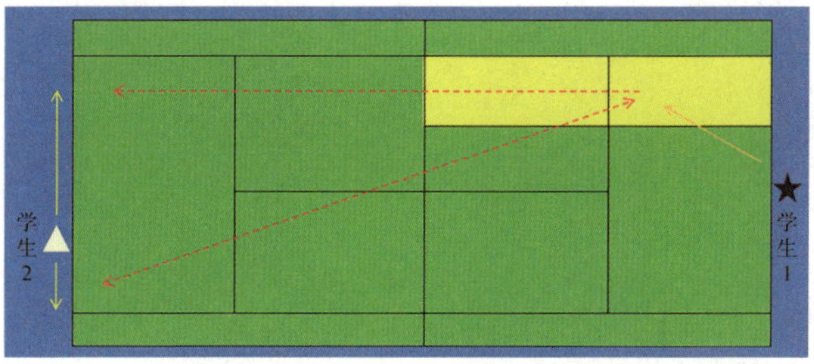

图 3-6-16　制胜球选择示意图

注意事项

注意过网高度并保持击球的连贯性和深度。像真正的比赛一样，保证每次击球后迅速回位而不是站在击球的位置。

（三）组合技能练习

4 种上旋球组合

（1）练习方法

一人在指定位置将球击打至练习者正手位，练习者依次击打 4 条线路，击打出 4 种上旋球。1~4 号线依次为 1 号线低平上旋球、2 号线挑高球、3 号线对角上旋球、4 号线小斜线。反手位线路与正手位相反。

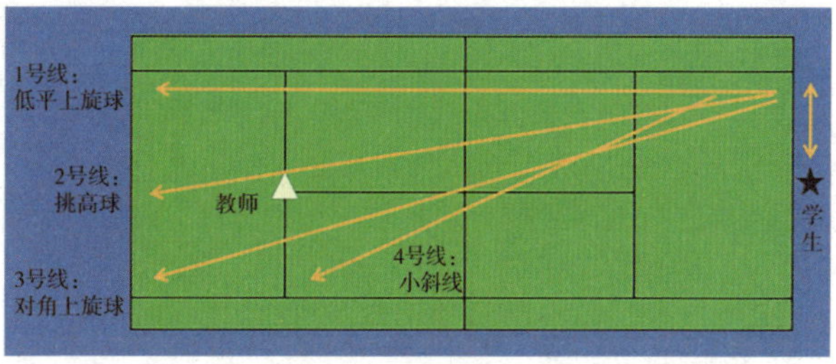

图 3-6-17　正手 4 种上旋球组合示意图

（2）练习要求

注意控制球的过网高度、深度，保持击球的连贯性。每次击球都采用相同的准备姿势，从而隐蔽回球方向。

三　参与网球比赛

请同学们登录课程平台，了解自己感兴趣的比赛活动的方法、要求和注意事项等，自行组织比赛，在竞赛中巩固学练成果。

模块一比赛有：简易比赛、发球区手抛球比赛、发球区颠球比赛。

模块二比赛有：7 分 /11 分制单打比赛、半场对拉比赛。

模块三比赛有：双打比赛、11 分制单打比赛。

四　实施自主评价

在前面学、练、赛的过程中，同学们对自己和身边同学的学习效果有了初步的评判，那么如何系统地评价自己对网球运动技战术的掌握程度和整个运动的理解程度呢？请同学们登录课程平台，进行系统、全面的自主评价。

五　训练专项体能

想要更好地发挥自己的水平，离不开专项体能的支撑。同学们需要不断地训练并提升自己的专项体能，为今后更好地参与网球运动，乃至在职场中展现出更好的身体素质打牢基础。

请同学们登录课程平台进行网球场见线折返跑、前后折返跑和扇形跑的专项体能训练。

第四单元

田径类运动

田径被称为运动之母。田径中的走、跑、跳、投是各项运动的基础，也是各专项运动的基本保障。练习田径运动不仅能为我们完成日常生活中与运动有关的活动提供基本的支撑，还能为我们完成各类职业活动提供助力。在远古时代，人们为了生存和生活，为了适应大自然，不得不完成相当长距离、快速度的走和跑，不得不跳过各种障碍以接近目标，不得不投掷石块和使用各种捕猎工具维持生计。当今社会飞速发展，生活节奏变快了，工作压力变大了，社会竞争变激烈了，同样需要我们具备基本的运动能力和良好的身体素质。本单元基于同学们的学习和未来发展需求，重点围绕奔跑、跳跃、投掷三类基本运动进行设计，以期提升同学们进行基础性运动的能力。

通过对田径类运动的学练，同学们不仅能练就跑、跳、投的本领，还能灵活自如地将这些基本能力运用于生活与工作之中。

项目一
跑

体育中国

中国田径协会于1954年在北京成立；陈跃玲于1992年在第25届巴塞罗那奥运会上为我国赢得第一枚径赛项目的奥运会金牌；刘翔于2004年获得第28届雅典奥运会110米跨栏项目金牌并在2006年瑞士田径超级大奖赛上以12秒88打破世界纪录的成绩夺冠；由苏炳添、谢震业、吴智强、汤星强组成的4×100米中国男子接力队在2020年东京奥运会上以37秒79的成绩夺得铜牌。

励志人物：苏炳添，我国短跑名将，在2020年东京奥运会上以9秒83的成绩打破100米短跑的亚洲纪录，成为历史上第一位站在奥运百米决赛赛道上的亚洲人，被《人民日报》称为“亚洲之光”。

学习目标

1. 了解跑的发展和不同项目的比赛规则，认识跑对促进身心健康、改善人体机能、培养品德意志的作用，理解跑的文化内涵及锻炼价值。

2. 掌握短跑、中长跑和接力跑等项目的技术动作要领，能够运用合理的方法自主进行体育锻炼，并根据自身体能状况选择适合的项目参与比赛；提高速度、耐力、力量、灵敏性等身体素质，提升相应的一般体能和专项体能。

3. 通过跑的练习，锻炼不怕困难、顽强拼搏、挑战自我的精神和品质，在比赛中树立尊重对手、公平竞争的意识，能够正确看待成功与失败，形成正确的体育乃至人生价值观。

一　了解跑的运动

跑是一项历史悠久、具有广泛群众基础以及较强锻炼价值的田径运动。跑是人体基本活动能力之一，也是绝大多数运动项目的基础。常见的跑项目包含短跑、中长跑、障碍跑、跨栏跑、接力跑以及马拉松，这些项目均具有高体能消耗、竞争激烈、比赛结果不确定等特点，是奥运赛场上涵盖奖牌数最多的比赛项目。短跑项目首次出现在第1届古代奥林匹克运动会上，并一直延续至今。中长跑运动兴起于古希腊，也是古代奥林匹克运动会的比赛项目。目前，世界100米短跑记录是由牙买加短跑运动员博尔特于2009年在德国柏林世界田径锦标赛中创造的9秒58。坚持跑步不仅能够发展体能、增强体质，更能够培养同学们顽强拼搏、挑战自我的精神，为将来更好地学习、生活提供坚实保障。

二 学练跑的技能

模块一：短跑

本模块设置了较为基础的技战术内容。其中，单项技术学练包括蹲踞式起跑、起跑后加速跑、途中跑、终点冲刺跑，以及课程平台中的途中跑；组合技能练习设置的是起跑加速跑组合练习，起跑加速转入途中跑组合练习，直道弯道技术结合练习，100 米、200 米全程练习。同学们学练本模块的内容，能提高基本的技术水平，为参与本模块设置的比赛提供保障，为后续模块的学练奠定基础。

（一）单项技术学练

1. 蹲踞式起跑

图 4-1-1 “各就位”

图 4-1-2 “预备”

图 4-1-3 “跑”

（1）动作要领

“各就位”：有力脚在前，脚尖距起跑线约一脚半距离，后腿后撤半步，膝盖跪地支撑。两臂撑于起跑线后沿地面，其间距略比肩宽，拇指相对，四指并拢呈“八”字支撑，颈部放松。

“预备”：臀部抬起，略高于肩，身体重心适当前移，注意力高度集中。

枪响或“跑”：两手迅速推离地面，躯干前倾，两臂前后大幅度摆动，两腿快速蹬摆，使身体迅速向前移动。

蹲踞式起跑时，手臂、躯干和下肢要稳定支撑身体，不要晃动。起跑时应有蹬地向前的意识，使身体保持较大的前倾状态，以最快速度蹬离地面或起跑器。

学一学

请同学们登录课程平台进行“起跑器的安装与使用”学习。

（2）学练建议

①进行“各就位”“预备”的分解动作练习。

②两人一组，一人练习蹲踞式起跑，另一人站在练习者的正前方，在其抬臂向前移重心时用双手抵住其肩膀，稳定支撑，帮助练习者体会重心前移。

③进行蹲踞式起跑完整动作练习。

④拓展练习：进行不同间隔时间的蹲踞式起跑练习，提高快速反应能力。

注意事项

1. 练习中应根据自身实际情况，调整蹲踞式起跑的角度和距离，保证在蹬离地面时能充分发挥肌肉最大力量，使身体向前跑出。
2. 两臂支撑要稳定，防止臀部抬起后身体过分前倾而摔倒。

2. 起跑后加速跑

（1）动作要领

当两脚蹬离地面或起跑器后，上体保持前倾姿态，两腿以最快速度交替蹬摆，两臂配合快速前后摆动。

（2）学练建议

①斜撑肋木或墙壁，进行快速高抬腿练习。

②身体直立，然后充分前倾接 30 米加速跑练习。

③在起跑线前画 6~7 条线，第一条线与起跑线距离 50~70 厘米，每两条线的间隔依次增加 10 厘米。练习者在起跑线后以较大的前倾角度快速跑出，每次尽可能踩在标志线上。

④拓展练习：在起跑线前 10~20 米处上方设橡皮筋，练习者加速通过，头不触碰橡皮筋。

注意事项

1. 起跑后加速的步幅不宜过大，尽量靠近身体重心的投影点，脚着地后迅速转入后蹬，加快两腿交替蹬摆的速度。
2. 起跑后的前几步，先沿两条近似平行的直线前进。随着速度的加快，两脚的落点逐渐向内靠拢。

议一议

请同学们登录课程平台学习“零抢跑”的相关内容，并讨论自己之前有无遇到类似情况，与同学分享相关经验。

3. 途中跑

（1）动作要领

上体直立，重心保持稳定，两腿以髋关节为轴快速交替摆动。前摆时，适度屈髋，高抬大腿，膝关节前移，前脚掌快速扒地，转为后蹬；随后，充分蹬伸髋、膝、踝，推动身体向前，迅速折叠小腿，屈髋前抬。两臂以肩关节为轴前后摆动。

①直道跑：保持重心稳定，在加大步幅的同时，以最高步频进行跑动。

②弯道跑：身体的重心向内倾斜，加大外侧摆臂的力度和幅度。

途中跑时，应做到步幅大，步频高，前抬充分，蹬伸有力，动作舒展。

（2）学练建议

①采用不同速度进行弓箭步原地摆臂练习。

②进行 50 米快速跑练习。

③以同一速度在不同弯道内跑动，或以不同速度在同一弯道内跑动，体会以不同跑速、在不同弯道半径下弯道跑身体内倾的感觉。

④拓展练习：间隔 1.5~1.8 米摆标志点，以最快速度跑过的同时，应尽量将脚踏在标志点内，稳定步幅和步频。

注意事项

1. 稳定身体重心，躯干不要过分晃动。
2. 两臂以肩关节为轴前后摆动，前摆手不要超过身体中线，后摆手肘关节稍内收，不要过分外张。

4. 终点冲刺跑

（1）动作要领

以最快速度冲过终点，到达终点线前的最后一步时肩胸主动向前压线，使躯干有效部位率先撞线。

（2）学练建议

①在终点处设横幅，体会撞线的感觉。

②进行 60 米匀加速跑，最后 20 米提速至最快，冲过终点。

③进行 30 米冲刺跑，以最快速度冲过终点。

④拓展练习：增加冲刺跑或匀加速跑的距离。

注意事项

冲过终点后，要继续向前缓冲一段距离再减速停下，切不可突然停住，以免造成运动损伤。

（二）组合技能练习

1. 起跑加速跑组合练习

（1）练习方法

4~5 人一组，一人发令，其余练习者采用蹲踞式起跑姿势，听口令完成 30 米起跑加速后，缓慢停下。

（2）练习要求

起跑反应迅速，以最快速度起动向前。

2. 起跑加速转入途中跑组合练习

（1）练习方法

4~5 人一组进行行进间 50 米跑，在 5 米和 15 米处设置标志桶。前 5 米采用小步快跑，调动身体；5~15 米身体前倾加速；15 米后缓慢抬起上体，加大步幅进行途中跑练习直至 50 米处。

（2）练习要求

起跑加速时应保持身体的前倾状态，以最快速度完成练习。

3. 直道弯道技术结合练习

（1）练习方法

从直道中间位置起跑，以最快速度通过弯道后缓慢减速；从弯道中间位置起跑，以最快速度进入直道后上身逐渐转为直立状态，匀速跑完整个直道。

（2）练习要求

在直道、弯道变化时注意体会身体重心的变化。

4. 100 米、200 米全程练习

（1）练习方法

采用蹲踞式起跑姿势，全力完成 100 米或 200 米跑。

（2）练习要求

起跑反应迅速，后蹬有力，前摆充分，步频快，重心稳。

模块二：中长跑

本模块在上一模块学练的基础上，进阶性地设置了新的学练内容。其中，单项技术学练包括站立式起跑、途中跑、弯道跑，以及课程平台中的途中跑的其他学练建议；组合技能练习设置的是跟随跑和冲刺加速练习。同学们学练本模块的内容，能够在掌握一定难度的单项技术和组合技能的基础上，参与本模块设置的比赛活动，并为难度更高的下一模块的学练做好铺垫。

图 4-1-4 站立式起跑

（一）单项技术学练

1. 站立式起跑

（1）动作要领

“各就位”：两脚前后开立站于起跑线后，两膝微屈，上体前倾，

重心落于前脚。手臂成摆臂姿势自然放于体侧（或两臂自然下垂），集中注意力。

枪响或“跑”：两腿快速蹬地向前跑出，两臂配合积极摆动，以较快的起跑速度占据有利战术位置。

（2）学练建议

①练习 30 米站立式加速跑。

②练习 100 米加速跑转为匀速跑。

③练习由最外侧跑道向内侧跑道切入加速跑。

学一学

请同学们登录课程平台学习“分道并道规则”。

注意事项

中长跑起跑同样要反应迅速，使身体快速摆脱静止状态，以较快速度向前跑出；占据有利战术位置后，可以进入有节奏的途中跑。

2. 途中跑

（1）动作要领

上体保持直立稍前倾的状态，躯干稳定，两手采用半握拳姿势，两臂屈肘 90°，以肩关节为轴进行前后摆动。两腿以稳定的步幅和节奏交替蹬摆，动作轻松自然。跑动中要保持稳定的适合自己的呼吸节奏，能够根据不同的速度和体能变化积极调整呼吸。

试一试

请同学们登录课程平台学习“呼吸方法与节奏”，并自己练习。

注意事项

练习过程中要学会自主监测心率，一般采用按压颈动脉的方式，连续监测 10 秒，了解自身的运动负荷情况。当身体不适时，要第一时间报告教师并采取有效措施进行缓解。

（2）学练建议

①做原地摆臂呼吸练习，体会正确的呼吸节奏。

②跟随音乐进行匀速跑。选择节奏性强且适合中长跑速度的音乐，控制跑速，在跑动中体会呼吸节奏与步伐节奏的统一。

③定时跑，在规定时间内完成 800 米或 1 000 米跑，提高对速度的把控能力。

④拓展练习：延长跑动距离、提高跑动速度或缩短间歇时长等。

注意事项

进行弯道跑时，应尽可能贴近跑道内侧，但脚不得触及内侧跑道线。若选择从弯道超入，必须从外侧超越。

3. 弯道跑

（1）动作要领

中长跑弯道技术与短跑技术较为一致，注意保持上体直立稍内倾的状态，加大外侧摆臂幅度。

（2）学练建议

以匀速跑状态重复多次进行弯道跑练习。

注意事项

中长跑结束后需要及时进行走动和慢跑，以缓解肌肉紧张和疲劳，消除乳酸堆积，不能立刻坐下或蹲下，防止出现安全隐患。

4. 终点跑

（1）动作要领

同短跑技术一致。

（2）学练建议

参考短跑的相关练习。

议一议

请同学们登录课程平台了解“极点”现象，分享自己克服该现象的经历。

（二）组合技能练习

跟随跑和冲刺加速练习

（1）练习方法

将运动水平相近的 4~5 人分为一组，进行 2 000~3 000 米中速跑。跑动中所有人轮流进行领跑，其余人进行跟随跑。最后 100 米由弯道进入直道后，全员全力进行冲刺，提高跟随跑和最后冲刺加速的能力。

（2）练习要求

在跟随跑过程中，要选择有利位置，跟在领跑人身后或侧身后，适应领跑人的节奏，保存体力，为最后加速冲刺做准备，建立中长跑正确的战术意识。

模块三：接力跑

本模块难度有所增加，在单项技术学练方面设置了起跑、传接棒；组合技能练习设置了站立式起跑 + 接棒技能练习、冲刺加速 + 传棒技能练习，以及课程平台中的传棒 + 接棒技能练习。本模块的学习有助于同学们参与更高要求的比赛。

（一）单项技术学练

图 4-1-5　接棒人起跑姿势（第 3 棒）

图 4-1-6　接棒人起跑姿势（第 2、4 棒）

1. 起跑

（1）动作要领

①比赛中，第 1 棒运动员采用蹲踞式起跑姿势，右手持接力棒末端，不得使接力棒触及起跑线或起跑线前的地面，起跑技术与短跑起跑技术基本相同。

②其余棒次运动员采用半蹲踞式或站立式起跑姿势，接棒选手在接力区内做好起跑姿势，稍向后转头查看传棒者的位置，当其跑至自己的起动标志时，迅速向前跑出。接棒者预判要准确，蹬地起动要迅速果断。

注意事项

1. 手持接力棒进行蹲踞式起跑时，可将身体重心向非持棒手一侧略微倾斜，防止右手支撑手指力量不足出现安全隐患。
2. 接棒者起跑后，应迅速将头转向前方，用耳朵听传棒者指令，防止重心不稳而偏离自己的跑道，影响其他小组比赛。
3. 进入弯道时应借助接力棒加大外侧摆臂幅度，使身体更好地向内倾斜。

（2）学练建议

①做持棒蹲踞式起跑练习。

②做持棒弯道跑练习。

③两人一组进行接棒起跑练习。传棒者匀速跑动，接棒者准确判断起动时机，加速向前跑出，完成传接棒。

④拓展练习：传棒者以不同跑速传棒，接棒者练习预判能力。

起跑持棒手形、4 × 100 米（400 米）接棒人起跑注意事项、接力跑棒次安排及接力区相关知识，请同学们登录课程平台认真学习、了解。

2. 传接棒

（1）动作要领

①传棒：在距离接棒者 1.5~2 米处发出“接”的信号，找准时机，在接力区内采用正确的方式将接力棒传至接棒者的手中。

②接棒：跑动中听到传棒者发出“接”的信号时，迅速向后伸臂，采用正确的接棒手形做好准备，在手触到接力棒的瞬间迅速抓紧，向前冲出。跑动中接棒手臂尽可能保持稳定，不出现大幅晃动。

传接棒技术动作包含上挑式、下压式、混合式及前推式四种，同学们可以选择适合自己的方式练习。

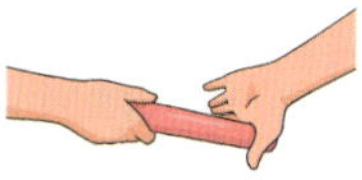
图 4-1-7
上挑式传接棒

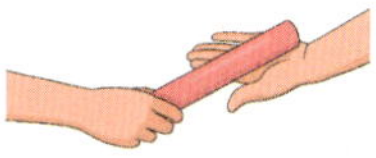
图 4-1-8
下压式传接棒

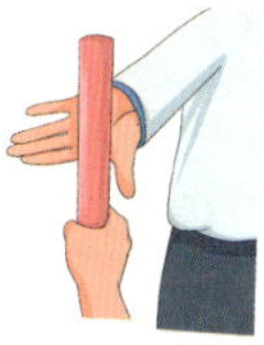
图 4-1-9
前推式传接棒

①上挑式传接棒：接棒者手臂向后自然伸出，与躯干成 40°~45° 夹角，拇指与四指自然张开，虎口向下，掌心向后。传棒者待接棒者伸出手后，将棒的前端由下向前上方挑入接棒者手中，完成传接。

②下压式传接棒：接棒者手臂向后伸展，与躯干成 50°~60° 夹角，四指并拢，拇指张开，虎口向后，掌心向上。传棒者待接棒者伸出手后，将棒的前端由上向下压入接棒者手中，完成传接。

③混合式传接棒：结合上挑式和下压式传接棒技术优点，1、2 棒运动员采用上挑式完成传接；2、3 棒运动员采用下压式完成传接；3、4 棒运动员采用上挑式完成传接。

④前推式传接棒：接棒者手臂向后侧方自然伸出，与躯干成 60°~80° 夹角，手腕后压，拇指向下与四指自然分开，掌心向后。传棒者待接棒者伸手后，将接力棒直立沿水平方向向前推出，把棒的顶部推入接棒者手中，在高速跑动中顺利完成传接。

（2）学练建议

①原地摆臂进行传接棒徒手模仿练习。

②2 人一组，左右交错站立，进行原地摆臂传接棒练习（传棒者始终持棒，接棒者的手触棒后立即松开，继续摆臂，等待下一次传接）。

③4 人一组，左右交错站立，进行原地摆臂传接棒练习。每一棒完成传接后，迅速从队伍两侧（第 1、3 棒从左侧，第 2、4 棒从右侧）跑至队伍最前端，等待下一次传接。

④拓展练习：2 人或 4 人一组，在慢跑或中速跑过程中进行传接棒练习。

（二）组合技能练习

1. 站立式起跑 + 接棒技能练习

（1）练习方法

2 人一组，传棒者进行短程加速跑传棒；接棒者站在接力区内，进行完整的起动、接棒练习；2 人完成传接棒后，接棒者继续向前跑动 50 米后缓慢停下。重复进行。

（2）练习要求

起动迅速，接棒稳定且反应速度快。

2. 冲刺加速＋传棒技能练习

（1）练习方法

2人一组，练习者持棒，从400米跑道的弧顶（右传左接）或百米中点（左传右接）出发，以最快速度进行最后的冲刺加速。准确判断自己与接棒者的距离，大声喊出“接”的口令，待接棒者伸出手后，将接力棒以正确的方式传给接棒者，之后跟随跑动10米左右缓慢停下。

（2）练习要求

同伴间密切配合，确保传接棒过程完整流畅。

三 参与奔跑比赛

请同学们登录课程平台，了解自己感兴趣的比赛活动的方法、要求和注意事项等，自行组织比赛，在竞赛中巩固学练成果。

模块一比赛有：快速反应比赛、班级百米挑战赛、迎面接力赛、百米追逐赛。

模块二比赛有：3 000米个人挑战赛、校园简易定向越野赛、小组积分赛。

模块三比赛有：圆环接力赛、异程接力挑战赛。

四 实施自主评价

在前面学、练、赛的过程中，同学们对自己和身边同学的学习效果有了初步的评判，那么如何系统地评价自己对跑的技战术掌握程度和整个运动的理解程度呢？请同学们登录课程平台，进行系统、全面的自主评价。

五 训练专项体能

想要更好地发挥自己的水平，离不开专项体能的支撑。同学们需要不断地训练并提升自己的专项体能，为今后更好地参与跑的有关运动，乃至在职场中展现出更好的身体素质打牢基础。

请同学们登录课程平台进行60米快速跑、杠铃高翻、快速跑格练习和400米重复跑练习的专项体能训练。

项目二
跳 跃

体育中国

我国跳高名将朱建华于 1984 年获得洛杉矶奥运会男子跳高铜牌，职业生涯中多次打破世界纪录。

学习目标

1. 掌握挺身式跳远、三级跳远和跳高的动作技术要领，了解挺身式跳远、三级跳远、跳高的价值和作用。

2. 能在跳跃助跑时做到轻快放松、富有节奏，有调控速度的能力；助跑和起跳技术衔接流畅，能把握挺身式跳远空中挺身动作的时机和技术的完整性、三级跳远的摆动落地和三跳节奏、跳高的空中过杆技术和平衡状态；能做出挺身式跳远、三级跳远和跳高的落地缓冲动作；能将所学的跳远、跳高技术运用到日常生活中。

3. 锻炼吃苦耐劳、顽强拼搏、果敢坚韧、团结协作的品质；提高思想觉悟，坚守职业操守，为社会主义现代化建设作出自己的贡献。

一　了解跳跃运动

跳跃运动是利用水平推进速度，采用快速起跳将水平速度转换成一定的垂直速度，获得最大高度和远度的运动项目，是绝大多数运动的基础。跳跃类项目包括跳高类项目（含跳高、撑杆跳高）和跳远类项目（含跳远、三级跳远）。现代跳高运动始于欧洲，男、女跳高分别于 1896 年、1928 年被列为奥运会正式比赛项目；现代跳远运动始于英国，男、女跳远分别于 1896 年、1948 年被列为奥运会正式比赛项目。跳跃类项目集速度、力量、协调性和平衡能力于一体，对发展速度、力量、灵敏性和协调性等身体素质具有重要的作用，对同学们今后从事对上下肢力量、腰腹力量和灵活度要求较高的职业有较大帮助，利于培养积极向上、顽强拼搏和超越自我的精神品质。跳跃类项目是全运会、亚运会和奥运会田径比赛的必设项目。多年来我国运动员在世界田径舞台上取得了令人瞩目的成绩，展现了我国跳跃运动员骄人的英姿。

二 学练跳跃技能

模块一：挺身式跳远

本模块设置了跳跃运动中较为基础的技术内容——挺身式跳远。其中，单项技术学练包括助跑、起跳、空中、落地；组合技能练习设置的是起跳加空中动作练习、6～8 步助跑挺身式跳远练习，以及课程平台中的助跑 + 起跳练习、空中动作 + 落地练习、全程助跑挺身式跳远练习。同学们学练本模块的内容，能提高基本的技术水平，为参与本模块设置的比赛提供保障，为后续模块的学练奠定基础。

（一）单项技术学练

图 4-2-1 站立式起跑

图 4-2-2 走、慢跑或垫步起跑

1. 助跑

（1）动作要领

采用站立式、慢跑或垫步起动加速跑。加速时可选择平稳加速或积极加速获得最大可控速度。当助跑到最后几步时，要求保持步幅、加快步频，或适当缩短步幅、加快步频进入最后起跳阶段。助跑起动时，要控制重心，起动加速应放松，加速时推进感强，速度不断加快。最后几步动作应放松流畅，顺势跑进起跳。

（2）学练建议

①进行站立式起跑练习。

②进行走、慢跑或垫步起跑练习。

③进行倒跑式丈量和脚步式丈量练习。

④拓展练习：可通过节拍器和标志物进行助跑节奏练习。

> **注意事项**
>
> 1. 起动加速时要控制好身体重心，在即将失去重心的瞬间蹬地起动。
> 2. 加速跑动时要充分体会用髋、膝、踝由上至下发力的顺序，放松加速，节奏清晰。
> 3. 最后几步助跑要积极加速，不能降速。

2. 起跳

（1）动作要领

助跑最后几步积极跑向起跳板，采用“走板”式起跳。起跳脚着板时，上体保持正直，由后脚跟触及板面迅速滚动至全脚掌，起跳脚几乎伸直，摆动腿积极折叠前摆；起跳瞬间利用助跑速度惯性和身体重力作用，使髋、膝、踝快速弯曲缓冲，同时髋部迅速前移；当重心移至起跳脚时，快速完成蹬地，充分蹬伸髋、膝、踝三关节。此时将腿积极向前上方摆动至水平位置，两臂协同腿部动作向前上方摆动至肩平，并有意识“突停”完成起跳。助跑最后几步积极加速，充分利用速度惯性和重力作用。起跳时要采用积极带动髋位移的大腿摆动“走板”滚动式起跳，摆动腿积极折叠前摆，两臂积极协同摆动，形成合力完成起跳。

（2）学练建议

①进行原地摆臂练习。

②进行高抬腿踏步起跳练习。

③进行摆臂和起跳协同练习。

④拓展练习：可采用3~5步连续腾空步练习。

注意事项

与助跑部分的注意事项相同。

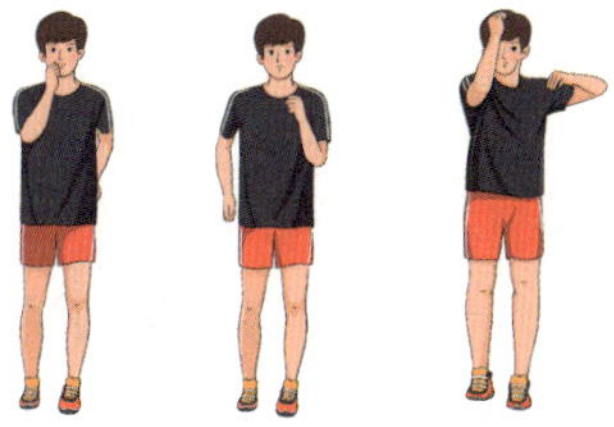

图4-2-3　原地摆臂

图4-2-4　高抬腿踏步起跳

图4-2-5　摆臂和起跳协同

图4-2-6　3~5步连续腾空步

3. 空中

（1）动作要领

起跳腾空后，积极下放摆动腿挺髋，摆动腿向身后起跳腿靠拢。两臂从腾空步开始时一前一后摆动。当摆动腿下放时，两臂同时向下后摆动，肩和头稍做向后运动，并挺胸、送髋使躯干微屈成反弓状。起跳时起跳腿髋、膝、踝充分蹬伸，摆动腿充分摆腿并积极下放，躯干保持重心稳定，肩关节略提肩并随前后摆动。空中挺身时充分挺髋，两臂及摆动腿积极协同摆动。

注意事项

起跳腾空步的时间较蹲踞式短，摆动腿放腿应积极主动，挺髋时注重髋的摆动，不要挺肚子。空中形成反弓状时，要充分拉长腹肌，背部协同紧张，为收腹举腿做蓄力准备。

图4-2-7　原地挺身式跳远

（2）学练建议

①进行原地挺身式跳远模仿练习。

②进行单双杠放腿挺髋模仿练习。

③进行高台跳下挺身练习。

④拓展练习：进行助跳板起跳摆臂放腿练习。

图4-2-8　单双杠放腿挺髋

图4-2-9　高台跳下挺身

图 4-2-10 助跳板起跳摆臂放腿

4. 落地

（1）动作要领

> **注意事项**
>
> 充分借用空中挺身形成反弓的力量屈膝收腹举腿，切记不要挺肚子。举腿时双臂积极摆动，落地时积极屈膝缓冲，实现重心快速前移。

空中形成微反弓状之后，借用腰髋反弓力量，顺势收腹举腿，两臂向上向前摆动，同时两膝积极向胸部靠拢，小腿和两臂前伸，接着两臂顺势向后摆动，双脚着地，身体重心前移过落地点，完成落地。挺髋借力、屈膝、收腹动作协调流畅，收腹时膝盖尽量靠近胸部，举腿高度靠近水平位置，双臂由上向前、向后摆动积极，落地屈膝缓冲帮助重心前移。

（2）学练建议

①进行原地挺身式放腿收腹落地模仿练习。

②进行单双杠放腿挺髋收腹举腿模仿练习。

③进行垫上跪跳起坐垫练习。

图 4-2-11 原地挺身式放腿收腹落地

图 4-2-12 单双杠放腿挺髋收腹举腿

图 4-2-13 垫上跪跳起坐垫

④拓展练习：进行助跳板起跳挺身收腹举腿练习。

图 4-2-14 助跳板起跳挺身收腹举腿

（二）组合技能练习

1. 起跳加空中动作练习

（1）练习方法

采用6~8步助跑，快速起跳形成空中腾空步后，摆动腿向下后方积极放腿。

（2）练习要求

起跳快速有力，空中挺髋积极，上下肢动作协调。

2. 6~8步助跑挺身式跳远练习

（1）练习方法

面向沙坑，快速助跑6~8步，完成完整的挺身式跳远。

（2）练习要求

不断加快起跳速度，提高快速跑跳能力。

模块二：三级跳远

本模块在上一模块学练的基础上，进阶性地设置了三级跳远运动这一新的学练内容。其中，单项技术学练包括助跑、单脚跳、跨步跳、三级跳远；组合技能练习设置的是6～8步助跑连续多级单脚跳或跨步跳练习、6～8步助跑连续单—跨—单多级跳练习，以及课程平台中的6～8步助跑连续多级跨步跳练习、6～8步助跑连续单—跨—跨多级跳练习、6～8步助跑左右跳远练习。同学们学练本模块的内容，在掌握一定难度技术和组合技能的基础上，能够参与本模块设置的比赛活动，并为难度更高的下一模块的学练做好铺垫。

（一）单项技术学练

1. 助跑

（1）动作要领

采用站立式、慢跑或垫步起动加速跑，加速时可选择平稳加速或积极加速从而获得最大可控速度。当助跑到最后几步时，保持高重心，身体正直或稍前倾，正常向前跑动，最后一步积极快速放腿。大腿抬腿高度略低于前几步抬腿高度，摆动腿和双臂更加积极摆动，加快跑进速度准备起跳。助跑起动时，要控制重心，起动加速应放松，加速时推进感强，速度不断持续加快。最后几步要求动作放松流畅，顺势加速跑进起跳。

（2）学练建议

①进行站立式起跑练习。

②进行走、慢跑或垫步起跑练习。

③进行倒跑式丈量和脚步式丈量练习。

> **注意事项**
>
> 1. 起动加速时要控制好身体重心，在即将失去重心的瞬间蹬地起动。
> 2. 加速跑动时要充分体会用髋、膝、踝由上至下发力的顺序，放松加速，节奏清晰。
> ③最后几步助跑要保持动作结构，积极加速，准备起跳。

④拓展练习：可采用节拍器或标志物进行助跑节奏练习。

2. 单脚跳

（1）动作要领

采用单臂摆和双臂摆做向前单脚跳跃，跳跃时大小腿充分折叠前摆，落地时做大腿下压扒地、全脚掌滚动练习。注重向前上方跳起，落地积极扒地，摆动腿积极折叠前摆。

注意事项

单脚跳时要求大腿积极摆动，落地积极滚动扒地，两臂积极协同摆动，身体重心保持稳定。

（2）学练建议

①进行原地单臂摆或双臂摆练习。

②进行原地上下肢协调模仿练习。

③进行单脚支撑向前跳起、单脚支撑落地练习。

④拓展练习：可进行小幅度向前连续单脚跳练习，逐渐过渡到大幅度跳跃。

图 4-2-15　原地单臂摆或双臂摆

图 4-2-16　原地上下肢协调

图 4-2-17　单脚支撑向前跳起、单脚支撑落地

图 4-2-18　小幅度向前连续单脚跳

3. 跨步跳

（1）动作要领

采用单臂摆和双臂摆向前上方跳跃，跳跃时大小腿充分折叠前摆，落地时大腿下压、快速滚动着地；同时摆动腿积极前摆，左右脚交换练习。起跳脚扒地积极，髋、膝、踝三关节用力的顺序应正确，摆动腿摆动积极，双臂摆动协调一致。

注意事项

跨步跳时要求充分摆腿，落地快速滚动着地，两臂积极协同摆动，身体重心保持稳定。

（2）学练建议

①原地摆臂摆腿。

②进行单脚支撑摆动向前跳练习。

③进行小幅度跨步跳练习。

④进行逐渐加大幅度跨步跳练习。

⑤拓展练习：可进行多级连续跨步跳练习。

图 4-2-19　原地摆臂摆腿

图 4-2-20　单脚支撑摆动向前跳

图 4-2-21　小幅度跨步跳

4. 三级跳远

（1）动作要领

助跑到最后一步时，起跳脚用全脚掌积极自然跑向起跳板，大腿快速积极下落，着地后及时屈膝、屈踝，使上体和髋关节迅速前移，同时摆动腿前摆，两臂积极协同前摆，随着重心前移，髋、膝、踝三关节充分蹬伸完成第一跳动作。紧接着摆动腿积极下放，起跳脚折叠摆动，两臂协同摆动，完成空中复步动作。当身体的重心从最高点下落时，起跳腿继续高抬，摆动腿继续后摆。同时双臂由前向后积极摆动，紧接着起跳脚积极下压前伸，做出向后扒地动作；摆动腿积极前摆，两臂协同摆动，完成第二跳动作。当摆动腿摆至最高点时，积极下压大腿，前伸小腿，向下、向后快速做出扒地动作，做出向上跳跃动作。当腾空至最高点时，收腹举腿，双臂向上经前向后摆动，屈膝缓冲落地。第一跳充分利用助跑的水平速度，积极上板顺步快速起跳，向前上方跳起，完成空中复步动作，摆动腿和两臂向前上方积极摆动；第二跳腾空的高度相对其他两跳要低，摆动腿积极前摆，跨步跳腾空要充分，上体保持稍前倾姿势；第三跳由于水平速度下降，起跳时尽量积极下压大腿，获得最大的垂直速度，为第三跳的最大远度提供保证。

（2）学练建议

①反复练习跑跳结合技术（第一跳技术）。

②反复练习跨步跳技术（第二跳技术）。

③反复练习多级跳落地技术（第三跳技术）。

④拓展练习：可进行不同距离的半程或全程完整技术练习。

注意事项

第一跳技术是关键，助跑倒数 2~3 步，保持跑动时的重心，积极向前跑进，完成“攻板”，利用向前跑动的速度完成起跳；第二跳积极下压和摆臂、摆腿，积极向下后方扒地，实现第二步充分跨步腾空；第三跳要求起跳积极下压大腿，努力获得最大的垂直速度，争取第三跳的最大远度。

（二）组合技能练习

1. 6~8 步助跑连续多级单脚跳或跨步跳练习

（1）练习方法

在草地上助跑 6~8 步，完成连续多次的单脚跳或跨步跳练习。

（2）练习要求

要求第一跳起跳延续助跑的动作结构，后两步助跑积极完成起跳，跑跳衔接流畅；每一跳充分扒地，向前性好。

2. 6~8 步助跑连续单—跨—单多级跳练习

（1）练习方法

在草地上助跑 6~8 步，分别完成单—跨—单的多次跳跃练习。

（2）练习要求

要求第一跳起跳延续助跑的动作结构，后两步助跑积极完成起跳，单脚跳与跨步跳、跨步跳与单脚跳衔接流畅；跳跃时扒地充分，节奏感强，向前性好。

模块三：背越式跳高

本模块难度有所增加，在单项技术学练方面设置了助跑、起跳、过杆和落地；组合技能练习设置了 4 ~ 6 步助跑背越式跳高练习、全程助跑背越式跳高练习，以及课程平台中的弧线助跑摸高练习、连续 3 步助跑起跳练习、全程助跑跳上跳高垫练习。本模块的学习有助于同学们参与更高要求的背越式跳高比赛提供重要保障。

（一）单项技术学练

1. 助跑

（1）动作要领

背越式跳高助跑采用“J”字形曲线进行，直线助跑为 4~8 步，曲线助跑为 3~4 步。起动方式有行进间起动和原地起动两种，加速跑进时身体重心高而平稳，上体适当前倾，后蹬充分有力，前摆积极主动，脚着地时靠近身体重心投影点，两臂配合大幅度摆动。进入弧线段时身体逐渐向内倾斜，加大外侧臂和腿的摆动幅度，加速跑进起跳点，为起跳做准备。

直线段为助跑加速阶段，跑动轻松自然、有弹性、节奏感强。弧线助跑时身体内倾，跑动积极，获得足够的水平速度和向心力，进入最后起跳阶段。

注意事项

助跑时注重水平速度，结合自身特点丈量助跑步点，强化弧线跑技术，注重全程助跑节奏，突出助跑可控速度和弧线跑产生的向心力。

（2）学练建议

①进行圆圈加速跑练习。

②进行持杆弧线跑练习。

③丈量助跑步点。

图 4-2-24　丈量助跑步点

图 4-2-22　圆圈加速跑

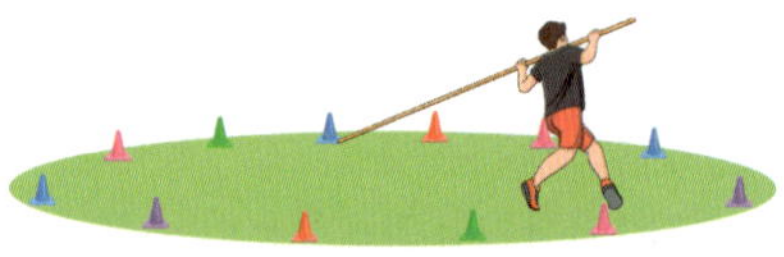

图 4-2-23　持杆弧线跑

④拓展练习：可进行不同距离的全程助跑练习。

图 4-2-25　全程助跑

2. 起跳

（1）动作要领

最后一步摆动腿支撑过重心垂直面后，起跳腿积极踏向起跳点，此时摆动腿蹬地有力，身体保持内倾姿势向前送髋，起跳腿的一侧髋积极超越摆动腿的髋，使肩轴几乎与横杆垂直，形成髋轴和肩轴扭紧状态。接着起跳腿大腿积极下压做扒地动作，摆动腿积极协同摆动，双臂由前向后向上积极摆动，同时起跳腿迅速做缓冲和蹬伸动作，完成起跳。最后一步踏步起跳积极，摆动腿向上向前摆动，两臂积极协同摆动，身体保持向内倾斜，肩轴和髋轴充分扭紧，髋、膝、踝蹬伸充分。

（2）学练建议

①进行迈步送髋练习。

②进行原地屈膝摆腿练习。

③进行原地屈膝摆腿转体 180° 练习。

注意事项

起跳是跳高的关键一环。起跳应积极，摆臂和摆腿应协同一致，体会起跳时髋部积极前移和发力的感觉。

图 4-2-26 迈步送髋

图 4-2-27 原地屈膝摆腿

图 4-2-28 原地屈膝摆腿转体 180°

④拓展练习：可进行助跑连续起跳练习或助跑摸高练习。

图 4-2-29 助跑连续起跳

图 4-2-30 助跑摸高

3. 过杆和落地

（1）动作要领

起跳离地之后，保持伸展姿势向上腾起，在摆动腿和同侧臂的摆动下，加速向身体纵轴旋转，随后摆动腿的同侧臂和肩顺着身体重心的运动方向向上前方攻杆，同时借助摆动腿的上摆力量提高髋的位置。当头和肩越过横杆后，及时仰头、倒肩和展体，并利用身体重心向上的惯性积极挺髋，两小腿稍向后收形成背弓姿势，两臂置于体侧并向内伸展。当身体重心移过横杆时，及时含胸收腹，髋部发力带动大腿和小腿向上方甩腿，身体脱离横杆落地。过杆时要求仰头、倒肩、展体、挺髋形成背弓，当身体即将脱离横杆时，髋部发力，大腿带动

注意事项

过杆是决定跳高成败的重要技术环节。过杆时动作应连贯，富有节奏感，注重腿和两臂摆动、身体腾起位置及本体感觉，强调髋的高度和位移变化。

小腿向上方甩动落垫。

（2）学练建议

腾起时身体的位置要有攻杆意识，摆动腿摆动时要向前上摆动，两臂体侧控制和摆动要积极，杆上挺髋、髋部发力、含胸收腹要及时。

①进行垫上挺髋练习。

②进行原地肩背着垫练习。

③进行原地跳起后倒着垫练习。

④拓展练习：可进行原地双脚或助跑跳过橡皮带着垫练习。

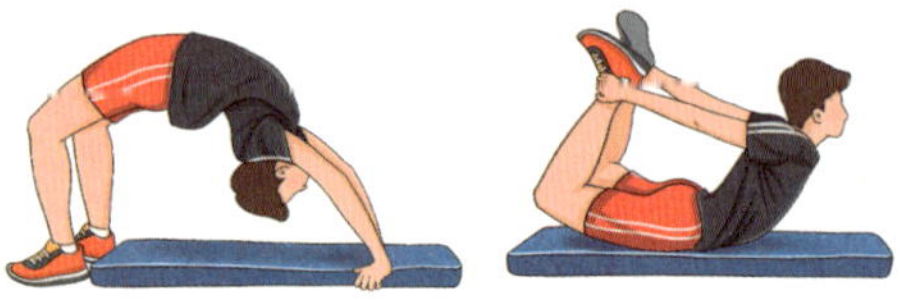

图 4-2-31　垫上挺髋

图 4-2-32　原地肩背着垫

图 4-2-33　原地跳起后倒着垫

图 4-2-34　原地双脚跳过橡皮带

（二）组合技能练习

1. 4~6 步助跑背越式跳高练习

（1）练习方法

采用 4~6 步助跑完成完整的背越式跳高练习。

（2）练习要求

弧线助跑积极，起跳快速，摆动腿积极摆动，及时挺髋收腿。

2. 全程助跑背越式跳高练习

（1）练习方法

采用 8~12 步的全程助跑，完成完整的背越式跳高练习。

（2）练习要求

弧线助跑积极，起跳快速，摆动腿积极摆动，及时挺髋收腿，要有安全的落地意识。

三　参与跳跃比赛

请同学们登录课程平台，了解自己感兴趣的比赛活动的方法、要求和注意事项等，自行组织比赛，在竞赛中巩固学练成果。

模块一比赛有：腾空步跳起摸固定标志比赛，固定区域起跳挺身式跳远比赛，多种跳跃比赛，班级、校级及以上级别挺身式跳远比赛。

模块二比赛有：助跑十级单脚跳或跨步跳比赛，班级、校级及以上级别三级跳远比赛，立定五级跳比赛。

模块三比赛有：原地纵跳或助跑摸高比赛，班级、校级及以上级别跳高比赛，背弓下桥比赛。

四　实施自主评价

在前面学、练、赛的过程中，同学们对自己和身边同学的学习效果有了初步的评判，那么如何系统地评价自己对跳跃运动技战术的掌握程度和整个运动的理解程度呢？请同学们登录课程平台，进行系统、全面的自主评价。

五　训练专项体能

想要更好地发挥自己的水平，离不开专项体能的支撑。同学们需要不断地训练并提升自己的专项体能，为今后更好地参与跳跃运动，乃至在职场中展现出更好的身体素质打牢基础。

请同学们登录课程平台进行原地快速高抬腿、级跳和米跳、杠铃半蹲和全身拉伸的专项体能训练。

项目三 投掷

体育中国

我国田径运动员巩立姣于2017年获得伦敦田径世锦赛女子铅球冠军；在2020年东京奥运会上获得女子铅球金牌，这是我国在田赛项目上获得的首枚奥运会金牌。刘诗颖获得2020年东京奥运会女子标枪金牌，这是我国在田赛项目上获得的第二枚奥运会金牌。王峥获得2020年东京奥运会女子链球银牌。我国健儿在2020年东京奥运会上的出色表现，标志着我国田赛项目步入新的历史高度。

学习目标

1. 能说出侧向滑步推铅球、掷铁饼和掷标枪的动作技术要领，能描述侧向滑步推铅球、掷铁饼和掷标枪的价值与作用。

2. 能在滑步、上步和助跑交叉步时，做到轻快放松、富有节奏；加速与最后用力技术衔接流畅，能把握侧向滑步推铅球的最后用力的时机和技术的完整性，上步掷铁饼的摆饼上步和最后用力的协调性，以及掷标枪的助跑节奏和交叉步接最后鞭打的流畅性；能做出各项技术用力完成后的缓冲动作；能将所学的投掷技术原理运用到日常生活中。

3. 养成吃苦耐劳、顽强拼搏、果敢坚韧、团结协作的品质；提高思想觉悟，坚守职业操守。

一 了解投掷运动

投掷运动是利用人体结合器械进行水平推进加速或旋转加速，采用快速顶推或鞭打器械，将加速度与力转换到器械上，以获得最大高度和远度的斜抛运动项目。投掷类项目包括铅球、铁饼、标枪和链球等，其中标枪是通过助跑加速进行投掷的运动项目。1906年，掷标枪成为奥运会正式比赛项目。链球起源于中世纪苏格兰矿工在劳动之余用带木柄的生产工具铁锤进行的掷远比赛，男、女链球分别于1900年、2000年被列为奥运会比赛项目。投掷类项目集爆发力、协调性和平衡能力于一体，对发展绝对力量、爆发力、协调性和平衡能力等身体素质具有重要的作用，对同学们今后从事对上下肢力量、腰腹力量要求较高的职业有较大帮助，有利于培养积极向上、顽强拼搏和超越自我的精神。

二　学练投掷技能

模块一：侧向滑步推铅球

本模块设置了投掷运动中较为基础的技术内容——侧向滑步推铅球。其中，单项技术学练包括握球持球、原地推铅球、侧向滑步；组合技能练习设置的是弹力带侧向滑步接最后用力模仿练习、侧向滑步推铅球练习。同学们学练本模块的内容，能提高基本的技术水平，为参与本模块设置的比赛提供保障，为后续模块的学练奠定基础。

（一）单项技术学练

1. 握球持球（以右手投掷为例）

（1）动作要领

五指自然分开，将球放在食指、中指、无名指的指根部，拇指和小指握在球的两侧，以保持球的稳定。握好球后，将球放到锁骨内端上方，贴近颈部，头部略向右转，掌心向内，右肘抬起，右上臂与躯干约呈 90°，躯干保持正直。将球放在指根部，掌心空出，手腕与小臂略微保持紧张状态，大臂与肩膀尽量放松，将球紧贴锁骨内端上方和颈部，保持大臂与地面平行。

（2）学练建议

①进行连续抓球练习。

②进行对地推拨球练习。

③进行向上推拨球练习。

图 4-3-1　握球持球

④拓展练习：可采用不同质量和大小的球进行抓、拨练习。

> **注意事项**
> 1. 手指充分活动开，注意脚下安全。
> 2. 手指、手腕充分活动开，发力推球时注意方向，注意脚下安全。
> 3. 持球接触位置正确，体会由下至上的发力顺序，出球后注意安全。

2. 原地推铅球

（1）动作要领

发力时，右腿用力蹬转，左腿用力支撑，加速髋部向前转送，形成发力前蓄势待发的侧弓形用力姿势。接着右腿继续转蹬，微屈的左腿用力支撑，髋部转到正对投掷方向，并继续牵拉肩部向前上方运动，继而也转至正对投掷方向，身体形成一个反弓形姿势。紧接着两腿爆发式向上蹬伸，顶髋、拔腰、挺胸，迅速向前上方推伸右臂，压腕、拨指、出球，同时两腿充分蹬直，右手手指拨球后向右外侧推出，完成最后用力动作。发力前，身体拧紧，重心压在右腿上，保持低重心。发力时，右腿积极蹬转，同时左腿保持积极支撑用力，身体超越器械，被动向投掷方向打开，最后推拨球完成用力。

> **注意事项**
> 1. 持球接触位置正确，体会躯干用力带动右臂推球的感觉，推球时注意安全。
> 2. 体会两腿积极蹬伸发力的感觉，同时投掷手不能掉肘，体会推球的感觉。
> 3. 体会左侧制动与超越器械的发力感觉。

（2）学练建议

①进行坐、跪姿推铅球练习。

②进行原地正面推铅球练习。

③进行原地侧向推铅球练习。

④拓展练习：可采用不同质量和不同大小的球进行练习。

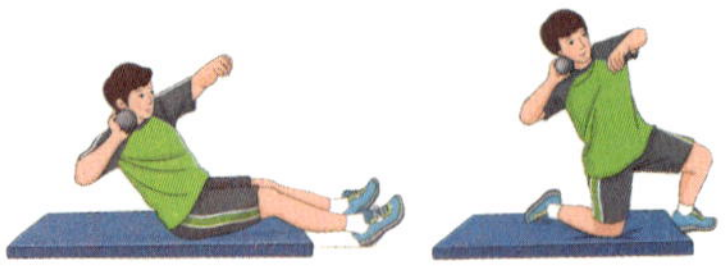
图 4-3-2 坐、跪姿推铅球

图 4-3-3 原地正面、侧向推铅球

注意事项

1. 持球后保持团身，预摆时控制身体重心。
2. 滑步后尽量使脚同时落地，并保持身体重心压低与留后。
3. 体会最后用力阶段起始位身体重心继续保持压低与留后的感觉。

3. 侧向滑步

（1）动作要领

右手持球，身体左侧对投掷方向成团身姿势，预摆时以左大腿向投掷方向摆出，同时右腿蹬离地面，右脚沿地面滑至投掷圈的中心部位，左脚迅即着地支撑，形成最后用力的开始姿势。团身时保持身体重心稳定，滑步时保持身体重心压低与留后。

（2）学练建议

①进行团身＋预摆练习。

②进行侧向滑步动作模仿练习。

③进行侧向滑步接最后用力模仿练习。

④拓展练习：可采用抗阻或负重方式进行练习。

图 4-3-4 侧向滑步

（二）组合技能练习

1. 弹力带侧向滑步接最后用力模仿练习

（1）练习方法

将弹力带一端固定系在腰间，侧向滑步衔接左侧快速支撑—右脚蹬地—转髋。

图 4-3-5 弹力带侧向滑步接最后用力

（2）练习要求

滑步保持身体重心压低且留后，滑步与最后用力动作衔接流畅。

2. 侧向滑步推铅球练习

（1）练习方法

采用侧向滑步—支撑—蹬地—转体—伸臂—推球的完整技术，完成侧向滑步推铅球的动作。

（2）练习要求

滑步时控制身体重心且有节奏感，加速后用力衔接流畅，体会压腕拨指出球。

图 4-3-6 侧向滑步推铅球

模块二：掷铁饼

本模块设置了掷铁饼运动这一新的学练内容。其中，单项技术学练包括握持铁饼与预摆、原地掷铁饼、上步；组合技能练习设置的是上步接最后用力模仿练习、上步掷标准饼，以及课程平台中的上步掷橡胶饼。同学们学练本模块的内容，在掌握一定难度的单项技术和组合技能的基础上，能够参与本模块设置的比赛活动，并为难度更高的下一模块的学练做好铺垫。

（一）单项技术学练

1. 握持铁饼与预摆（以右手为例）

（1）动作要领

持饼手自然分开，拇指和手掌平靠铁饼，其余四指末节扣住铁饼的边缘，手腕微屈，铁饼上缘微微靠于前臂。握好铁饼后，持饼臂自然放松下垂于体侧。预摆时，左手托饼于胸前，右手自然握饼，然后扩胸，持饼臂稍做外旋向后拉饼至极限位，稍做停顿还原至胸前，双手上下固定饼。可用食指或中指拨饼，摆饼过程中保持肩部放松。

> 注意事项
> 1. 充分活动手腕和手指关节，滚饼时注意安全。
> 2. 摆饼时幅度逐渐加大，与他人保持一定距离，注意安全。
> 3. 充分活动手腕和手指关节，拨饼后始终关注铁饼的落地位置，注意安全。

（2）学练建议

①进行原地向前滚饼练习。

②进行原地左手辅助摆饼练习。

③进行原地向上拨饼练习。

④拓展练习：采用不同重量的饼进行练习。

图 4-3-7　滚饼、摆饼、拨饼

2. 原地掷铁饼

（1）动作要领

摆臂预拉长后，发力时右腿积极转蹬，身体的重心由靠近右腿推向靠近左腿。在下肢和躯干持续转动向前用力的基础上，胸带臂急速向前用力鞭打出手。摆饼动作放松、舒展，发力时腿部积极支撑和蹬转发力，体会胸带臂鞭打动作，出饼时尽量使饼平稳飞行。

> 注意事项
> 1. 注意发力时手臂、手指对饼的控制。
> 2. 徒手体会下肢先用力和躯干带动手臂鞭打用力的感觉。
> 3. 体会下肢带动躯干、带动手臂的发力顺序以及手指拨饼的感觉，投掷时注意周围安全。

（2）学练建议

①进行原地徒手模仿练习。

②进行原地掷铁饼练习。

③拓展练习：可采用弹力带进行最后用力模仿练习。

图 4-3-8　原地掷铁饼

3. 上步

（1）动作要领

向后摆饼时，右脚积极向投掷方向上步，左脚积极上步插地支撑，身体保持扭紧，重心靠后放在右腿上，完成最后用力前的准备动作。摆饼与上步动作流畅、协调，有明显的身体位移和加速。

注意事项

1. 注意投掷圈的站位，充分利用投掷圈直径上步加速。
2. 上步衔接右腿右髋转蹬时保持身体留后，重心压低。
3. 摆饼时注意安全。

图 4-3-9 徒手上步

图 4-3-10 持饼上步接右腿右髋转蹬

（2）学练建议

①进行徒手上步技术模仿练习。

②进行持饼上步接右腿右髋转蹬模仿练习。

③进行持饼上步技术模仿练习。

④拓展练习：可采用抗阻或负重的方式进行上步练习。

（二）组合技能练习

1. 上步接最后用力模仿练习

（1）练习方法

将弹力带固定在髋上进行连续 3~6 次上步接最后用力模仿练习。

（2）练习要求

上步速度快且保持身体重心留后，最后用力衔接流畅。

图 4-3-11 上步接最后用力

2. 上步掷标准饼

（1）练习方法

男生用 1.5 千克铁饼，女生用 1 千克铁饼，进行上步掷铁饼练习。

（2）练习要求

摆饼放松且动作舒展，上步与最后发力衔接流畅、迅速，体会胸带臂鞭打动作，最后出手尽量将饼压住，让铁饼平稳飞行。

模块三：掷标枪

本模块在单项技术学练方面设置了握枪与持枪、原地掷标枪、助跑接交叉步；组合技能练习设置了原地交叉步掷标枪练习、助跑接交叉步掷标枪。本模块的学习有助于同学们参与掷标枪比赛。

（一）单项技术学练

1. 握枪与持枪

（1）动作要领

将标枪斜放在右手的掌心上，拇指和中指握在缠绳把手末端

注意事项

1. 根据自身肩膀的柔韧性情况进行合理幅度的拉伸。
2. 引枪时保持身体稳定，体会引枪过程中枪的位移变化。
3. 体会右肩肩胛稳定与控制感。

的上沿，食指自然弯曲斜放在枪身上，无名指和小指自然地握在缠绳把手上。右手持枪于右肩上方，右臂弯曲，肘关节稍向外。持枪手稍高于头或在头一侧，枪尖稍低于枪尾或枪身，与地面平行。握枪时注意食指的位置，持枪时注意保持枪头的位置，并保持枪身处在纵轴上。

（2）学练建议

①进行原地持枪压肩、绕肩练习。

②进行原地引枪练习。

③进行原地引轻杠铃练习。

④拓展练习：可站在不稳定面上进行引枪练习。

图 4-3-12　原地持枪压肩、绕肩、引枪练习

2. 原地掷标枪

（1）动作要领

侧对投掷方向，两脚间距略宽于肩，前后平行站立。右手持枪于肩上，引枪向头后方，枪尖高于枪尾。发力时，右腿蹬伸，左腿朝前方积极制动，躯干带动手臂沿标枪纵轴用力鞭打，尽力使枪插向草地目标方向。用力顺序由下至上，体会反弓和鞭打用力以及枪从纵轴上用力打出的感觉。

图 4-3-13　原地正面、侧身插枪

图 4-3-14　原地对墙掷速度球

注意事项

1. 引枪后枪头朝前下方，插枪时沿标枪纵轴用力并注意周围安全。
2. 身体侧对投掷方向，引枪后枪头朝前下方，体会鞭打用力的感觉，注意周围安全。
3. 体会完整的最后用力顺序，躯干应带动手臂积极鞭打，注意周围安全。

（2）学练建议

①进行原地正面插枪练习。

②进行原地侧身插枪练习。

③进行原地对墙掷速度球练习。

④拓展练习：可采用弹力带进行模仿练习。

3. 助跑接交叉步

（1）动作要领

持枪于右肩上方，枪头略低于枪尾，助跑 8~10 步，跑动中保持身体与肩胛稳定，速度逐渐加快。出右脚做交叉步的同时，开始向后引枪，枪头逐渐高于枪尾，完成 4 步交叉后成最后用力预

注意事项

跑动过程中动作协调自然，保持身体平衡与肩胛稳定，助跑与引枪交叉步动作衔接流畅且富有节奏感。

备姿势。助跑过程中保持节奏，平稳加速，引枪与交叉步动作流畅、舒展。

图 4-3-15 助跑接交叉步

（2）学练建议

①进行徒手助跑接交叉步模仿练习。

②进行持速度球助跑接交叉步模仿练习。

③进行持枪助跑接交叉步模仿练习。

④拓展练习：可采用节拍器进行练习。

（二）组合技能练习

1. 原地交叉步掷标枪练习

图 4-3-16 原地交叉步掷标枪

（1）练习方法

原地侧向引枪站立，做 4 步向前交叉接投掷标枪练习。

（2）练习要求

体会 4 步交叉加速的感觉，交叉步过程中保持枪的稳定，与最后用力衔接流畅。

2. 助跑接交叉步掷标枪

（1）练习方法

手持标枪助跑 8~10 步，接 4 步交叉步投掷标枪。

（2）练习要求

助跑时保持身体平衡、重心稳定，速度逐渐增加。交叉步引枪时保持枪的稳定，最后用力时体会躯干带手臂的鞭打感觉。

图 4-3-17 助跑接交叉步掷标枪

三　参与投掷比赛

请同学们登录课程平台，了解自己感兴趣的比赛活动的方法、要求和注意事项等，自行组织比赛，在竞赛中巩固学练成果。

模块一比赛有：原地推铅球比赛、侧向滑步推铅球比赛。

模块二比赛有：原地掷铁饼比赛、上步掷铁饼比赛、滚饼比赛。

模块三比赛有：标枪掷准比赛、助跑接交叉步掷标枪比赛、交叉步掷标枪比赛。

四　实施自主评价

在前面学、练、赛的过程中，同学们对自己和身边同学的学习效果有了初步的评判，那么如何系统地评价自己对投掷运动技术的掌握程度和整个运动的理解程度呢？请同学们登录课程平台，进行系统、全面的自主评价。

五　训练专项体能

想要更好地发挥自己的水平，离不开专项体能的支撑。同学们需要不断地训练并提升自己的专项体能，为今后更好地参与投掷运动，乃至在职场中展现出更好的身体素质打牢基础。

请同学们登录课程平台进行杠铃高抓、杠铃全蹲和 30 米速度跑的专项体能训练。

第五单元

体操类运动

体操，顾名思义，就是身体操练。之所以将其称作“运动之父”，是因为体操有助于人们全方位地锻炼身体机能。练习体操也有助于构建最基本的自我保护意识。比如，摔倒时，如何通过团身滚动等自我保护动作减少伤害；遇到危急情况时，如何迅速做出应激反应，通过快速攀爬、钻越等动作脱离危险等。技巧练习，以及单双杠、跳跃性器械体操练习等，可以使我们的肌肉变得发达、有力量；健美操、啦啦操等学练可以提高我们的审美能力。此外，体操类运动还有助于练习者克服恐惧，提高身体平衡能力。本单元针对中职学生的实际和发展需求设置了技巧、器械体操、健美操、啦啦操四个项目的学练内容，提供丰富的学练资源和科学系统的学练活动。

学练体操类运动，有助于同学们保持良好的姿态，实现对美的追求，变得更有自信、更加从容。

项目一

技 巧

体育中国

1980 年，中国技巧队首次参加了在波兰举行的第 4 届世界技巧锦标赛。在之后的比赛中，我国技巧健儿多次在世界技巧锦标赛中摘得金牌。

学习目标

1. 掌握技巧项目的基础动作、运动原理、练习方法和运动防护等知识。

2. 掌握滚翻、倒立、平衡等相关技术和运动技能，提高身体素质和体能，为职业发展奠定基础。

3. 培养积极上进、开拓创新、勇敢顽强的品格，遵守体育道德规范，提升职业综合技能和素养。

一 了解技巧运动

技巧运动是以个人、双人及集体的形式进行以翻腾、抛接、平衡等动作为主的身体运动，包括平衡、倒立、滚翻、屈伸起、手翻、空翻、摆腿以及劈腿等动作。大约在 4 000 年前，古埃及便出现了类似的技巧动作。在我国，从汉代开始就有了手倒立和翻跟斗等技巧动作。我国早期技巧动作和杂技、戏曲、武术的发展联系在一起。技巧是许多体育运动项目必不可少的辅助练习内容；技巧中的翻腾动作是组成现代竞技体操难度动作的主要内容之一，具有贴近生活、锻炼全面、简单易学的特点。掌握技巧动作，能够提高运动能力和自我保护能力。经常进行技巧练习可以提高平衡、定向能力，发展协调性、灵敏性、柔韧性等身体素质，增强肌肉力量，改善身体机能，促进身体发育。

二 学练体操技巧

模块一

本模块设置了体操技巧中较为基础的技术内容。其中，单项技术学练包括前滚翻、扶持头手倒立（男）、扶持肩肘倒立（女）、俯平衡（燕式平衡）5 秒，以及课程平台中的跨跳、双人技巧造型（叠罗汉）站肩平衡；组合技能练习设置的是扶持头手倒立 3 秒落下成跪撑 + 跪跳起（男）、扶持肩肘倒立 3 秒 + 向前滚动 + 俯平衡 3 秒（女）。同学们学练本模块的内容，能提高基本的技术水平，为参与本模块设置的比赛提供保障，为后续模块的学练奠定基础。

（一）单项技术学练

1. 前滚翻

（1）动作要领

由蹲撑开始，重心前移，两腿蹬直离地，同时屈膝。低头、含胸、提臀，以头的后部在两手支点前着垫，依次经颈、背、腰、臀向前滚动。当滚至背部着垫时迅速收腹屈膝，上体紧跟大腿团身抱膝成蹲立。两臂撑推用力平均，用力方向正，用头的后部着垫，滚动圆滑，团身紧，梗头顺势起立。

图 5-1-1　前滚翻

（2）学练建议

①原地滚动练习时，当前滚至背部着地，腿与地面夹角约 45° 时，迅速收腹，上体紧跟大腿团身抱腿。

②在垫子下面放斜板，由高处向低处做前滚翻。

③拓展练习：在平放的垫子上做前滚翻。

（3）保护与帮助

保护帮助者跪立于练习者的侧前方，当其头后部将要着垫时，用一手托其颈部。当滚翻至臀部着垫时，保护帮助者用两手顺势推其背部前送成蹲立。

注意事项

1. 充分做好准备活动，尤其是颈部关节拉伸和肌肉激活。
2. 向前滚动时，头不能顶在手的后面，以免颈椎受伤。
3. 向前滚动时，两手用力撑地，双手屈臂支撑做退让性屈臂，至背部触地再松开，尽量减轻颈部的负重。
4. 向前滚动时，不能用前额触地，以免滚动停止并使颈椎受伤。
5. 向前滚动时，应该用头的后部或寰椎部触地，然后依次过渡到背、腰、臀触地至完成前滚翻。

2. 扶持头手倒立（男）

（1）动作要领

蹲立，两手（与肩同宽）与前额成等腰三角形撑地（两肘内夹），提臀，两腿蹬直。当臀部靠近垂直部位时，一腿上举，另一腿以脚蹬地摆腿；当臀部至支点垂面的上方时，两腿并拢、伸髋立腰成头手倒立姿势。颈部和身体伸直，重心落在头和手臂形成的三角形支撑面内。

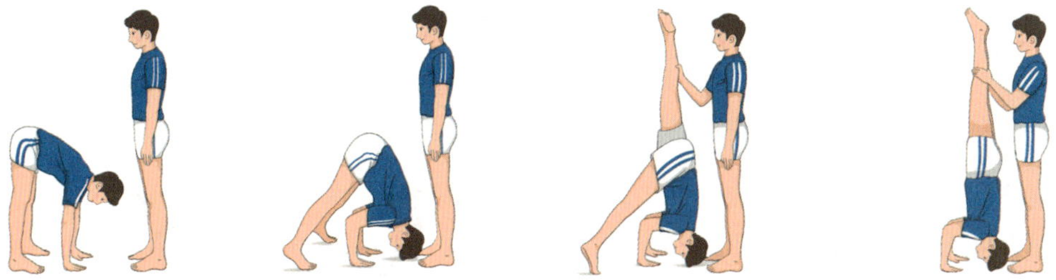

图 5-1-2　扶持头手倒立（男）

（2）学练建议

①头顶地，手撑地，一腿上举，另一腿以脚蹬地。当臀部靠近垂直部位时，两腿分开做分腿倒立，立稳后再慢慢并腿。

②靠墙做头手倒立。

③两人互相帮助做头手倒立。

④拓展练习：分腿头手倒立、并腿头手倒立。

（3）保护与帮助

保护帮助者站立于练习者的前方，一手扶其上举腿，助其保持平衡；另一手迅速抓住其蹬地摆腿的另一腿，然后迅速将两腿并拢，助其保持重心。

注意事项

1. 充分做好准备活动，尤其是颈部关节拉伸和肌肉激活。
2. 头顶地时，不能抬头和低头，以免颈椎受伤。
3. 做头手倒立时，要梗头立颈，双手屈臂用力撑地，使颈部与身体成一条直线，重心落在头和手臂形成的三角形支撑面内，尽量减轻颈部的负重。
4. 初学时，缓慢并腿体会肌肉控制，找到重心点的位置。
5. 倒立向前翻倒时，低头做前滚翻自我保护，勿抬头救重心，以免颈部受伤。

3. 扶持肩肘倒立（女）

（1）动作要领

由直角坐开始，上体后倒，收腹举腿翻臀，两臂用力撑地。接着在向上伸展髋和两腿的同时，两肘弯曲内夹以手撑于腰背的两侧，身体伸直成肩肘倒立姿势。身体挺直与地面保持垂直的姿势。

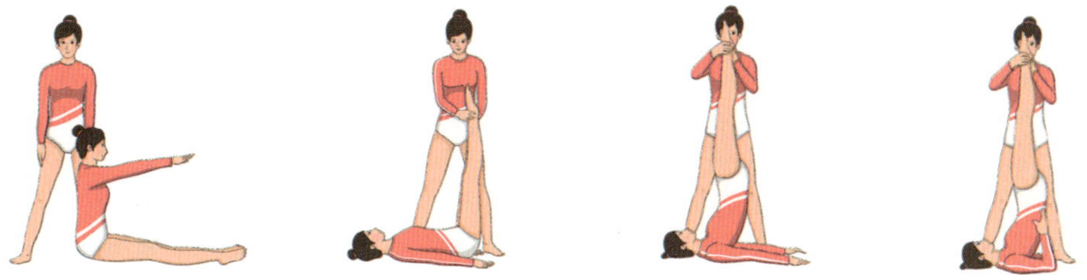

图 5-1-3　扶持肩肘倒立（女）

（2）学练建议

①进行仰撑的平板支撑练习。

②两人互相帮助做肩肘倒立。

③拓展练习：肩臂倒立。

（3）保护与帮助

保护帮助者站于练习者的前面，两手抓住练习者的脚踝，向上提拉帮助练习者挺直腰，助其保持平衡。

注意事项

1. 充分做好准备活动，尤其是髋关节周围肌肉拉伸和下肢及颈背部肌肉激活。
2. 保护帮助者用时力不要超过垂直线，以免伤到颈部。

4. 俯平衡（燕式平衡）5 秒

（1）动作要领

由站立姿势开始，向前迈出一步。同时上体前倾，另一腿尽量后举，抬头挺胸，支撑腿的膝关节绷直，两臂侧平举，成俯平衡姿势。站立平衡，一腿站立，另一腿后举，上体前倾至水平的姿势。动作舒展，髋正，脚高于头。

图 5-1-4　俯平衡（燕式平衡）5 秒

（2）学练建议

①双手向前扶把杆或墙做上体前倾，一腿尽量后举，抬头挺胸，支撑腿的膝关节绷直，两臂侧平举，成俯平衡姿势。

②两人互相帮助，做俯平衡。

③拓展练习：侧平衡、侧搬腿平衡。

（3）保护与帮助

保护帮助者站于练习者支撑腿的那一侧，一手托其腹部，另一手向上托其后腿，助其保持平衡。

注意事项

1. 充分做好准备活动，尤其是髋关节周围肌肉拉伸和下肢及背部肌肉激活。
2. 当中心歪斜时，支撑脚的脚踝不要过度向内用力翻，以免崴脚。
3. 向后举的腿不要翻转，以免髋关节拉伤。
4. 牵拉肌肉时尽量做静态拉伸。
5. 增加单脚站立练习，提高下肢的稳定性。

（二）组合技能练习

1. 扶持头手倒立 3 秒落下成跪撑 + 跪跳起（男）

练习要求：动作熟练，技术正确，连接顺畅，姿态优美；表现出很强的身体控制能力，充满自信。可做分腿或摆腿头手倒立。跪跳起时不能挺身，腹肌用力带动下肢跳起。

2. 扶持肩肘倒立 3 秒 + 向前滚动 + 俯平衡 3 秒（女）

练习要求：动作熟练，技术正确，连接顺畅，姿态优美；表现出很强的身体控制能力，充满自信。

模块二

本模块在上一模块的基础上进阶性地设置了体操技巧新的学练内容。其中，单项技术学练包括前滚翻分腿起、扶持倒立（男）、扶持头手倒立（女）、前抬腿平衡 5 秒，以及课程平台中的变身跳、三人技巧造型（叠罗汉）三人站膝平衡；组合技能练习设置的是前滚翻分腿起 2 次、前滚翻分腿起 + 跨步转体 180°。同学们学练本模块的内容，在掌握一定难度的单项技术和组合技能的基础上，能够参与本模块设置的比赛活动，并为难度更高的下一模块的学练做好铺垫。

（一）单项技术学练

1. 前滚翻分腿起

（1）动作要领

由蹲撑开始，两手撑垫与肩同宽。两脚蹬地后立刻屈臂低头，以头后部、肩、背依次着地前滚。当背部着地时，两腿分开，腿的开度大于肩宽。当脚跟着地时，上体前跟，两手在两腿间推撑起成分腿站立。两臂撑推用力平均，用力方向正，用头的后部着垫，滚动圆滑、团身紧，分腿的开度大于肩宽，梗头顺势起立。

图 5-1-5　前滚翻分腿起

（2）学练建议

①练习前滚翻分腿坐。当背部着地时，两腿分开，腿的开度大于肩宽；跟上体，两手撑于两腿中间成分腿坐。

②在垫子下面放斜板，由高处向低处做前滚翻分腿起。

③在平放的垫子上做前滚翻分腿起。

④拓展练习：连续前滚翻分腿起、屈体分腿前滚翻分腿起。

（3）保护与帮助

保护帮助者站立于练习者的前方约两步距离。当练习者前滚至分腿坐时，迅速抓其上臂，向前拉助其成体前屈分腿撑。

> **注意事项**
>
> 1. 充分做好准备活动，尤其是颈部关节拉伸和肌肉激活。
> 2. 向前滚动时，头不能顶在手的后面，以免颈椎受伤。
> 3. 向前滚动时，两手用力撑地，双手屈臂支撑做退让性屈臂，至背部触地再松开，尽量减轻颈部的负重。
> 4. 向前滚动时，不能用前额触地，以免滚动停止并使颈椎受伤。
> 5. 分腿向前滚动时，腹部收紧，使大腿与上体的夹角越小越好。

2. 扶持倒立（男）

（1）动作要领

前后分腿站立，两臂前上举，前腿屈膝，上体前倾，两手前伸（两手与肩同宽，五指分开）在体前撑地，同时前脚蹬地，后腿向后上方摆。当身体重心接近支撑垂直面时，蹬地腿迅速向摆动腿并拢伸直，紧腰、含胸、顶肩成手倒立姿势。抬头看手，腕、肩、臀、足保持在垂直面上。

图 5-1-6 扶持倒立（男）

（2）学练建议

①练习爬墙斜撑倒立。

②练习靠墙摆倒立。

③拓展练习：控倒立。

（3）保护与帮助

保护帮助者站立于练习者的侧面。在练习者前后分腿站立，两手撑稳后，保护帮助者俯身一脚顶住肩，一手搂其腰，另一手托其蹬地腿；在练习者蹬摆腿后，保护帮助者迅速托其蹬地腿帮助并腿成倒立姿势，将搂腰的手臂换成两手抓其双腿，帮助其稳住倒立。

注意事项

1. 经倒立向前滚动时，头不能顶在手的后面，以免颈椎受伤。
2. 向前滚动时，两手用力撑地，双手屈臂支撑做退让性屈臂，至背部触地再松开，尽量减轻颈部的负重。
3. 倒立向前滚动时，不能用前额触地，以免滚动停止并使颈椎受伤。

3. 扶持头手倒立（女）

（1）动作要领

蹲立，两手（与肩同宽）与前额成等腰三角形撑地（两肘内夹），提臀，两腿蹬直。当臀部靠近垂直部位时，一腿上举，另一腿以脚蹬地摆腿；当臀部至支点的垂直面上方时，两腿并拢、伸髋立腰成头手倒立姿势。颈部和身体伸直，重心落在头和手臂形成的三角形支撑面内。

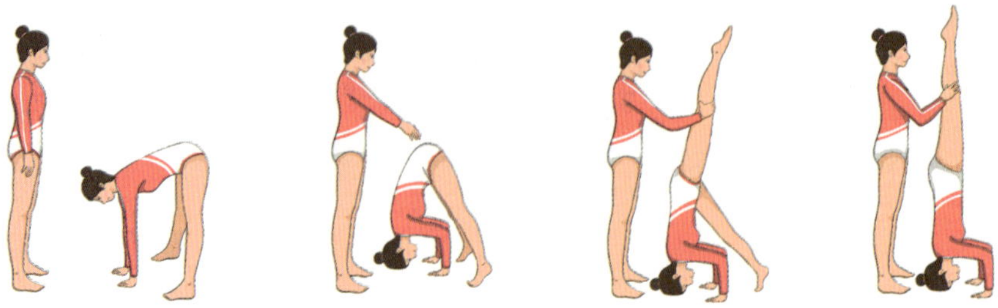

图 5-1-7 扶持头手倒立（女）

（2）学练建议

①头顶地，手撑地，一腿上举，另一腿以脚蹬地，当臀部靠近垂直部位时，两腿分开做分腿倒立，立稳后再慢慢并腿。

②靠墙做头手倒立。

③拓展练习：两人互相帮助做头手倒立。

（3）保护与帮助

保护帮助者站立于练习者的前方，一手扶其上举腿助其保持平衡，另一手迅速抓住其蹬地摆腿的另一腿，然后迅速将两腿并拢，助其保持重心。

注意事项

1. 充分做好准备活动，尤其是颈部关节拉伸和肌肉激活。
2. 头顶地时，不能抬头和低头，以免滚动时造成颈椎受伤。
3. 做头手倒立时，要梗头立颈，双手屈臂用力撑地，使颈部与身体成一条直线，重心落在头和手臂形成的三角形支撑面内，尽量减轻颈部的负重。
4. 初学时，缓慢并腿以体会肌肉控制，找到重心点。
5. 倒立向前翻倒时，低头做前滚翻，注意自我保护，勿抬头救重心，以免颈部受伤。

4. 前抬腿平衡 5 秒

图 5-1-8　前抬腿平衡 5 秒

（1）动作要领

由站立开始，一腿站立，另一腿前上举起，同时两臂侧平举；身体伸直与地面保持垂直，不能前倾或后倾。动作舒展，髋正，脚高于水平面。

（2）学练建议

①一腿站立，另一腿向前上方举起搭在把杆上，双手向前扶把杆或抱小腿做上体前倾，做体前屈拉伸。

②一腿站立，另一腿向前上方举起至水平位做静力练习，俗称控腿练习。

③拓展练习：侧平衡、侧搬腿平衡。

（3）保护与帮助

保护帮助者站于练习者支撑腿一侧，一手托其腰部助其上体立直，另一手向上托抬其小腿，助其抬高并保持平衡。

注意事项

1. 充分做好准备活动，尤其是髋关节周围肌肉拉伸和下肢及背部肌肉激活。
2. 当重心歪斜时，支撑脚的脚踝不要过度向内用力翻，以免崴脚。
3. 向前举的腿不要翻转，避免造成髋关节周围肌肉拉伤。
4. 牵拉肌肉尽量做静态拉伸，动作要缓慢。
5. 加强单脚站立练习，提高下肢的稳定性。

（二）组合技能练习

1. 前滚翻分腿起 2 次

练习要求：动作熟练，技术正确，连接顺畅，姿态优美；身体控制能力强，充满自信。

2. 前滚翻分腿起 + 跨步转体 180°

练习要求：动作熟练，技术正确，连接顺畅，姿态优美；身体控制能力强，充满自信。

模块三

本模块难度有所增加，在单项技术学练方面设置了后滚翻直腿起（男）、扶持倒立（女）、侧搬腿平衡，以及课程平台中的经倒立前滚翻（男）、经单肩后滚翻成单膝跪撑平衡（女）、多人技巧造型（叠罗汉）六人塔形平衡；组合技能练习设置了经手倒立前滚翻 2 次（男）、经单肩后滚翻成单膝跪撑平衡 + 跪跳起（女）。本模块的学习有助于同学们参与更高要求的体操技巧比赛。

（一）单项技术学练

1. 后滚翻直腿起（男）

（1）动作要领

由蹲撑开始，含胸低头，快速后倒，团身经臀、腰、背、颈、后脑依次向后滚动。当后滚至肩和头部着地时，直膝伸腿，迅速翻臀至后上 45°，两手撑地，臂伸直，翻转至直腿体前屈撑地姿势来结束动作。

上体积极后倒，触地顺序为臀、腰、背、头。滚动圆滑，梗头屈体团身紧，两手主动推撑，用力平均，用力方向正，顺势保持并腿屈体团身，用脚踩地成体前屈撑地。

图 5-1-9 后滚翻直腿起

（2）学练建议

①原地滚动练习。蹲撑开始，向后滚动。当后滚至背部着地时，直膝伸腿，并腿屈体折叠用脚尖触地，双手于头的两侧翻掌撑地，再保持撑地姿势向前滚动。同时屈膝团身至蹲立，依次往复练习。

②在垫子下面放斜板，由高处向低处做后滚翻直腿起。要求先低头，后倒，再蹬地直腿翻臀。

③在平放的垫子上做后滚翻直腿起。要求团身伸腿连贯，滚动圆滑、流畅。

④拓展练习：连续后滚翻直腿起、直腿后滚翻。

注意事项

1. 向后滚动时，不能抬头，以免滚动停止并使颈椎受伤。
2. 向后滚动至背部着地时，翻臀同时配合两手用力撑地，双手屈臂支撑做推直性动作，使头部离开地面，尽量减轻颈部的负重。
3. 向后滚动时，要弓背触地以免头部产生震荡。

（3）保护与帮助

以左侧为例，保护帮助者跪立于练习者的侧后方。当练习者后倒时，保护帮助者用右手扶肩、左手托腰。当滚翻至臀部离开地面时，肩手上提，托腰手顺势推腰部助其翻臀成体前屈撑地。

2. 扶持倒立（女）

（1）动作要领

前后分腿站立，两臂前上举，前腿屈膝，上体前倾，两手前伸（两手与肩同宽、五指分开）在体前撑地，同时前脚蹬地，后腿向后上方摆。当身体重心接近支撑垂直面时，蹬地腿迅速向摆动腿并拢伸直，紧腰、含胸、顶肩成手倒立姿势。

抬头看手，腕、肩、臀、足保持在垂直面上。

图 5-1-10　扶持倒立（女）

（2）学练建议

①练习爬墙斜撑倒立。

②练习靠墙摆倒立。

③拓展练习：控倒立。

（3）保护与帮助

保护帮助者站立于练习者的侧面，在练习者前后分腿站立，两手撑稳后，保护帮助者俯身一脚顶住其肩，一手搂其腰，另一手托其蹬地腿。在练习者蹬摆腿后，保护帮助者迅速托其蹬地腿帮助并腿成倒立，将搂腰的手臂放开，换成两手抓其双腿，帮助其稳住倒立。

注意事项

1. 充分做好准备活动，尤其是颈部关节拉伸和肌肉激活。
2. 经倒立向前滚动时，头不能顶在手的后面，以免颈椎受伤。
3. 向前滚动时，两手用力撑地，双手屈臂支撑做退让性屈臂，至背部触地再松开，尽量减轻颈部的负重。
4. 倒立向前滚动时，不能用前额触地，以免滚动停止并使颈椎受伤。

3. 侧搬腿平衡

图 5-1-11　侧搬腿平衡

（1）动作要领

以左脚支撑为例，由站立开始，左脚站立，右腿侧上举起，同时一手握住小腿后，一臂侧平举。身体伸直保持平衡。

（2）学练建议

①双手向前扶把杆或单手扶把杆上体立直，支撑腿的膝关节绷直；另一腿尽量侧上举，抬头挺胸，一臂侧平举。

• 注意事项 •

1. 充分做好准备活动，尤其是髋关节周围肌肉拉伸及下肢和背部肌肉激活。
2. 牵拉肌肉尽量做静态拉伸。
3. 增加单脚站立练习，提高下肢的稳定性。

②将一腿搭于把杆或高台上做体侧屈，坚持 20 秒。

③坚持侧控腿 30 秒。

④拓展练习：侧平衡、前侧搬腿平衡。

（3）保护与帮助

保护帮助者站于练习者的身后，一手扶其腰部助其上体立直，另一手向上托抬腿的小腿，助其抬高并保持平衡。

（二）组合技能练习

1. 经手倒立前滚翻 2 次（男）

练习要求：动作熟练，技术正确，连接顺畅，姿态优美；表现出很强的身体控制能力，充满自信。经手倒立前滚翻动作连贯，无停顿。

2. 经单肩后滚翻成单腿跪撑平衡 + 跪跳起（女）

练习要求：动作熟练，技术正确，连接顺畅，姿态优美；表现出很强的身体控制能力，充满自信。经单肩后滚翻动作连贯，无停顿。跪跳起时不能挺身，腹肌用力带动下肢跳起。

三 参与体操技巧比赛

本项目结合不同地区同学的特点，设置了丰富的比赛活动。模块一、模块二、模块三均设置了规定成套动作和自编成套动作赛。请同学们登录课程平台，了解自己感兴趣的比赛活动的方法、要求和注意事项等，自行组织比赛，在竞赛中巩固学练成果。

四 实施自主评价

在前面学、练、赛的过程中，同学们对自己和身边同学的学习效果有了初步的评判，那么如何系统地评价自己对体操技巧的掌握程度和整个运动的理解程度呢？请同学们登录课程平台，进行系统、全面的自主评价。

五 训练专项体能

想要更好地发挥自己的水平，离不开专项体能的支撑。同学们需要不断地训练并提升自己的专项体能，为今后更好地参与体操技巧相关的运动，乃至在职场中展现出更好的身体素质打牢基础。

请同学们登录课程平台进行单腿蹲起、收腹举腿和靠墙倒立的专项体能训练。

项目二 器械体操

体育中国

体操是我国竞技体育发展的重要项目，也是我国奥运优势项目。我国体操队在基础较差的条件下起步，经过几代人的不懈努力，在国际赛场上团结奋战、顽强拼搏，不断攀至一个又一个高峰：2000 年悉尼奥运会上，我国体操男队首次获得奥运会团体冠军；2008 年北京奥运会上，我国男队、女队双双获得奥运会团体冠军，并一举夺得 9 枚金牌。截至目前，中国体操队共获 33 枚奥运会金牌。我国体操人才辈出，国际体坛拥有一批以我国运动员名字命名的体操动作。中国体操队在国际赛场上一次次升起中华人民共和国国旗、奏响中华人民共和国国歌，鼓舞着中华健儿为建成体育强国奉献青春。

学习目标

1. 较好地了解器械体操运动的起源、发展，了解我国单杠、双杠等器械体操运动取得的荣誉，掌握相关器械体操的运动原理、练习方法和安全保护等知识。

2. 完成支撑跳跃、双杠、单杠三个模块的一系列单项技术学练、组合技能练习，能够熟练完成本项目设置的相关规定成套动作，并能自编简单的成套动作。同时，提升未来职业所需的力量、柔韧性、协调性等身体素质以及相应的专项体能水平。

3. 能够享受体操锻炼带来的成就感，直面练习时的挫折感。能在日常器械体操锻炼中发扬中国体育精神，培养乐观向上、积极创新和勇敢顽强等品质，塑造遵守体育道德规范和行为准则的良好品格。

一　了解器械体操运动

器械体操是利用规定的器械进行身体锻炼的体操，也是现代竞技体操的基本项目。在 1896 年第一届现代奥运会上，跳马、双杠和单杠就已经成为比赛项目。支撑跳跃包含跳马、山羊和跳箱等动作；双杠、单杠动作是指人处在悬垂、支撑及其相互变化的状态中，借助身体各关节的屈伸完成的单个或成套动作。经常进行器械体操练习，可以增强身体素质，提高身体的灵敏性、协调性和平衡能力，发展肢体肌肉力量，改善身体机能，帮助同学们树立安全意识，促进身体、心理的和谐发展，对培养勇敢、顽强、果断等品质和互帮互助的合作精神有重要作用。

二 学练器械体操技能

模块一

本模块设置了器械体操中支撑跳跃的技术内容。其中，单项技术学练包括（山羊）跳上成蹲撑接挺身跳下、（山羊）屈腿腾越（男）、（山羊）分腿腾越（女），以及课程平台中的（跳箱）跳上成屈体立撑接挺身跳下、（跳箱）斜向助跑俯腾越纵马；组合技能练习设置的是助跑上板踏跳成蹲撑接挺身跳下＋助跑上板踏跳成屈体立撑接挺身跳下、助跑上板踏跳屈腿腾越4次（男）或助跑上板踏跳分腿腾越4次（女）。同学们学练本模块的内容，能提高基本的技术水平，为参与本模块设置的比赛提供保障，为后续模块的学练奠定基础。

（一）单项技术学练

1.（山羊）跳上成蹲撑接挺身跳下

（1）动作要领

由有节奏的加速助跑开始，双脚踏跳后两臂同时迅速前摆，含胸，头稍低。撑器械时提腰，屈膝靠胸，前脚掌踏在器械上成蹲撑。两臂推离器械向前上方摆同时腿用力蹬离器械，使身体向前上方高高腾起，展体挺身至落地。

图 5-2-1 （山羊）跳上成蹲撑接挺身跳下

（2）学练建议

①由垫上俯撑，蹬地时迅速提腰、收腹、屈腿经蹲撑，接着推手挺身跳。要求收腹快，挺身充分。

②弹板上屈腿跳，要求身体充分团拢与伸展。在鞍马上练习时，要求收腹快、团身紧。

③在保护与帮助下完成跳上成蹲撑接挺身跳下练习。

④独立完成练习。

⑤拓展练习：跳上成蹲撑接挺身跳下落地，顺势进行前滚翻；跳上成蹲撑接转体 180°，挺身跳下。

（3）保护与帮助

保护帮助者站在器械的正前方，当练习者跳上成蹲撑时用两手顶其肩部；保护帮助者站在器械的前侧，一手扶顶练习者的上臂，另一手托其大腿或腹部；练习者跳下时用两手挡扶其腹部、背部，防止跌倒。

注意事项

1. 练习前做好准备活动，尤其是上肢、下肢关节肌肉的激活。
2. 跳下时必须屈膝缓冲、双脚着地，避免用手撑地。
3. 上板踏跳时应单脚蹬地、双脚踏板起跳，避免双脚蹬地、单脚踏板、依次踏板。
4. 练习前检查器械、落地垫，保障练习安全。

2.（山羊）屈腿腾越（男）

（1）动作要领

由有节奏的加速助跑开始，双脚踏跳，两臂前伸支撑，两手迅速推离器械，两腿屈膝，伸展身体，越过器械，落地屈膝缓冲成站立。

图 5-2-2 （山羊）屈腿腾越（男）

（2）学练建议

①助跑 2~3 步踏跳撑山羊分腿接着回落（在他人保护与帮助下），要求做顶肩稍提臂侧分腿的山羊支撑动作分腿支撑直腿，回落至跳板屈膝缓冲。低山羊练习分腿腾越，要求腿直，推手快速，展体明显。推手时积极制动腿，使动量传递到上体，利于迅速抬体、挺身，缓冲落地。

②在保护与帮助下完成屈腿腾越。

③独立完成练习。

注意事项

1. 练习前做好准备活动，尤其是上肢、下肢关节肌肉的激活。
2. 跳下时必须屈膝缓冲、双脚着地，避免用手撑地。
3. 上板踏跳应单脚蹬地、双脚踏板起跳，避免双脚蹬地、单脚踏板、依次踏板。
4. 练习前检查器械、落地垫，保障练习安全。

（3）保护与帮助

保护帮助者站在器械的前侧，一手握练习者的上臂，另一手托其腰部帮助其越过器械。

3.（山羊）分腿腾越（女）

（1）动作要领

由有节奏的加速助跑开始，双脚踏跳，含胸、紧腰，两臂主动前伸，向下撑器械并用力快速顶肩推手。同时稍提臀，两腿侧分，有意识地下压制动，两臂顺势上举，起肩、抬上体、挺身，接着迅速并腿前伸落地。

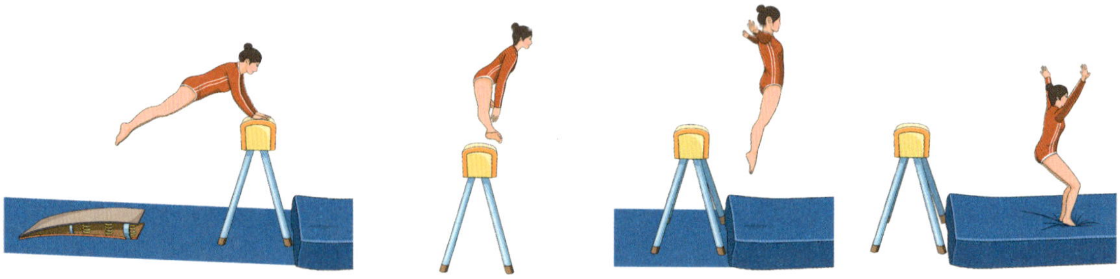

图 5-2-3 （山羊）分腿腾越（女）

（2）学练建议

①跳上纵马成分腿立，鱼跃，手前撑，分腿下。要求手撑马的远端。

②山羊、横马分腿腾越，要求逐步拉远助跳板的距离并限制撑手的宽度，逐步提高后摆的高度。

③在保护与帮助下完成跳上成蹲撑接挺身跳下练习。

④独立完成练习。

（3）保护与帮助

①保护帮助者站在练习者落地点的侧方，一手握其上臂，另一手扶其腰帮助其越过山羊。

②保护帮助者站在山羊的正前方，当练习者撑山羊时，用两手顶其肩，并顺势握其上臂上提，同时后退，帮助其完成腾越动作。

注意事项

1. 练习前做好准备活动，尤其是上肢、下肢关节肌肉的激活。
2. 跳下时必须屈膝缓冲、双脚着地，避免手撑地。
3. 上板踏跳应单脚蹬地、双脚踏板起跳，避免双脚蹬地、单脚踏板、依次踏板。
4. 练习前检查器械、落地垫，保障练习安全。

（二）组合技能练习

1. 助跑上板踏跳成蹲撑接挺身跳下 + 助跑上板踏跳成屈体立撑接挺身跳下

练习要求：单脚上板、双脚起跳后两臂迅速前摆支撑器械。支撑器械时含胸屈膝，前脚掌踏于器械上成蹲撑姿势，要求无间断完成。用两臂推离器械的同时两腿用力蹬离器械，身体向前上方展体挺身至双脚同时落地。

单脚上板、双脚起跳后两臂迅速前摆支撑器械，支撑器械时向上提臀，前脚掌踏于器械上，两腿并拢成屈体立撑姿势。屈体立撑姿势要求臀部不能低于膝关节。跳下时，上体抬起，两腿用力蹬离器械，身体向前上方展体挺身至双脚同时落地。

2. 助跑上板踏跳屈腿腾越 4 次（男）或助跑上板踏跳分腿腾越 4 次（女）

练习要求：单脚上板、双脚起跳后两臂迅速前摆支撑器械，支撑器械时顶肩向上提臀，并腿屈膝越过山羊，屈膝缓冲双腿落地。越过山羊时仅双手接触山羊。

单脚上板、双脚起跳后两臂迅速前摆支撑器械，支撑器械时稍提臀部，两腿侧分，双手推离器械后两臂顺势上举，并腿前伸，双腿落地。

模块二

本模块设置了双杠的学练内容。其中，单项技术学练包括分腿坐前进一次成分腿坐、外侧坐向外转体 90° 跳下，以及课程平台中的分腿坐前进一次成外侧坐；组合技能练习设置的是杠端跳上成支撑 + 前摆分腿坐 + 前进一次成分腿坐 + 弹杠进杠后摆 + 前摆杠中跳下等三项组合动作。同学们学练本模块的内容，在掌握一定难度技术和组合技能的基础上，能够参与本模块设置的比赛活动，并为难度更高的下一模块的学练做好铺垫。

（一）单项技术学练

1. 分腿坐前进一次成分腿坐

（1）动作要领

由分腿坐开始，推手两臂侧举立腰，两腿夹杠挺身前倒，两手直臂在肩垂直处撑杠。同时两腿顺势后摆进杠，并腿前摆。当两腿前摆出杠面后，主动前伸髋、制动腿、分腿成分腿坐。

图 5-2-4 分腿坐前进一次成分腿坐

（2）学练建议

①由一手扶器械站立，一腿经前摆至侧举。要求腿前举约 90°，接着向侧摆至侧举，始终保持直腿。

②由支撑摆动前摆成分腿坐。要求支撑摆动的幅度小，制动分腿及时准确。可由保护帮助者一手扶练习者上臂，另一手扶练习者腰部帮助前摆。

③由分腿坐开始，立腰、两腿夹杠挺身前倾撑杠成俯撑。要求身体充分伸展、塌腰、直

注意事项

1. 充分做好准备活动。
2. 做动作时胳膊必须伸直，不能屈臂；分腿坐时两腿伸直，两腿夹角尽可能大。
3. 如果感觉无力，控制不住，要及时停止动作并下杠。

腿后摆并稍停，以体会后摆进杠时的动作。

④拓展练习：分腿坐弹杠进杠后支撑摆动 3 次，前摆成分腿坐；弹杠进杠后支撑摆动 3 次，杠中跳下；弹杠进杠后支撑摆动 6 次，杠中跳下。

（3）保护与帮助

保护帮助者站在练习者的侧面，一手扶其上臂，另一手托其腰部，帮助其控制平衡和前摆。两名保护帮助者分别站于练习者的两侧，各自一手扶练习者的一上臂，另一手顺势托其一大腿帮助其进杠。

2. 外侧坐向外转体 90° 跳下

（1）动作要领

由外侧坐开始（以坐左杠外转为例），右手换握体前撑左杠（稍远些），左臂侧举，上体前倒，重心前移在握点上稍前顶。同时右腿用力压杠，左腿后摆，右臂用力顶肩，使身体腾起，两腿迅速并拢，向左转体 90° 跳下。落地后背对双杠，肩轴与双杠平行。

图 5-2-5 外侧坐向外转体 90° 跳下

（2）学练建议

①先由外侧坐直接跳下。

②再进行向外转体 90° 下。

③拓展练习：外侧坐向内转体 90° 跳下；外侧坐向外转体 180° 跳下；外侧坐并腿前摆挺身跳下。

注意事项

1. 充分做好准备活动。
2. 做动作时胳膊必须伸直，不能屈臂，落地要站稳。
3. 如果感觉无力，控制不住，要及时停止动作并下杠。

（3）保护与帮助

保护帮助者站于杠中练习者右后方，双手扶其髋部，帮助其完成转体跳下动作。

（二）组合技能练习

1. 杠端跳上成支撑 + 前摆分腿坐 + 前进一次成分腿坐 + 弹杠进杠后摆 + 前摆杠中跳下

练习要求：跳上成支撑稳定后再进行前摆，前摆的高度要超过杠面，落地站稳。须有 1～2 人（同学、同伴均可）站在杠侧进行保护与帮助，确保安全。动作衔接流畅，有节奏感，姿态有控制。

2. 杠中跳上前摆成分腿坐 + 前进一次成外侧坐 + 弹杠进杠支撑后摆 + 杠中跳下

练习要求：跳上直接进行前摆成分腿坐，弹杠和摆动的高度都超过杠面，落地稳定。其余要求同 1。

3. 杠中跳上成支撑 + 前摆成外侧坐 + 弹杠进杠支撑后摆 + 前摆另一杠外侧坐 + 弹杠跳下

练习要求：跳上成支撑稳定后再进行前摆，前摆的高度要超过杠面，落地稳定。其余要求同 1。

模块三

完成前两个模块的学练之后，可以进一步增加学练活动的难度，进行单杠的学练。本模块在单项技术学练方面设置了低杠蹬地翻上、支撑后摆挺身跳下，以及课程平台中的上体下落抬起、支撑后摆、支撑后摆转体 90° 跳下；组合技能练习设置了低杠蹬地翻上 + 上体下落抬起 2 次、跳上成支撑 + 支撑后摆 2 次 + 支撑后摆下、低杠蹬地翻上 + 支撑后摆转体 90° 跳下。本模块的学习有助于同学们参与难度更高的单杠比赛提供重要保障。

（一）单项技术学练

1. 低杠蹬地翻上

（1）动作要领

两手与肩同宽正握低单杠站立开始，蹬地腿向前迈一步，同时两臂弯曲，身体重心靠近杠，另一腿从后经前向后上摆腿，两腿并拢继续向后摆过杠。两臂保持拉引带动身体翻转至小腹贴杠，两腿下落后伸，翻腕，抬头起上体，制动腿成直臂支撑姿势。

图 5-2-6 低杠蹬地翻上

注意事项

1. 充分做好准备活动，尤其注意手腕、手臂、肩关节肌肉激活。
2. 小腹贴杠，男生注意不可用腹股沟贴杠。
3. 两臂拉引身体重心靠近杠，控制身体轻轻贴杠，不可猛力砸杠。

（2）学练建议

①进行抬上体练习。单杠正握支撑，上体下压至屈体折叠，抬起上体、腿稍后举制动，还原成支撑。体会翻上的后半部分用力，反复练习。

②进行拉引举腿练习。两手与肩同宽正握低单杠站立开始，两臂屈臂拉引身体悬垂，使前胸靠近杠，举腿翻臀后腿落下。体会拉引、举腿翻臀的用力，反复练习。

③进行蹬地举腿练习。两手与肩同宽正握低单杠站立开始，蹬地腿向前迈一步，同时两臂弯曲，身体重心靠近杠，另一腿从后经前向后上摆腿，两腿并拢继续向后摆过杠上垂线，然后落下。体会拉引、蹬地、摆腿的用力，反复练习。

④进行保护与帮助下练习。在 1 ~ 2 人的保护与帮助下进行完整练习。

⑤进行独立练习。

⑥拓展练习：蹬地翻上 + 后跳下 + 再蹬地翻上。连续 5 次。

（3）保护与帮助

保护帮助者以弓步站立于杠前下两侧，后手托后背提升练习者的重心，前手帮助摆腿。当练习者小腹贴杠后，保护帮助者前手扶肩帮助其抬上体，后手托腿帮助其控制身体，完成动作。

2. 支撑后摆挺身跳下

（1）动作要领

从杠上支撑开始，腿稍前摆，上体稍下压，接着双腿向后上方摆起，接近肩水平时腿制动，保持提升姿势有控制地缓慢下落至支撑。迅速用力推手，重心后移，向后展体跳下，经落地缓冲成直立。

图 5-2-7　支撑后摆挺身跳下

（2）学练建议

①进行地面原地挺身跳练习。

②进行地面向后（50 厘米）挺身跳落地站稳练习。

③进行帮助下单杠支撑后摆腿不展体跳下练习。

④进行帮助下完整练习。在 1 ~ 2 人的保护与帮助下进行完整练习。

⑤进行独立练习。

注意事项

练习者主动推手、展体，必须并腿落地。保护帮助者要随练习者运动跨步移动，前手抓握练习者的前臂，防止不推手或向后太远。

⑥拓展练习：组内或组间比赛支撑后摆下落地站稳。计算站稳率。

（3）保护与帮助

保护帮助者以弓步低姿站立于杠后下两侧，前手从杠上方抓握练习者的前臂，帮助练习者推手离杠，后手托腿帮助练习者摆动；落地时保护帮助者向落地点跨出一至二步，帮扶练习者落地站稳，完成动作。

（二）组合技能练习

1. 低杠蹬地翻上 + 上体下落抬起 2 次

练习要求：低杠蹬地翻上成支撑稳定后再进行上体下落抬起练习。须有 1～2 人（同学、同伴均可）进行保护与帮助，确保安全。

2. 跳上成支撑 + 支撑后摆 2 次 + 支撑后摆下

练习要求：跳上成支撑稳定后再进行后摆练习。后摆下落要挺身贴杠。下落严格要求并腿落地，双脚支撑，严禁分腿或单腿落地。须有 1～2 人（同学、同伴均可）进行保护与帮助，确保安全。

3. 低杠蹬地翻上 + 支撑后摆转体 90° 跳下

练习要求：翻上成支撑稳定后再进行后摆下练习。下落严格要求并腿落地，双脚支撑，严禁分腿或单腿落地。保护帮助者须站在转体方向的异侧后方。须有 1 人（同学、同伴均可）进行保护与帮助，确保安全。

三　参与器械体操比赛

本项目的模块一、模块二、模块三均设置了规定成套动作和自编成套动作赛。请同学们登录课程平台，了解自己感兴趣的比赛活动的方法、要求和注意事项等，自行组织比赛，在竞赛中巩固学练成果。

四　实施自主评价

在前面学、练、赛的过程中，同学们对自己和身边同学的学习效果有了初步的评判，那么如何系统地评价自己对器械体操技术的掌握程度和整个运动的理解程度呢？请同学们登录课程平台，进行系统、全面的自主评价。

五　训练专项体能

想要更好地发挥自己的水平，离不开专项体能的支撑。同学们需要不断地训练并提升自己的专项体能，为今后更好地参与器械体操，乃至在职场中展现出更好的身体素质打牢基础。

请同学们登录课程平台进行杠中团身跳、支撑移行和地面俯撑蹬地后摆的专项体能训练。

项目三 健美操

体育中国

我国健美操队于2005年首次获得世界运动会健美操金牌，2006年首次获得世界健美操锦标赛金牌。此后，我国多次获得世界级健美操锦标赛各类奖牌。

学习目标

1. 了解和掌握健美操的基本知识和技术动作，体验和感受动作与音乐的配合，积极主动地参与练习。

2. 掌握健美操操化动作、套路动作和简单的技术技巧动作，提高动作的协调性和连贯性，促进力量、速度、灵敏性、柔韧性等身体素质的发展。

3. 培养自信、果断、顽强、协作、互助、创新的体育精神。

一 了解健美操运动

健美操运动是在音乐伴奏下，以有氧运动为基础，以健、力、美为特征，以身体练习为手段，达到增进健康、塑造形体和娱乐身心为目的的体育运动项目。健美操运动起源于20世纪60年代的美国，最早是为宇航员设计的体能训练，后广为流传。伴随着全球的健身热和娱乐体育的发展，健美操已从单纯的健身运动逐步演变成独立的竞技运动项目。健美操运动融体操、音乐、舞蹈为一体，将人体表现艺术与体育运动美学结合在一起，具有较高观赏性和艺术性。同时，它时代感强，动作形式多样，老少皆宜，具有较广泛的适应性。健美操运动可以锻炼耐力、柔韧性、协调性等身体素质，不仅能增强体质，而且能改善形体，陶冶情操，对同学们适应社会交往，增强自信心和表现力，促进身心健康发展，树立团队合作意识和集体主义观念，培养规则意识和拼搏精神等都有较大的帮助。今后从事技术性、实践操作技能等要求较高的职业，以及服务类职业的同学，可多参与健美操运动。

二　学练健美操技能

模块一

本模块设置了健美操中较为基础的技术内容。其中，单项技术学练包括交替类和迈步类基本步伐；组合技能练习设置的是弹动组合和中职健美操一级规定套路。同学们学练本模块的内容，能提高基本的技术水平，为参与本模块设置的比赛提供保障，为后续模块的学练奠定基础。

（一）单项技术学练

健美操的基本动作主要由上肢动作、下肢动作及躯干动作组成，正确掌握健美操基本动作是健美操学习至关重要的环节。健美操基本技术包括弹动、半蹲、落地缓冲和身体控制技术，蕴含在所有动作的学练过程中。健美操基本步伐是健美操运动最核心的技术动作，按照动作完成形式分为交替类、迈步类、点地类、抬腿类、双腿类五大类，每一类步伐在完成时都可表现为高、低和无冲击力的方式。高冲击步伐指双脚同时离开地面，低冲击步伐指始终有一只脚保持与地面接触。

1. 交替类基本步伐

交替类步伐是左右腿交替进行的步伐，有踏步、走步、一字步、V 字步、曼波步、十字步等，动作完成有高、低冲击形式。

（1）动作要领

两腿在原地或者移动中依次抬起，再依次落地，向前移动时以脚跟落地，迅速过渡到全脚掌，向后移动时则相反；身体保持收腹立腰，挺胸抬头的姿态；动作始终保持弹动，身体重心随动作移动，V 字步和曼波步等步伐的位置清晰。

图 5-3-1　V 字步

图 5-3-2　曼波步

（2）学练建议

①单一步伐练习：每一个步伐单独练习，巩固提高基本步伐动作技术。

②结合上肢动作练习：对称性手臂动作结合交替类基本步伐练习，如后踢腿 + 手臂并掌推起、踏步 + 手臂摆动、V 字步 + 开掌侧上举等，提高肢体配合能力。

③标志物练习法：步伐练习可采用地上贴标志物的方式，如地面用脚丫图案贴出 V 字形状，踩点练习；再如交叉步可将每一步脚尖的方向、出脚的顺序等标志在地上，帮助同学们踩点和按照顺序进行练习。

④拓展练习：加快步伐的节奏，改变步伐的方向。

2. 迈步类基本步伐

图 5-3-3　并步

图 5-3-4　交叉步

迈步类步伐是一脚迈出，另一脚跟随做出不同形式的动作，如点地、踢腿、吸腿等。常见的迈步类步伐有并步、交叉步、迈步点地、迈步吸腿等；动作完成有高、低冲击形式。

（1）动作要领

一腿向前或者侧迈出一步，滚动式缓冲落地，重心随即转移，另一腿跟随，做出不同的姿态。

动作始终保持弹动，身体重心随动作移动，点地时用脚尖触地，踢腿时保持腿部伸直，吸腿时大腿保持平行于地面，后屈腿时大小腿折叠后屈并绷脚尖；动作过程中身体保持收腹立腰、挺胸抬头的姿态，踝、膝、髋关节要有弹性。

（2）学练建议

①多种形式的手臂动作结合基本步伐练习，如迈步后屈腿＋手臂上举、并步跳＋手臂绕环、迈步后屈腿＋手臂上举等形式，提高肢体协调配合能力。

②配合音乐基本步伐练习，提高协调配合和联动能力。

③“递加”或者“递减”练习，如迈步类（迈步点地、迈步吸腿、迈步屈腿、吸腿）练习由 2 次增加到 4 次，再增至 8 次，反之则由多到少。

④拓展练习：改变动作方向和路线，加大动作幅度和强度。

（二）组合技能练习

1. 弹动组合

弹动是健美操的特色动作，也是健美操区别于其他项目的特点之一，形式多样。

本练习动作说明：音乐前奏 2×8 拍；踝关节弹动 2×8 拍；一字步＋踝关节弹动 2×8 拍；膝关节弹动 2×8 拍；一字步＋膝关节弹动 2×8 拍。

（1）动作要领

踝关节弹动时身体直立（以脊椎为中轴线），两脚并拢伸直，踝关节有控制地屈伸；膝关节弹动时和双膝弯曲时其投影线在脚尖上方，伸直时向后上方控制性用力，避免强直性伸展，腿部肌肉协调用力，控制膝、踝关节有节律地弹动，身体重心上下起伏，保持律动，富有动感。

（2）学练建议

①单一技术练习：双手叉腰弹动组合练习，巩固提高弹动基本技术。

②结合上肢动作练习：对称性或者非对称性手臂动作结合弹动技术练习，提高肢体配合能力。

③配合音乐弹动练习：提高协调配合和联动能力。要求保持弹动技术动作，手臂动作位置准确、轨迹清晰，动作过程协调流畅、快速有力。

④拓展练习：弹动中加入其他步伐，也可改变动作的方向。

2. 中职健美操一级规定套路

以健美操基本动作为基本元素的套路动作是健美操学习和练习的最终目的，能展示健美操的连续性、熟练性和准确性，体现健美操运动的技术特征和艺术表现力。

（1）动作要领

成套动作时间：1 分钟。

左右对称各 2 个操化组合，每个组合包含 4 个 8 拍动作。

音乐速度：20 拍 /10 秒。

（2）学练建议

①口令提示法：教师用动作名称或术语结合口令的方式指导和提醒学生进行练习，使动作练习和言语标记之间建立联系，通过耳听（音乐、口令），眼看（教师示范），心数（拍节），体动（做练习），全方位同步进行，加深动作理解并形成动力定型，提高熟练性和连贯性。

②想象法和表象法：通过前期对基本套路技术要领的想象，在大脑皮层留下技术“痕迹”，然后在练习中激活这些痕迹，使技术动作完成得更加顺利；学生通过对过去完成的正确技术动作的回忆与再现，唤起临场感觉。

③固定动作加入法：在成套动作的每一个组合之间加入固定动作，便于唤醒动作记忆并保持动作的连贯性。

④拓展练习：分组练习、轮流练习、表演展示。

模块二

本模块在上一模块学练的基础上，进阶性地设置了健美操新的学练内容。其中，单项技术学练包括抬腿类和双腿类基本步伐；组合技能练习设置的是高冲击步伐组合（一）、中职健美操二级规定套路。同学们学练本模块的内容，在掌握一定难度的单项技术和组合技能的基础上，能够参与本模块设置的比赛活动，并为难度更高的下一模块学练做好铺垫。

（一）单项技术学练

1. 抬腿类基本步伐

图 5-3-5 踢腿和抬腿

抬腿类步伐是健美操基本步伐之一，有高、低冲击形式。低冲击形式有吸腿、踢腿、弹踢腿等，高冲击形式有吸腿跳、踢腿跳、弹踢腿跳等。

（1）动作要领

低冲击抬腿类步伐，一腿站立，另一腿以多种方式抬起，如向上快速踢腿、向前下方弹踢、向上吸腿等。高冲击抬腿类步伐，一腿跳起，另一腿屈膝向上吸腿跳、快速向上摆动、弹踢跳等。抬腿类动作要求身体重心保持稳定，抬起的脚绷脚尖，以脚尖先落地并屈膝缓冲，定位迅速准确，动作有力，身体核心收紧。

（2）学练建议

①单一步伐练习：抬腿类步伐每个步伐反复练习，可采用递减或递增的方法，如上步吸腿，左右腿连续 16 次减少到左右腿 8 次，再减少到左右腿 4 次；巩固提高弹动基本技术。

②结合上肢动作练习：抬腿类步伐是一个能锻炼到全身肌群的动作，可以结合单双臂摆动、对称绕和非对称绕等多种形式的手臂动作，提高肢体配合能力。

③音乐伴奏方法练习：选择不同风格的音乐和节奏进行练习，提高动作的表现力。

④拓展练习：SSD 练习，这是抬腿类和迈步类步伐中进行变换的主要方法，如吸腿，即左腿—右腿—左腿—左腿。

2. 双腿类基本步伐

双腿类步伐多数情况下以高冲击形式出现，如并腿跳、开合跳、弓步跳、吸腿跳、踢腿跳、弹踢腿跳等。

（1）动作要领

开合跳和弓步跳：两腿并拢直立开始，双膝经弯曲后两脚同时用力向上跳起，同时双脚向两侧分开落地。开合跳落地时膝关节自然微屈缓冲，弓步时一腿弯曲，一腿伸直，脚尖与膝关节方向保持一致。重心在两腿之间，接着两脚同时用力向上跳起，落地时成并腿姿势，身体保持直立，腰背平直，抬头

图 5-3-6 开合跳

图 5-3-7 侧、前弓步跳

图 5-3-8 弹踢腿跳

挺胸。双腿类动作要求身体姿态清晰、位置准确，身体重心保持平衡，跳跃落地以脚尖先落地并屈膝缓冲，脚尖膝盖方向一致，正确发力，身体核心收紧。

（2）学练建议

①单一步伐练习：双腿类跳跃步伐可以提高心率和身体机能，巩固提高弹动基本技术。

②结合上肢动作练习：双腿类跳跃步伐是一个能锻炼到全身肌群的动作，可以结合单双臂摆动、对称绕和非对称绕等多种形式的手臂动作，提高肢体配合能力，如弹踢腿跳 + 手臂屈伸。

③重复练习法：可采用定次数或者定时间的方法进行重复，每组 8~12 次或每组 30 秒。

④拓展练习：改变动作方向、移动形式等，如前后左右开合跳形成一个方形，加强移动控制。

> **注意事项**
>
> 在跳起的时候身体保持收紧；在下落的时候脚尖先着地，同时膝盖微屈缓冲，动作过程保持弹动。

（二）组合技能练习

1. 高冲击步伐组合（一）

本练习动作说明：1 × 8 拍，左右并步跳 4 次；2 × 8 拍，跑步；3 × 8 拍，小马跳 4 次；4 × 8 拍，同 1 × 8 拍。

（1）动作要领

步伐连贯流畅，动作富有节奏和动感，身体姿态控制准确。

（2）学练建议

①线性连接法：学习动作 A、B，然后连接动作 A 和动作 B，再学习动作 C、D，最后把组合动作连接在一起。可以反复练习，边学习边练习，保持一定的运动负荷，也可不断增加新的动作内容。

②重复间歇练习：重复 3~5 组，间歇 30 秒。

③对称练习：先练习左侧开始的动作，再练习右侧开始的动作。有针对性地采用对称动作练习法，以达到锻炼双侧的协调能力。

④拓展练习：增加操化单元中的步伐数量，加大难度。

2. 中职健美操二级规定套路

（1）动作要领

成套动作时间：1 分钟 30 秒。

左右对称各 3 个操化组合，每个组合包含 4 个 8 拍动作。

第二风格组合 4 个 8 拍。

音乐速度：22~24 拍 /10 秒。

（2）学练建议

①递加法：先练习基本步伐，逐步加入手臂动作，或者先练习手臂动作再加入步伐；先不改变方向，熟练以后再加入方向的变化；先练习小组合动作，再练习成套动作。

②表象练习法：同模块一的一级规定套路学练建议。

③重复练习法：不间断地进行重复动作的练习，提升动作的本体感觉，加深肌肉记忆，巩固技术技能。

模块三

本模块难度有所增加，在单项技术学练方面设置了团身跳、单足转体 180°；组合技能练习设置了高冲击步伐组合（二）、中职健美操三级规定套路。本模块的学习有助于同学们参与更高要求的健美操比赛。

（一）单项技术学练

图 5-3-9 团身跳

1. 团身跳

（1）动作要领

站立开始，左脚向前迈出一步，右脚迅速跟随成双腿半蹲姿势，同时双臂向后摆动，双脚同时向上发力跳起，跳起后双膝上收至胸前，双手上摆并抱小腿前部，使膝盖贴近胸部；下落时双脚同时落地并屈膝缓冲后成直立姿势。

（2）学练建议

①辅助练习法：从高处起跳练习（高度在 20~30 厘米），可在少消耗能量的条件下有效增加腾空高度，延长腾空持续时间，充分完成空中的复杂动作，提高空间定向能力。

> **注意事项**
>
> 双腿并腿向上跳起，双腿屈膝靠近胸前空中成团身姿势，绷脚尖，起跳有力，腾空有高度，落地缓冲。

②设置标志物：在一定的高度上设置标志物，提醒动作完成时触及标志物，提高动作质量。

③克服外部环境阻力的练习：在沙地、草地、木屑跑道、坡地、台阶等场所做各种跑、跳练习，发展力量素质。

④拓展练习：跳深练习，从高处跳下紧接着团身跳。

2. 单足转体 180°

（1）动作要领

一脚上步提踵立，另一脚尖内收于支撑腿膝关节处，手臂挥动带动转体 180°。转体过程中提气立腰，保持身体控制，无跳动，脚跟不落地。

（2）学练建议

①辅助练习法：借助一定的器械，如手扶墙壁、把杆等进行吸腿姿势的立踵练习，也可以在他人的扶持下保持身体姿态的稳定，完成动作。

图 5-3-10　单足转体 180°

②臂带动练习：掌握正确的手臂带动方法和路线，体会与身体协调一致用力的方法和顺序。

③完整动作练习：按照动作要领完整练习。

④拓展练习：增加转体度数，如转体 360°。

> 注意事项
>
> 转体度数精准，运动过程中保持身体控制，姿态优美，无跳动，脚跟不落地。

（二）组合技能练习

1. 高冲击步伐组合（二）

本练习动作说明：1×8 拍，吸腿跳 4 次；2×8 拍，开合跳 4 次；3×8 拍，弹踢腿跳 4 次；4×8 拍，弓步跳 4 次。

（1）动作要领

步伐连贯流畅，动作富有节奏和动感，身体姿态控制准确。

> 注意事项
>
> 高冲击步伐练习的重复次数不能超过 16 次，体重过大者尤其要注意。

（2）学练建议

① 分解练习法：按顺序将动作组合拆分进行单一动作练习。

② 金字塔法和倒金字塔法：就像金字塔的形状一样，动作或片段的重复要么逐步增加，要么逐步减少。这种方法用于重复性动作，便于学生集中状态、强度和技巧，做好动作。

③逐加法：这种方法也称记忆法。采用逐加法时，每次只增加一个动作，动作 A 总是第一个动作，无论做到哪个动作片段，都要回到动作 A 重新开始，或者“从头开始”。逐加法也可以以一段套路为单位增加，如 A 段 +B 段。

2. 中职健美操三级规定套路

（1）动作要领

成套动作时间：1 分钟 30 秒。

左右对称各 3 个操化组合，每个组合包含 4 个 8 拍动作。

第二风格组合 4 个 8 拍。

音乐速度：22~24 拍 /10 秒。

（2）学练建议

①巡回练习法：全部同学划分 2~3 组，根据套路学习内容的四个部分，每组练习其中一部分，按照组别顺序的形式巡回练习套路。练习的过程中，其他组成员需要认真观摩，及时发现问题，互相纠正，提高学习效率。

②重复练习：反复练习套路中的组合动作或者成套动作，提供动作的熟练性和连贯性。

③针对性练习：对套路中较难的动作进行重点练习，可反复多次直到掌握。

④拓展练习：可增加成套动作的开始和结束的创编内容，提高创造力和表现力。

三 参与健美操比赛

请同学们登录课程平台，了解自己感兴趣的比赛活动的方法、要求和注意事项等，自行组织比赛，在竞赛中巩固学练成果。

模块一比赛有：个人抢做赛、个人抢答赛、个人争优赛。

模块二比赛有：个人成套动作展示赛、小组 PK 赛、“团队比拼”、“超越自我”。

模块三比赛有：随机应变个人赛、随机应变团队赛。

四 实施自主评价

在前面学、练、赛的过程中，同学们对自己和身边同学的学习效果有了初步的评判，那么如何系统地评价自己对健美操运动技术的掌握程度和整个运动的理解程度呢？请同学们登录课程平台，进行系统、全面的自主评价。

五 训练专项体能

想要更好地发挥自己的水平，离不开专项体能的支撑。同学们需要不断地训练并提升自己的专项体能，为今后更好地参与健美操运动，乃至在职场中展现出更好的身体素质打牢基础。

请同学们登录课程平台进行纵劈腿、跪姿平板支撑和直体跳的专项体能训练。

项目四
啦啦操

体育中国

在 2018 年 10 月举行的首届世界大学生啦啦操锦标赛上，我国由广西大学和山西医科大学组成的代表队在集体技巧啦啦操精英级项目比赛中，力压韩国队获得冠军。在 2024 年 8 月举行的第二届世界大学生啦啦操锦标赛上，我国由北京师范大学、北京体育大学等组成的代表团，在街舞、花球、爵士舞蹈啦啦操和技巧啦啦操项目中取得一金五银的成绩。

学习目标

1. 学习啦啦操运动的发展、特征与价值，提高对啦啦操运动的认识，树立健康正确的运动观念。

2. 掌握啦啦操运动基本技术要领与基础动作组合，能科学地进行锻炼。

3. 促进身心健康，培养审美能力，磨炼意志品质，提高学习参与、团结合作的能力。

一　了解啦啦操运动

啦啦操是在音乐或口号的衬托下，借助标语、道具等表达手段，以徒手或手持轻器械的技巧动作，或以舞蹈动作为载体，以团队的组织形式，通过展示各种具有强烈感染性的动作，旨在体现团队意识与集体主义精神，反映朝气蓬勃的精神面貌，具有竞技性、观赏性、表演性的体育运动。啦啦操运动 1877 年起源于美国，1998 年被引入我国。2008 年北京奥运会上，啦啦操作为体育表演项目得到了精彩的现场展示。啦啦操分为舞蹈啦啦操和技巧啦啦操。舞蹈啦啦操分为花球、街舞、爵士、高踢腿四个项目；技巧啦啦操分为集体混合、集体全女生、小团体 4~5 人、混合双人四个项目。啦啦操动作讲究短暂加速、定位制动，需要身体肌肉能力及时配合动作节奏，以表现啦啦操的力度和美感。学练啦啦操能帮助同学们增强自信心，提升气质，锻造顽强的拼搏精神；还能培养团队精神和相互信任的集体氛围，激励高昂的斗志，提高整体凝聚力，形成一种荣辱与共的团队意识。此外，啦啦操还可以帮助同学们锻炼柔韧性、协调性、力量等身体素质，对今后从事对身体灵活度、躯干稳定性要求较高的职业有较大帮助。

二 学练啦啦操技能

模块一

本模块设置了啦啦操中较为基础的技术内容。其中，单项技术学练包括上肢基本动作、下肢基本动作、难度技术动作（一）；组合技能练习设置的是36个手位练习组合、4×8拍花球动作组合。同学们学练本模块的内容，能提高基本的技术水平，为参与本模块设置的比赛提供保障，为后续模块的学练奠定基础。

（一）单项技术学练

模块一的单项技术是啦啦操的基本入门技术。我们需要掌握36个手位、下肢动作，了解啦啦操运动的特点与魅力，同时强化上肢力量与灵敏性、协调性。

1. 上肢基本动作

（1）动作要领

啦啦操的基本手位动作，根据动作的结构、方向、形式的不同，可以分为上举类、下举类、平举类、斜举类、屈臂类、冲拳类六大类。

上举类：上V、上X、X、上A、上H、上L、O。

下举类：下V、下X、下A、下H、下L。

平举类：T、前X、持烛式。

斜举类：斜线、K、侧K。

屈臂类：上M、下M、W、短T、小H、屈臂X、弓箭、小弓箭、加油、R、短剑、屈臂H、后M。

冲拳类：高冲拳、侧下冲拳、侧上冲拳、斜上冲拳、斜下冲拳。

图5-4-1 上V

图5-4-2 上X

图5-4-3 X

图5-4-4 上A

图5-4-5 上H

图5-4-6 上L

图5-4-7 O

图5-4-8 下V

图5-4-9 下X

图5-4-10 下A

图5-4-11 下H

图5-4-12 下L

图 5-4-13 T

图 5-4-14 前 X

图 5-4-15 前 X（侧）

图 5-4-16 持烛式

图 5-4-17 持烛式（侧）

图 5-4-18 斜线

图 5-4-19 K

图 5-4-20 侧 K

图 5-4-21 上 M

图 5-4-22 下 M

图 5-4-23 W

图 5-4-24 短 T

图 5-4-25 小 H

图 5-4-26 屈臂 X

图 5-4-27 弓箭

图 5-4-28 小弓箭

图 5-4-29 加油

图 5-4-30 R

图 5-4-31 短剑

图 5-4-32 屈臂 H

图 5-4-33 后 M

图 5-4-34 高冲拳

图 5-4-35 侧下冲拳

图 5-4-36 侧上冲拳

图 5-4-37 斜上冲拳

图 5-4-38 斜下冲拳

（2）学练建议

①徒手完成单个基本动作，要求记住动作名称。

②同类型动作按顺序徒手练习。

③手持花球按相应技术要求练习。

④拓展练习：打乱动作顺序，按教师随机讲出的动作名称进行练习。

2. 下肢基本动作

（1）动作要领

并腿站：两脚、两腿并拢，收腹，收臀。

分腿站：两腿分立与肩同宽，脚尖略微外开，收腹，收臀。

前弓步：前腿弯曲且膝盖弯曲程度不超过脚尖，后腿弯曲膝盖方向向下，重心落于两腿之间，收腹，收臀。

侧弓步：一侧腿弯曲，膝盖转向同侧约 45° 方向，膝盖方向与脚尖方向一致，且弯曲程度不超过脚尖；另一侧腿伸直向体侧延伸，以大脚趾点地。

半蹲：屈膝半蹲时膝盖对准脚尖，髋稍前倾使臀部向后下方运动，腰腹收紧。

图 5-4-39 并腿站

图 5-4-40 分腿站

图 5-4-41 前弓步

图 5-4-42 侧弓步

图 5-4-43 半蹲

图 5-4-44 半蹲（侧）

（2）学练建议

①下肢动作练习时，双手叉腰。

②结合基本手位练习。

3. 难度技术动作（一）

（1）连续 4 次吸踢腿

动作要领：起腿要轻，踢腿要快，落腿要稳。始终保持膝关节伸直，脚面绷直。支撑腿保持伸直，连续吸踢腿时注意重心的及时转移。

学练建议：①先完成单脚连续吸踢腿练习，保持动作准确。

②每条腿分别完成一次单腿吸踢腿练习。

③进行左右脚练习，最后完成 4 次连贯练习。

④拓展练习：以不同的节奏练习，再进行行进间练习。

> 注意事项
>
> 双腿伸直，保持躯干的稳定性。

（2）直体跳

动作要领：双腿并拢，手臂侧下举，屈膝屈髋缓冲蹬地，腾空直腿跳起。同时手臂上摆至侧上举，然后双腿落地屈膝屈髋缓冲，双手臂还原。

学练建议：①先完成腿部跳跃动作，不加手臂。

②双手同时进行摆臂练习。

③上下肢整合练习，提高运动的幅度。

④拓展练习：练习落地缓冲动作，然后进行行进间练习。

> 注意事项
>
> 上体直立，保持躯干的稳定性，手臂制动。

（3）分腿小跳

动作要领：垂直起跳，脚蹬直，绷脚面两侧分开，两腿夹角大约是 60°。同时躯干呈直线状态，挺胸、立腰、收腹，手臂侧上举，体前交叉摆臂再次摆到侧上举，双腿主动并拢轻落地，屈膝屈髋缓冲。（注意事项同直体跳。）

学练建议：①先完成直体跳的完整动作。

②完成腿部跳跃动作，快速蹬地分腿跳起。

③加手臂摆动，提高运动的幅度。

④拓展练习：练习落地缓冲动作，然后进行行进间练习。

（4）前吸腿平衡

动作要领：一腿支撑站立，另一腿屈膝抬起，脚收于支撑腿的膝盖处，屈腿的膝盖向前，双手臂侧上举。（注意事项同直体跳。）

学练建议：①先完成单腿支撑动作，保持平衡。（稳定性不足的同学多加练习。）

②吸腿高抬，脚收于支撑腿的膝盖处。

③两腿交替练习。

④拓展练习：登台阶前吸腿平衡练习；站在不平衡的地面进行前吸腿平衡练习。

（5）平转 180°

动作要领：以右转为例。左腿直立，右脚尖前点地过渡到向右一步，右臂前举水平展开至侧平举，左臂始终侧平举，头部右转 90°，眼平视目标点。两脚在一条直线上向视线方向移动，左脚蹬地转身完成转体 180°，并快速过渡重心到右脚。

学练建议：①完成腿部慢动作，两腿打开时与肩同宽，高提踵完成。

②加手臂摆动，加快旋转速度。

③连续平转 180° 练习。

④拓展练习：朝不同方向进行平转 180° 的练习。

注意事项

踝关节稳定，重心稳定，保持身体立直，眼睛始终看向前进方向。

（二）组合技能练习

将单个技术有序地排列组合，形成流畅的组合练习，有效地帮助学练。

1. 36 个手位练习组合

第 1 个 8 拍：下 A、上 A、上 V、下 V、加油、T、短 T、W。

第 2 个 8 拍：上 L、下 L、斜线、K、侧 K、弓箭、小弓箭、短剑。

第 3 个 8 拍：侧上冲拳、侧下冲拳、斜下冲拳、斜上冲拳、高冲拳、R、上 M、下 M。

第 4 个 8 拍：下 X、前 X、上 X、屈臂 X、X、上 H、小 H、屈臂 H。

第 5 个 8 拍：持烛式、后 M、O、下 H。

练习要求：①跟音乐两拍一动完成。②跟音乐一拍一动完成。

2. 4×8 拍花球动作组合

练习要求：①跟音乐两拍一动完成。②跟音乐一拍一动完成。

模块二

本模块在上一模块学练的基础上，进阶性地设置了啦啦操新的学练内容。其中，单项技术学练包括街舞律动基础动作、难度技术动作（二）；组合技能练习设置的是 4×8 拍花球练习组合、4×8 拍街舞元素练习组合。同学们学练本模块的内容，在掌握一定难度的单项技术和组合技能的基础上，能够参与本模块设置的比赛活动，并为难度更高的下一模块的学练做好铺垫。

（一）单项技术学练

在掌握模块一技术的情况下，可以练习啦啦操流行元素基本动作、难度技术动作。这对练习者有一定的身体水平要求，同时能够提升欣赏啦啦操运动美、形态美的能力。

1. 街舞律动基础动作

（1）胸部 Up Down

动作要领：

Down：两腿分开站立，胸部稍稍挺出；重拍的时候胸部向后缩，即含胸；弱拍的时候胸上提。反复这样做重弱拍的连续练习。

Up：两腿分开站立，稍稍含胸；重拍的时候胸部向上提；弱拍的时候胸后缩，即含胸。反复这样做重弱拍的连续练习。

学练建议：①完成含胸与挺胸的练习。

②增加幅度，明确发力点及重弱拍问题。

③分别按 8 拍练习重拍在挺胸和重拍在含胸的动作。

④拓展练习：跟随不同的音乐节奏练习。

> **注意事项**
> 在做 Up Down 的时候注意不要动肩膀。

（2）膝关节 Up Down

动作要领：

Down：直腿分开站立，保持放松的姿势；重拍的时候弯曲膝关节；弱拍的时候挺直膝盖。反复这样做重弱拍的连续练习。

Up：弯曲分开蹲立，保持放松的姿势；重拍的时候快速挺直膝盖；弱拍的时候弯曲膝关节。反复这样做重弱拍的连续练习。

学练建议：①完成膝关节屈伸时的身体练习，然后尝试重弱拍变换。

②重拍做完后快速反弹呈弱拍的姿势，整个过程中保持连续的弹动性。

③重拍在向下和重拍在向上按 8 拍分别练习。

④拓展练习：跟随不同的音乐节奏练习。

注意事项

配合音乐练习时要与音乐节奏吻合。重拍动作的速度要快，幅度要大。

（3）整体 Up Down

动作要领：把胸部和膝关节的 Up Down 结合起来，即胸部和膝关节同时做出 Up Down 的动作。练习时可带上肢的动作，协助身体更好地完成 Up Down，并加强整个身体的律动。

学练建议：①分别完成胸部和膝关节的 Up Down。

②完成组合练习，整个过程中保持连续的律动性。

③分别按 8 拍练习重拍在向下和重拍在向上的动作。

④拓展练习：跟随不同的音乐节奏练习。

注意事项

胸部和膝关节的 Up Down 协调一致。重拍动作的速度要快，幅度要大。

2. 难度技术动作（二）

（1）C 跳（后屈腿跳）

动作要领：双腿起跳，胯部向外推，从头到膝盖形成一个弧形。此时，手臂、躯干、腿形成 C 形。

学练建议：①原地练习躯干、手臂与腿部形成 C 形，体会此时髋部的发力。

②尝试腾空小跳起，完成 C 跳。

注意事项

屈膝，用腿部肌肉力量爆发跳起。跳起时躯干、手臂与腿部形成 C 形。

（2）团身跳

动作要领：双腿并拢，手臂侧上举，屈膝屈髋缓冲蹬地，腾空吸腿跳起至胸前。同时，手臂前交叉经侧上摆至侧上举，然后双腿落地屈膝屈髋缓冲。

学练建议：①完成腿部跳跃动作，不加手臂。

②加手臂摆动，提高跳跃的幅度。

③俯卧地面做后屈腿练习。

④拓展练习：行进间练习，原地连跳练习。

注意事项

保持团身跳的稳定性很重要。团身跳腾空时，屈膝积极抬起靠近胸前，落地缓冲。

（3）屈腿搬腿平衡（前）

动作要领：以右搬腿为例，左脚屈膝支撑站立，右腿正向抬起举至体前，双手抱住右脚小腿，保持平衡。

学练建议：①单手扶把或固定物体，进行屈腿正向搬腿练习，然后过渡到腿伸直。

②将腿架高压腿，完成辅助练习。

③两腿交替练习。

④拓展练习：登台阶进行屈腿搬腿平衡练习；站在倾斜的地面

注意事项

始终保持身体的稳定性，被搬的腿尽量靠近躯干。

上进行屈腿搬腿平衡练习。

（4）吸转 360°

动作要领：以右脚支撑转体为例。两腿并拢，右脚向前一步；同时重心移到右脚，左脚顺势蹬地，左腿前吸抬起，右腿支撑经左侧旋转 360°，两臂于胸前交叉。

学练建议：①完成 90° 吸腿转，技术稳定后再完成 180° 吸腿转。

②在躯干稳定后，再增加旋转的角度。

③立脚踝、手臂配合动作练习。

④拓展练习：朝不同方向进行吸转 360° 的练习。

> **注意事项**
>
> 支撑脚在旋转时，需要立踵。踝关节稳定，重心稳定，保持身体立直。

（5）纵劈叉

动作要领：由站立姿势开始，单腿向前滑动，两腿前后拉开呈一直线，前腿后部着地，脚面绷直同时脚背外旋，后腿开跨，大腿内侧着地，脚背绷直，抬头挺胸上体立直。

学练建议：①两腿依次向前抬起放到双腿成 90° 的高度，向前压腿与压后腿交替完成压腿。

②前后腿向前后方缓缓下滑至双手撑地，继续打开双腿直到成为“一”字。如有困难可进行单腿向前的跨跳式压腿。

③仰卧姿态下进行有协助的纵劈腿压腿。

④拓展练习：纵劈腿时增加前腿或者后腿的高度。

> **注意事项**
>
> 一定要慢慢下落或者有保护与帮助，前后腿需贴紧地面。

（二）组合技能练习

1. 4 × 8 拍花球练习组合

练习要求：①跟音乐一拍一动完成。②跟音乐 + 编排完成。

2. 4 × 8 拍街舞元素练习组合

练习要求：①跟音乐两拍一动完成。②跟音乐一拍一动完成。

模块三

本模块难度有所增加，在单项技术学练方面设置了难度技术动作（三）；组合技能练习设置了 4 × 8 拍爵士啦啦操动作组合、4 × 8 拍花球成套动作。本模块的学习有助于同学们参与更高要求的啦啦操比赛。

（一）单项技术学练

难度技术动作（三）

（1）小跨跳

动作要领：前腿向上蹬摆，后腿顺力上提，保持脚尖与膝盖绷直，上身保持直立。

学练建议：①原地进行双腿的向上蹬摆练习。

②进行上步起跳动作练习。

③行进间进行小幅度的跨跳练习，逐步加大幅度。

④拓展练习：行进间连续小跨跳练习。

> 注意事项
> 双腿膝盖、脚尖绷直，上身直立，落地注意缓冲。

（2）击腿跳（前、侧）

动作要领：向前迈主力脚，身体在空中紧绷，打击腿快速敲击，落地平稳缓冲，双臂在身体两侧收紧。

学练建议：①进行单次的原地击腿练习。

②进行击腿跳跃练习。

③拓展练习：连续多次击腿跳练习。

> 注意事项
> 身体、双腿在空中直立，双臂紧贴躯干，注意脚踝、膝盖的落地缓冲。

（3）4 次中踢腿

动作要领：起腿轻，踢时快，落腿时重心要稳。保持膝关节伸直，脚面绷直。支撑腿保持伸直，在连续踢腿时注意重心的转移。

学练建议：①先完成单脚一次中踢腿练习，保持动作准确。

②再进行左右脚练习，最后完成 4 次连贯练习。

③拓展练习：进行不同方向的中踢腿练习。

> 注意事项
> 双腿保持伸直，躯干保持正直，并保持躯干的稳定性。

（4）侧搬腿平衡

动作要领：全身紧张，头部要向上顶，颈部要立直，胸要挺直，腰要立，腿向上伸直，左右交叉进行。

学练建议：①在柔韧性完全压开后，进行搬腿平衡练习。

②左右腿交替练习。

③拓展练习：登台阶进行侧搬腿平衡练习；站在倾斜的地面上进行侧搬腿平衡练习。

> 注意事项
> 躯干紧张，左右重心交替，并保持重心的稳定。

（二）组合技能练习

1. 4×8 拍爵士啦啦操动作组合

练习要求：①跟音乐两拍一动完成。②跟音乐一拍一动完成。

2. 4×8 拍花球成套动作

练习要求：在音乐的伴奏下，熟练完成已学啦啦操的成套动作，增加 3~5 个队形的变化；准确把握音乐风格和技术动作。

三 参与啦啦操比赛

请同学们登录课程平台，了解自己感兴趣的比赛活动的方法、要求和注意事项等，自行组织比赛，在竞赛中巩固学练成果。

模块一比赛有：以单个技术比赛、单个难度比赛为主的个人赛。

模块二比赛有：个人赛、组合动作及自选动作团队赛。

模块三比赛有：个人赛、团队赛、展演赛。

四 实施自主评价

在前面学、练、赛的过程中，同学们对自己和身边同学的学习效果有了初步的评判，那么如何系统地评价自己对啦啦操技术的掌握程度和整个运动的理解程度呢？请同学们登录课程平台，进行系统、全面的自主评价。

五 训练专项体能

想要更好地发挥自己的水平，离不开专项体能的支撑。同学们需要不断地训练并提升自己的专项体能，为今后更好地参与啦啦操运动，乃至在职场中展现出更好的身体素质打牢基础。

请同学们登录课程平台进行上肢力量、核心力量和下肢力量的专项体能训练。

第六单元

武术与民族民间传统体育类运动

文化是一个民族或国家的根，是一个民族或国家区别于其他民族或国家的根本标志。我们要发展社会主义先进文化，弘扬革命文化，传承中华优秀传统文化，不断提升国家文化软实力和中华文化影响力。中华传统体育文化不仅浸润于中华优秀传统文化，而且还吸收了世界现代体育文化的营养，能为培育时代新人、推进体育强国建设提供“源头活水”。传承中华传统体育文化是青少年义不容辞的责任和担当，武术与民族民间传统体育类运动是中华传统体育文化的重要内容和呈现方式。武术与民族民间传统体育类运动要进校园、进教材、进课堂，真正实现中华传统体育文化的传承与弘扬，发挥振奋民族精神、提升爱国热情、传承中华文明等重要的育人作用。本单元设置了太极拳、长拳、舞狮、踢毽子四个项目，供同学们有选择性地进行学练。

通过学练武术与民族民间传统体育类运动，同学们要提高传承与弘扬中华传统体育文化的责任感和使命感，培养在学习、工作和生活中主动担当和团结协作等优秀品质。

项目一
太极拳

体育中国

太极拳发源于我国河南焦作市温县，经数百年的流传，现已成为中国文化的一张名片。从1992年起，我国开始举办国际太极拳年会，以举办太极拳国际交流活动为切入点，架起了对外开放交流的桥梁；随着规模和影响力的扩大，2005年起年会升格为国际太极拳交流大赛。不论是对外交流，还是国际比赛，太极拳都为促进人们的身体健康、加强我国与各国人民的友好往来发挥了重要作用，受到世界人民的欢迎与喜爱。

学习目标

1. 了解太极拳的流派，学会太极拳基本动作和套路，理解并掌握太极拳的健身机理和防身理念，提高身心健康水平，养成终身锻炼的习惯。

2. 掌握太极拳技术动作并能在习练中很好地运用；在不同层次的比赛中演练太极拳，同时通过太极拳习练提高身体素质，培养武术素养，学会自我保护的基本技能。

3. 熟悉太极拳富有哲理的拳理，重视武德礼仪要求，学习中华优秀传统文化，增强文化自信。

一 了解太极拳运动

太极者，无极而生，动静之机，阴阳之母也。太极拳经过长期的流传，演变出了许多流派，主要有陈式太极拳、杨式太极拳、武式太极拳、吴式太极拳、孙式太极拳五大派系，即“五式太极拳”。各式太极拳虽然各有其具体特征，但拳理相同，练习时身体各部位的姿势要求和运动特点基本一致。太极拳柔和、轻灵、缓慢，其运动如抽丝，似展非展，圆活不滞，动中有静，静中有动。太极拳运动富有独特的韵味和深厚的哲理，对练习者的身心有积极良好的促进作用，适用于各类人群。实践证明，太极拳是一种符合人们生理、心理特点的科学健身方法，以人体的“动”来达成强健体魄、平和心境的效果。学练太极拳能帮助同学们提升力量、平衡能力、协调性等身体素质，并进行体能储备，对今后从事对核心力量、身体灵活度要求较高的职业有较大帮助。同时，在演练过程中交流技艺、以武会友，还能帮助同学们形成讲礼守信、见义勇为等优良品德。

二　学练太极拳技能

模块一

本模块设置了太极拳运动中较为基础的技术内容。其中，单项技术学练包括太极拳基本手型、手法，太极拳基本步型、步法与腿法；组合技能练习设置的是丁步＋搂膝拗步、野马分鬃＋云手、丁步抱球＋揽雀尾，以及课程平台中的起势动作＋金鸡独立。同学们学练本模块的内容能提高基本的技术水平，为参与本模块设置的比赛提供保障，为后续模块的学练奠定基础。

（一）单项技术学练

1. 太极拳基本手型、手法

（1）手型

掌：拇指自然分开，四指自然伸展，虎口向上，掌心斜向前。

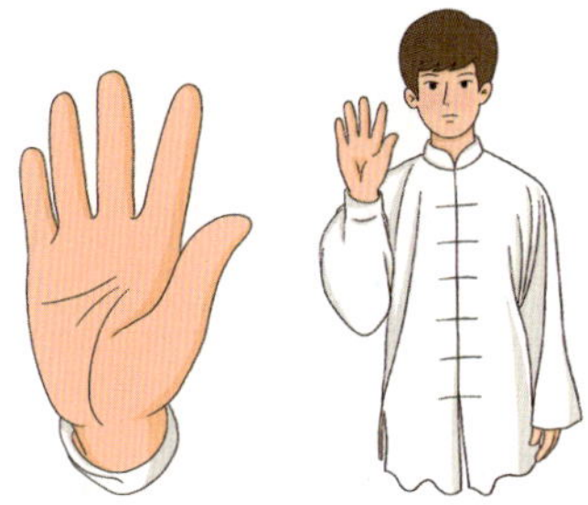

图 6-1-1　太极拳基本手型

（2）手法

①掤：前臂由下向上、向外张架，后手可随之下按，两手臂成弧形。

动作要领：松肩沉肘，手臂保持弧形，劲力圆满，有张力，有弹性。

②捋：通常两手一前一后，前手掌心向下，后手掌心向上，随腰旋转，两手向后下方划弧。

动作要领：两臂下捋与腰部旋转协调配合，同时注意保持胸微含的状态。

③挤：通常以一手附于另一手的手腕内侧，双手向前方挤出。

动作要领：手臂成弧形，前挤时两臂要撑圆。

④按：两手屈肘回按至胸前，手心朝下，然后两手向下经腹前向上弧线按出。

动作要领：松肩沉肘，两臂不可伸直，含胸拔背，舒指坐腕，力达掌根。

图 6-1-2　太极拳手法

2. 太极拳基本步型、步法与腿法

（1）步型

弓步：一腿弯曲，另一腿自然蹬直，膝关节不超过脚尖，后脚尖斜向前 45° 左右，左右脚横跨 20~30 厘米，弓步的高度因人而异，可高可低。

虚步：一腿屈膝半蹲，全脚着地，脚尖斜向前；另一腿弯曲，脚前掌点地。

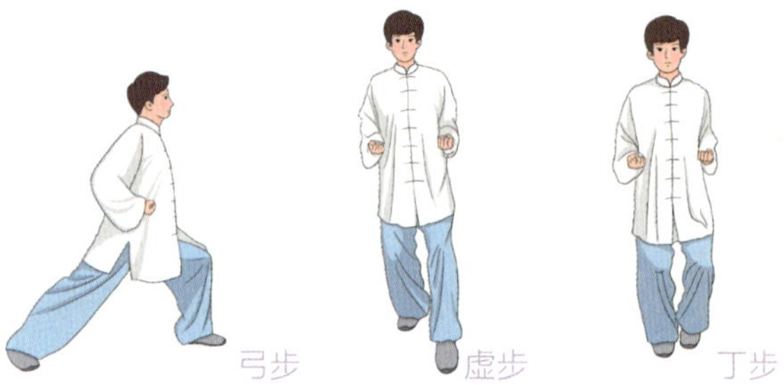

图 6-1-3 太极拳步型

丁步：一腿屈蹲，全脚着地，另一腿屈收，脚停于支撑脚内侧处，前脚掌虚点地面。。

（2）步法

①前进步。预备动作为两手自然垂放在身体两侧，也可以背在身后。

从并步开始，重心移到右腿，左脚轻轻提起，向左开步，脚跟先着地，过渡到脚前掌，然后重心移向两腿之间成左弓步。重心移向右腿，成丁步转体上步，身体微向左转，右脚向前上步，脚跟着地，重心前移，成右弓步。

动作要领：重心由后面支撑腿开始，逐渐蹬地、转腰、前移重心。

②侧行步。从并步站立开始，两腿屈膝下蹲，重心移向右腿，左脚轻轻提起开立，脚尖先着地，然后过渡到全脚，两脚之间保持略宽于肩的距离。重心移向右腿，左脚轻轻提起，向右平行收回，向右脚并步。

> 注意事项
> 身体重心在两条腿之间徐缓、稳定地移动，做到虚实分明。

（3）腿法

图 6-1-4 太极拳腿法

蹬腿：支撑腿微屈站稳。另一腿屈膝提起，然后脚慢慢蹬出，腿伸直，脚尖上勾，腿高过腰部。

动作要领：顶头、立腰，身体整体用力。

3. 学练建议

单个动作定势：依据动作要点，固定基本手型、步型，在保持立身中正的身形基础上完成桩功练习。

下肢动作“虚实”练习：根据步法、腿法中每一个姿势、位置和方向的改变，体会由虚到实、由实到虚的往复运动。

协作配合练习：结合手法的劲力特点、方向等，两人相互配合，由快到慢感受其中的力度。

拓展练习：结合照镜子游戏，练习手型、步型、步法；利用动作攻防特点，练习太极拳的手法。

> 注意事项
> 1. 充分做好准备活动，克服身体各机能的惰性。
> 2. 加强下肢力量和膝关节稳定性的训练。

（二）组合技能练习

1. 丁步＋搂膝拗步

（1）练习方法

准备姿势为丁步，一臂上举，另一臂按压；抬脚迈步，松腰落胯；重心过渡，右臂屈肘；前移弓步，搂膝推掌。

（2）练习要求

前手推出时，身体不可前俯后仰。

2. 野马分鬃 + 云手

（1）练习方法

准备姿势为右野马分鬃；旋臂转掌，左掌前伸；重心左移，两掌交替；上体左转，立圆云掌；扣脚转体，重心左移；抬脚横收，立圆旋臂。

（2）练习要求

体会以腰为主宰带动两臂，重心移动要平稳。

3. 丁步抱球 + 揽雀尾

（1）练习方法

准备姿势为右丁步抱球；上体右转，抱球迈步；重心过渡，两掌交替；弓步前掤，右掌向内；上体右转，两掌前伸；重心后移，转掌下捋；转体划弧，目视左掌；屈臂卷收，两掌相对；弓步前挤，两臂撑圆；旋臂转掌，两掌向下；两掌外分，后坐收掌；两掌下按，落至腹前；重心过渡，两掌前推。

（2）练习要求

向前按时与肩同宽，两肘微屈。

模块二

本模块在上一模块学练的基础上，进阶性地设置了太极拳运动新的学练内容。其中，单项技术学练包括手型、步型与步法；组合技能练习设置的是丁步抱球 + 左右野马分鬃、搂膝拗步 + 进步搬拦捶、丁步抱球 + 左右穿梭，以及课程平台中的虚步 + 闪通臂。同学们学练本模块的内容，在掌握一定难度的单项技术和组合技能的基础上，能够参与本模块设置的比赛活动，并为难度更高的下一模块的学练做好铺垫。

（一）单项技术学练

1. 手型

拳：四指屈握，拇指扣在食指和中指第一指节上，握拳要松握。

勾：五指指尖轻轻撮在一起，屈腕。

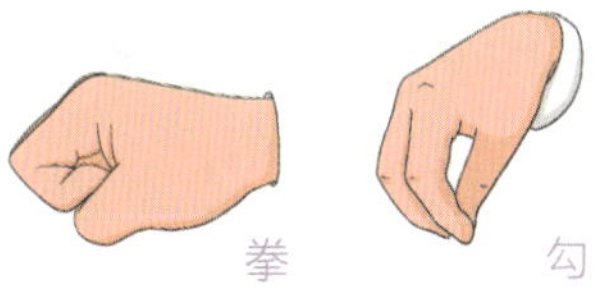

图 6-1-5　太极拳手型

2. 步型与步法

图 6-1-6　仆步

仆步：一腿弯曲全蹲，另一腿向体侧平铺，脚尖与下蹲腿的脚跟在一条直线。

后退步：从虚步站立，左腿轻轻抬起，向后撤步，身体微向左转，右脚以脚掌为轴，脚尖自然转正，再抬脚撤步、转体、转脚，重心

注意事项

1. 加强自我保护意识。在练习中要注意肌肉、韧带的张弛。
2. 做好膝关节整理放松工作。

随撤步向后移动。

3. 学练建议

同模块一。

（二）组合技能练习

1. 丁步抱球＋左右野马分鬃

（1）练习方法

准备姿势为左丁步抱球，上体左转，抱球迈步；重心过渡，两掌交替；弓步分掌，左掌斜上；重心后移，旋臂摆脚；重心前移，两掌合抱；上体左转，抱球收脚。（右野马分鬃动作相反。）

（2）练习要求

两臂分开保持弧形，身体转动以腰为轴。

2. 搂膝拗步＋进步搬拦捶

（1）练习方法

准备姿势为左搂膝拗步；重心后移，左臂外旋；摆脚前移，立圆划弧；抬脚收腿，右掌变拳；右脚内收，划弧合掌；右脚内收，按掌搬拳；右脚迈步，翻转搬拳；摆脚前移，转体旋臂；划弧拦掌，拳旋腰间；拦掌落胯，旋臂打捶；弓步冲拳，掌附臂内。

（2）练习要求

向前冲拳时，沉肩垂肘，右臂微屈。

3. 丁步抱球＋左右穿梭

（1）练习方法

准备姿势为左丁步抱球；抬脚转体，两掌交替；左脚迈步，旋臂翻掌；重心过渡，腰间推掌；弓步架推，目视右掌；重心转移，两掌合抱。（右穿梭动作相反。）

（2）练习要求

前推时，上下肢动作协调一致。

模块三

本模块难度有所增加，在单项技术学练方面设置了更复杂的手法；在组合技能练习方面设置了搂膝推掌＋手挥琵琶、手挥琵琶＋左右倒卷肱、弓步推掌＋单鞭，以及课程平台中的弓步冲拳＋如封似闭。本模块的学习有助于同学们参与更高要求的太极拳比赛。

（一）单项技术学练

1. 手法

> 注意事项
>
> 先慢动作模仿，注意发力的力度，保证安全。

采：采制敌人的劲力。当手肘相持或腕腕相接时，下沉使对方反抗而长托，顺势提带使其脚跟离地，就是采劲的应用。

挒：转移敌方劲力还制其身。可顺应对方劲力的方向，改变其方向，使动作成弧线形式。

肘：以肘击人。用肘尖沉带对方，可形成牵引的劲力。

靠：用肩、背、胯的外侧击打。双方贴近时才能使用靠。

2. 学练建议

单个技术模仿：依据上述四种手法的特点进行模仿练习，掌握其要点。

攻防协作体验：两人协作，利用小体操垫、手靶、脚靶等器材，体验手法的劲力。

（二）组合技能练习

1. 搂膝推掌 + 手挥琵琶

（1）练习方法

准备姿势为搂膝推掌；重心前移，右脚跟步；重心后移，舒掌转体；左脚抬起，上体回转；左脚落步，胸前合臂。

（2）练习要求

身体要平稳自然，沉肩垂肘，胸部放松。

2. 手挥琵琶 + 左右倒卷肱

（1）练习方法

准备姿势为手挥琵琶；上体右转，右掌外旋；右掌划弧，左臂外旋；旋臂转掌，两掌向上；抬脚屈肘，右掌卷收；左脚退步，右掌前推；重心后移，虚步推掌。（右倒卷肱动作相反。）

（2）练习要求

退步时，脚掌先着地，再慢慢全脚踏实。

3. 弓步推掌 + 单鞭

（1）练习方法

准备姿势为右弓步推掌；重心左移，跷脚旋臂；扣脚划弧，转体云掌；重心右移，两掌交替；立圆云掌，上体右转，左脚内收，右掌变勾；左脚迈步，左掌划弧；重心前移，弓步落掌。

（2）练习要求

躯干保持中正，松腰。

三 参与太极拳比赛

请同学们登录课程平台，了解自己感兴趣的比赛活动的方法、要求和注意事项等，自行组织比赛，在竞赛中巩固学练成果。

模块一比赛有：八式太极拳整套动作赛。

模块二比赛有：十六式太极拳整套动作赛。

模块三比赛有：二十四式太极拳整套动作赛。

四 实施自主评价

在前面学、练、赛的过程中，同学们对自己和身边同学的学习效果有了初步的评判，那么如何系统地评价自己对太极拳运动技术的掌握程度和整个运动的理解程度呢？请同学们登录课程平台，进行系统、全面的自主评价。

五 训练专项体能

想要更好地发挥自己的水平，离不开专项体能的支撑。同学们需要不断地训练并提升自己的专项体能，为今后更好地参与太极拳运动，乃至在职场中展现出更好的身体素质打牢基础。

请同学们登录课程平台进行望月平衡、提膝穿掌和升降桩的专项体能训练。

项目二
长 拳

体育中国

中国武术在世界体育之林独树一帜，在中华优秀传统文化中非常具有代表性。我国通过派出武术访问团、开展国际性武术竞赛活动、创编国际竞赛长拳套路等方式向世界推广中国武术，传播优秀体育文化。自1990年第11届北京亚运会首次将武术列为比赛项目以来，我国运动员已多次获得亚运会长拳冠军。长拳已成为亚运会、青奥会、世界武术锦标赛等赛事的主要比赛内容，这对武术在世界范围内的传播具有深远的意义。

学习目标

1. 了解长拳的特点和价值，理解武德与武术礼仪知识。

2. 掌握武术段位制长拳二段单练、对打、拆招和接触性防守的基本技法，具备手、眼、身法、步及攻防的协调配合能力和快速反应能力，提高身体的灵敏性、柔韧性、协调性等能力。

3. 养成规则意识、尊重意识和锻炼意识，培养持之以恒、勤学苦练的品质和自强不息的拼搏精神。

一　了解长拳运动

现代武术运动中的长拳沿用了明代长拳的称谓，以具有广泛群众基础的查拳、华拳、花拳、炮拳、红拳以及少林拳等拳种的动作素材和基本技法为基础，以四击、八法、十二型为技法标准，创编出规定长拳、自选长拳、段位长拳等套路。长拳运动强调内外合一、形神兼备，具有姿势舒展、动迅静定、劲力饱满、节奏鲜明的特点。长拳被各级各类学校选为开展青少年武术教育的主要内容，其中尚武崇德是武术教育的基本原则：“尚武”能培养自强不息的精神，磨炼坚强的意志品质；“崇德”能培养厚德载物、与人为善、包容万物的气度。长拳运动可锻炼力量、速度、柔韧性、协调性和灵敏性等身体素质，对今后从事需要身体协调配合能力和快速反应能力的职业有较大帮助。

二 学练长拳技能

模块一

本模块设置了长拳运动中较为基础的技术内容。其中，单项技术学练设置了基础的劈掌动作，以及课程平台中的丁步、冲拳、正踢腿、单拍脚、勾踢、提膝独立；组合技能练习设置的是右弓步冲拳＋跃步劈掌，以及课程平台中的单拍脚＋仆步抡拍、并步抱拳＋并步推掌＋正踢腿、马步架冲拳＋提膝亮掌＋弓步架掌。同学们学练本模块的内容能提高基本的技术水平，为参与本模块设置的比赛提供保障，为后续模块的学练奠定基础。

（一）单项技术学练

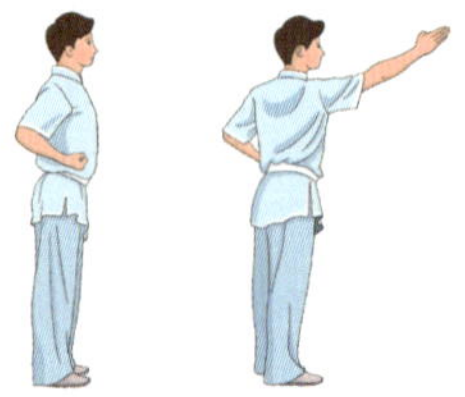
图 6-2-1 劈掌

劈掌

（1）动作要领

两脚左右开立，两拳抱于腰间，拳心向上。右拳变掌，右臂伸直由体后向上经过头上方向前快速劈击，拇指一侧朝上，高与肩平。目视前方。左右手交替进行练习。

（2）学练建议

①练习单臂由后向前绕环，逐渐加快练习速度。左右臂交替进行练习，体会肩膀放松，抡臂圆顺。

②动作熟练以后练习原地劈掌动作，劈掌要快速制动。

③可以进行上同侧步劈掌动作练习，左右交替进行练习。

④进行上异侧步劈掌动作练习，左右交替进行练习。

⑤拓展练习：同侧弓步劈掌、异侧弓步劈掌。

> **注意事项**
> 1. 练习前一定要充分热身，尤其是进行肩关节的拉伸，提高肌肉的灵活性。
> 2. 抡臂要迅速，劈掌要有力。

（二）组合技能练习

右弓步冲拳＋跃步劈掌

（1）练习方法

图 6-2-2 右弓步冲拳＋跃步劈掌

（2）练习要求

跃步要迅速，劈掌要快速有力，力达掌外沿。

弓步、劈掌动作要同时完成。

模块二

本模块在上一模块学练的基础上，进阶性地设置了长拳运动新的学练内容。其中，单项技术学练包括挂臂、侧踹腿，以及课程平台中的虚步、反劈拳、击步、蹬腿、腾空飞脚；组合技能练习设置的是蹬腿 + 侧踹腿、武术段位制长拳二段单练套路，以及课程平台中的并步收掌 + 虚步推掌、搂手勾踢 + 弓步反劈拳、丁步勾手亮掌 + 抡挂臂 + 弓步外格 + 虚步推掌。同学们学练本模块的内容，在掌握一定难度的单项技术和组合技能的基础上，能够参与本模块设置的比赛活动，并为难度更高的下一模块的学练做好铺垫。

（一）单项技术学练

1. 挂臂

（1）动作要领

并步抱拳，开步，两臂侧举分掌，掌心向前；右脚收至左脚内侧，右掌变拳，右臂内旋向下挂于右腹前，左掌附于右小臂内侧。

图 6-2-3　挂臂

（2）学练建议

注意事项

1. 充分做好肩、腰、腿的韧带拉伸，提高肌肉的灵活性。
2. 挂臂贴近身体，下挂力达小臂。
3. 两人一组练习时，要逐渐提高蹬腿速度，躲闪挂臂要及时，速度和力度要由慢到快，防止受伤。

①原地进行挂臂动作练习，逐渐提高练习速度和力度。左右手交替进行练习。

②并步挂臂动作练习，开步分掌，右脚收至左脚内侧，同时右臂内旋向下挂于右腹前，左掌附于右小臂内侧。

③甲乙两人面对面进行挂臂动作练习，乙右蹬腿攻击甲腹部，甲左脚后撤，身体向左侧闪，右臂内旋，右手外挂乙右腿。重复练习后，甲乙互换练习。

2. 侧踹腿

（1）动作要领

右脚向左脚盖步，稍屈膝，两手叉腰，目视左前方。右腿伸直支撑，左腿屈膝提起，大小腿充分折叠内收，脚尖勾起，充分展髋，脚跟用力向左侧上方踹出，不低于肩，支撑腿脚尖外展，身体微向右侧倾。眼视左侧方。左右腿交替进行练习。

图 6-2-4　侧踹腿

注意事项

1. 要充分进行准备活动，特别是提高髋关节的灵活性。
2. 支撑腿蹬地展髋发力，踹出腿挺膝沿直线向前踹出，挺膝、展髋、送胯协调连贯，出腿快速有力，力达脚跟。

（2）学练建议

①两手扶肋木或墙面，一腿支撑，另一腿进行侧踹练习，重复数次后换腿练习。左右腿交替进行练习。

②原地进行侧踹腿练习，重复数次练习后换另一侧腿进行练习。

③甲乙两人一组进行练习，甲持手靶高度与胸平，乙侧踹腿踢向手靶。

④拓展练习：进行行进间左右侧踹腿练习。

（二）组合技能练习

1. 蹬腿 + 侧踹腿

（1）练习方法

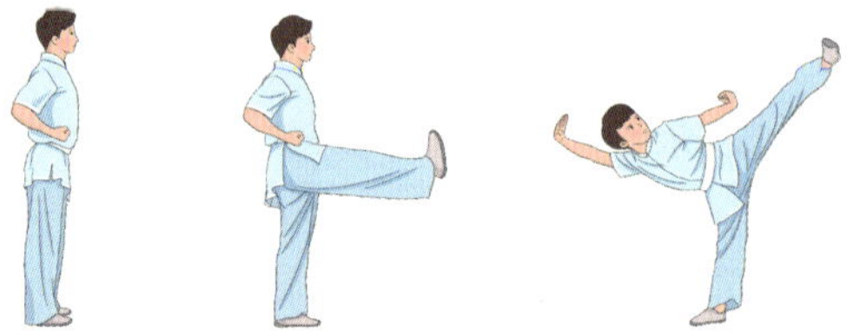

图 6-2-5 蹬腿 + 侧踹腿

（2）练习要求

并步直立，挺胸收腹，双手抱拳收于腰间，目视前方，炯炯有神。

动作准确，方法清楚，支撑腿稳固，出腿快速果断，组合动作连贯、迅速，节奏分明。力点准确，协调流畅。重复进行练习。

2. 武术段位制长拳二段单练套路

（1）练习方法

图 6-2-6 武术段位制长拳二段单练套路

（2）练习要求

姿势正确，方法清楚，劲力顺达，力点准确，动作连贯，节奏分明，手、眼、身法、步配合协调。

模块三

本模块难度有所增加，在单项技术学练方面设置了蹬腿拆招、接触性格挡防守，以及课程平台中的勾踢拆招、侧踹腿拆招、接触性拍挡防守；在组合技能练习方面设置了两套组合动作。本模块的学习有助于同学们参与更高要求的长拳比赛。

（一）单项技术学练

1. 蹬腿拆招

（1）动作要领

①甲乙面对面开步直立。

②乙左脚向前上步，右手冲拳攻击甲胸部。

③甲左脚上步，左臂屈肘横格乙右臂。

④甲重心迅速前移，右腿屈膝提起，向乙腹部蹬击。

图 6-2-7　蹬腿拆招

（2）学练建议

①原地进行蹬腿动作练习，逐渐加快蹬腿动作速度和力度。

②甲乙两人一组进行攻防配合练习，甲面对乙上步冲拳，准确预判迅速完成左臂格挡的防守动作。重复练习，逐渐提高冲拳和格挡的速度和力度。甲乙换攻防动作练习。

> **注意事项**
>
> 甲上步格挡防守和上步蹬腿要迅速连贯。

③在熟练掌握上肢动作的基础上，甲乙两人从冲拳格挡动作开始，甲右腿屈膝提起，向乙腹部蹬击。重复练习，逐渐提高蹬腿的速度和力度。甲乙互换动作练习。

④进行完整的蹬腿拆招动作配合。面对冲拳，格挡动作要及时，蹬腿要迅速，上下肢动作要快速连贯。

2. 接触性格挡防守

图 6-2-8 接触性格挡防守

（1）动作要领

甲乙面对面格斗姿势站立，甲出左摆拳击打乙头部右侧，乙抬右臂护头进行格挡；甲出右摆拳击打乙头部左侧，乙抬左臂护头进行格挡。

（2）学练建议

① 练习正确的格挡动作。双手护住头部，肘部下垂护住上身躯干，身形稳定，保持重心，有较强的攻防意识。重复练习，通过正确的动作轨迹形成肌肉记忆，最终以条件反射的方式发挥出来。

② 掌握预判时机，控制距离，进行步法配合移动，尽可能多地给对方制造阻力。

③ 双人模拟练习。

> **注意事项**
> 格斗式姿势正确，能快速预判并进行格挡防守。

（二）组合技能练习

1. 组合动作（一）

甲乙起势；甲跃步劈掌，乙弓步架拳；甲马步架冲拳，乙马步按掌；乙搂手勾踢，甲提膝亮掌；乙弓步反劈拳，甲弓步架掌。

（1）练习方法

图 6-2-9 练习方法

（2）练习要求

动作方法清楚，用力顺达，动作逼真，甲乙配合严密，攻防合理。不能出现击打落空或防守落空、等待、误中对方等错误动作。

2. 组合动作（二）

甲右蹬腿，乙丁步勾手亮掌；甲勾手侧踹，乙抡挂臂；甲弓步插掌，乙弓步外格；甲乙虚步推掌；甲乙收势。

（1）练习方法

图 6-2-10　练习方法

（2）练习要求

同组合动作（一）。

三　参与长拳比赛

请同学们登录课程平台，了解自己感兴趣的比赛活动的方法、要求和注意事项等，自行组织比赛，在竞赛中巩固学练成果。

模块一比赛有：左右冲拳赛、正踢腿赛、组合动作演练赛。

模块二比赛有：侧踹腿赛、腾空飞脚赛、武术段位制长拳二段单练赛。

模块三比赛有：蹬腿赛、接触性拍挡防守赛、武术段位制长拳二段对打赛。

四　实施自主评价

在前面学、练、赛的过程中，同学们对自己和身边同学的学习效果有了初步的评判，那么如何系统地评价自己对长拳运动技术的掌握程度和整个运动的理解程度呢？请同学们登录课程平台，进行系统、全面的自主评价。

五　训练专项体能

想要更好地发挥自己的水平，离不开专项体能的支撑。同学们需要不断地训练并提升自己的专项体能，为今后更好地参与长拳运动，乃至在职场中展现出更好的身体素质打牢基础。

请同学们登录课程平台进行分腿跳、左右抡臂和马步变提膝平衡的专项体能训练。

项目三
舞 狮

体育中国

中国是世界龙狮运动的发源地，舞狮是龙狮运动的主要项目之一。龙狮运动代代相传，作为我国优秀传统体育文化，由民间走向官方，并逐渐走上规范化、科学化、竞技化、国际化的发展轨道。龙狮运动随着华人的迁移传播到世界各地，深受世界人民喜爱。世界龙狮锦标赛是国际龙狮运动联合会主办的重要赛事，被称为“龙狮界的奥运会”。第五届世界龙狮锦标赛在福建省莆田市举办，我国获得了全部15枚金牌中的10枚。

学习目标

1. 了解舞狮文化的起源，认识舞狮运动的特点，能说出舞狮的动作名称，掌握各种练习方法。

2. 掌握舞狮基本手法、步型、步法的动作要领及组合动作，能配合音乐或打击乐器的节奏完成各种动作及造型，提高心、脑、手、脚等身体综合反应能力和心肺功能；能将舞狮雄壮威风、嬉戏欢乐、幽默诙谐的神态演绎出来，展现舞狮运动的力与美。

3. 在扮演狮头、狮尾时学会相互理解、相互帮助，提高默契配合程度。

一 了解舞狮运动

舞狮是一项集娱乐、竞技和健身多种功能于一体，由狮头、狮尾默契搭配，配合鼓乐演绎出狮子的神态变化和形态动作的民族传统体育项目。舞狮起源于三国时期，又称“太平乐”，南北朝时开始流行。舞狮分南北狮，南狮又称醒狮。舞狮在表演时步法灵活多变，可借助器械演绎腾翻、跳跃、登高、扑跌、朝拜等动作，以及难度较大的走梅花桩、窜桌子、踩滚球等动作，表现狮子动、静、睡、惊等多种神态，具有很强的艺术感染力。学练舞狮可以提高反应速度、腰腹力量等，对今后从事对力量、身体协调性要求高的职业有较大帮助，同时，它还能帮助同学们克服困难、团结合作、增强自信。舞狮运动器材易得常见，场地要求不高，适合各类学校开展。

二　学练舞狮技能

模块一

本模块设置了舞狮运动中较为基础的技术内容。其中，单项技术学练包括基本手型手法（狮头握法）中的单手正（反）握法，基本步型步法（马步），以及课程平台中的双手正（反）握法，弓步、虚步、仆步、独立步等 12 种基本步型步法；组合技能练习设置的是基本步型步法（一），以及课程平台中的基本步型步法（二）至基本步型步法（四）。同学们学练本模块的内容能提高基本的技术水平，为参与本模块设置的表演活动提供保障，为后续的学练奠定基础。

（一）单项技术学练

1. 基本手型手法（狮头握法）

单手正（反）握法。

（1）动作要领

图 6-3-1　单手正握法

图 6-3-2　单手反握法

单手正握法，左手背朝上，小臂抬起横木，拇指托起狮舌，其余四指放置于狮舌上方，握住狮舌中间或一侧部位，右手握横木并用手指拉动控制眼耳的绳索。单手反握法，左手背朝下，小臂抬起横木，四指托狮舌，拇指放置狮舌上方，右手与单手正握法动作相同。

注意事项

狮头的重量由肩部承担，双手主要稳住和舞动狮头，以及控制狮子眼耳。

（2）学练建议

先原地徒手练习单手正（反）握法，再持器械配合马步步法进行完整练习。

2. 基本步型步法（马步）

（1）动作要领

两脚左右开立，两脚间距离三个脚掌的长度，屈膝半蹲，全脚掌着地，脚尖向前。

图 6-3-3　马步

（2）学练建议

注意事项

大腿与地面平行，胯向前内收，臀部勿突出。身体重心落于两脚之间，身体微前倾，两膝向外撑，膝盖不能超过脚尖。

①原地徒手练习：两脚左右开立，屈膝下蹲成马步，双手前伸，双臂微屈。

②原地持器械练习：马步站立姿势，双手杠握狮头，可左右摆动狮头，马步不能有移动的迹象。

③配合手法练习：马步站立姿势，采用单手正握方法握狮头配合练习。

（二）组合技能练习

基本步型步法（一）

组合动作（需学完课程平台中的全部步法）：马步＋弓步＋虚步＋探步。

（1）练习方法

预备动作，两脚并拢，采用单手正握方法，1 拍左脚向左方向成马步，2 拍右脚向前成弓步，3 拍左脚向右脚靠拢成虚步，4 拍左脚落地，右脚提起成探步，5 拍右脚抬起落地成马步，6 至 8 拍与 2 至 4 拍动作相同方向相反。4 个 8 拍为一组；首先进行无器械练习，熟练后进行持器械完整练习。

（2）练习要求

动作衔接连贯，动作一步到位，身体重心要跟进。

模块二

本模块在上一模块学练的基础上，进阶性地设置了舞狮运动新的学练内容。其中，单项技术学练包括基本身型（狮头）、基本舞狮法（两移步舞狮），以及课程平台中的狮尾、首尾配合、步伐一致配合这 3 种基本身型法，还有插步舞狮、开合步舞狮、横跳步舞狮等 13 种基本舞狮法；组合技能练习设置的是原地间配合，以及课程平台中的步伐一致配合。同学们学练本模块的内容，在掌握一定难度的单项技术和组合技能的基础上能够参与本模块设置的比赛活动，并为难度更高的下一模块的学练做好铺垫。

（一）单项技术学练

图 6-3-4　狮头

1. 基本身型（狮头）

（1）动作要领

两腿左右开立略比肩宽，膝部处稍屈，上体微前倾，双臂前伸微屈，眼看前方。身体形态要保持腿屈、身弯、臂屈，一般稍屈即可。

（2）学练建议

徒手或握狮头练习，保持腿弯、身弯、臂弯同步练习，每组 5 次，连续 3 组。

> 注意事项
>
> 上体要自然正直，勿含胸驼背。

2. 基本舞狮法（两移步舞狮）

图 6-3-5　两移步舞狮

（1）动作要领

两人一组，马步握狮姿势，左右脚依次向前方上步，同时狮头上举向左右舞动。

（2）学练建议

①原地、行进间徒手两移步舞狮练习，每组

进行 2 个 8 拍，连续 2 组。

②握狮左右脚原地两移步舞狮练习，每组 1 个 8 拍，连续 2 组。

③握狮左右脚行进间两移步练习，每组行进 2 个 8 拍，连续 2 组。

注意事项

上步时步幅约一脚掌距离。上步与舞狮头要协调连贯。

（二）组合技能练习

原地间配合

组合动作（需学完课程平台中的全部步法）：马步舞狮＋弓步舞狮＋虚步舞狮＋独立步舞狮＋探步舞狮＋仆步添腿。

（1）练习方法

预备动作，马步握狮，1 拍右脚前上步，狮头右摆，2 拍左脚前上步，狮头左摆，3 拍双手将狮头前推至中间，4 拍右脚前上步双手合狮嘴，右腿下移成右弓步同时打开狮嘴，5 拍左脚前上部，成两脚与肩同宽直立，6 拍左脚后撤一步，身体微微左转，双手将狮嘴闭合，7 拍右脚左移，身体右转成右虚步，同时双手将狮嘴打开，8 拍右脚向右跨成与肩同宽直立；第二个 8 拍，1 拍身体重心左移微微左转，双手将狮嘴闭合，2 拍右腿提起成左独立步，同时双手将狮嘴打开，3 拍右脚向右跨成与肩同宽直立，4 拍右腿提起成左独立步，5 拍右脚以踝关节为轴，脚尖上下成弧线做探物势，6 拍身体下蹲成左仆步，7 拍狮头做添腿动作，8 拍直立。第三、第四个 8 拍动作相同方向相反。4 个 8 拍为一组；首先进行无器械练习，熟练后进行持器械完整练习。

（2）练习要求

动作连贯，保持身体平衡，狮尾配合做出摆尾等动作。

模块三

本模块难度有所增加，在单项技术学练方面设置了高（低）狮，以及课程平台中的三抛狮、三拜狮、右独立步瞭望等 13 个动作；在组合技能练习方面设置了行拜狮礼，以及课程平台中的外出乐游、巧探试青、畅怀食青。本模块的学习有助于同学们参与更高要求的舞狮表演。

（一）单项技术学练

高（低）狮

（1）动作要领

狮头、狮尾两人一组。高狮，左脚上步，狮头上举向左摆动时，左拉右伸，紧接上势，右脚上步；狮头向右摆动时，右手后拉，左手上托，闭合狮口。低狮，身体重心下移，屈膝半蹲成马步，双手将狮头推向中间，闭合狮口。

（2）学练建议

①原地徒手练习：马步姿势，原地徒手学练高狮摆动狮头动作，一拍一动做脚步和手上动作。

②行进间徒手练习：马步姿势，徒手行进间做高狮握狮头动作，一拍一动做脚步和手上动作。

③行进间持器械练习：马步姿势，头戴狮头，完成高（低）狮，一拍一动做脚步和手上动作。

注意事项

左右摆动狮头不能停滞过久；注意节奏的把控。动作协调配合，高狮摆动左右微抖动狮头；低狮下蹲与推狮头同步进行。

（二）组合技能练习

行拜狮礼

组合动作为高低狮＋三抛狮＋三拜狮。

（1）练习方法

两人一组，狮头、狮尾配合。首先进行徒手无器械学练，熟练动作、方向、路线后，持器械进行完整练习。

（2）练习要求

两人协调配合，狮头、狮尾步伐一致，动作有力，一步到位，体现出舞狮的精气神。

三 参与舞狮比赛

请同学们登录课程平台，了解自己感兴趣的比赛活动的方法、要求和注意事项等，自行组织比赛，在竞赛中巩固学练成果。

模块一表演活动有：基本步型步法表演展示。

模块二表演活动有：基本舞狮步法表演展示。

模块三表演活动有：舞狮采青表演展示。

四 实施自主评价

在前面学、练、赛的过程中，同学们对自己和身边同学的学习效果有了初步的评判，那么如何系统地评价自己对舞狮运动技术的掌握程度和整个运动的理解程度呢？请同学们登录课程平台，进行系统、全面的自主评价。

五 训练专项体能

想要更好地发挥自己的水平，离不开专项体能的支撑。同学们需要不断地训练并提升自己的专项体能，为今后更好地参与舞狮运动，乃至在职场中展现出更好的身体素质打牢基础。

请同学们登录课程平台进行侧弓箭步蹲、站姿推肩提膝和火箭推的专项体能训练。

项目四
踢毽子

体育中国

1950年，中国杂技团专设踢毽子节目。1988年第1届全国花毽比赛在天津举行，设有单人规定动作、单人自选动作、双人自选动作、集体自选动作（三人以上）的比赛项目。踢毽子于1996年、1999年分别被列入全国农民运动会和全国中学生运动会的正式比赛项目，在丰富人们的文化生活、推动体育产业发展等方面做出了积极贡献。2001年年底，在广州市番禺区中小学生踢毽子（球）比赛中，代表石基镇参赛的年仅12岁的叶碧莹取得了2小时59分4秒踢毽16 540次的佳绩，刷新了当时踢毽子的吉尼斯世界纪录。

学习目标

1. 了解踢毽子运动的起源与独特的健身价值，能说出盘踢、拐踢、绷踢和磕踢的区别，掌握两种以上的练习方法。

2. 掌握盘踢、拐踢、绷踢、磕踢四种基础踢法，可以连续踢毽子10次以上并能创编花样动作组合；提高空间感知能力与身体的协调性、灵活性、柔韧性。

3. 能参与多人踢毽子活动或比赛，在团体踢毽子比赛中乐于表现自己，愿意与队友或对手交流比赛经验和体会。

一 了解踢毽子运动

踢毽子是以盘、拐、绷、磕为基础踢法的民族民间体育运动。踢毽子由蹴鞠演变发展而来，深受大家喜爱，颇具灵敏性、观赏性、融合性、普及性。具体来说，踢毽子是一项全身性运动，需要眼、脑、神经系统和四肢的高度配合，讲究“眼到腿到”，通过抬腿、跳跃、屈体、转身等动作，使脚、腿、腰、颈、眼等身体各部位得到锻炼，提升灵敏性、协调性、柔韧性、平衡能力等身体素质，在育体、育智、育心等方面具有独特价值。

二 学练踢毽子技能

模块一

本模块设置了踢毽子运动中较为基础的技术内容。其中，单项技术学练设置了基础的盘踢，以及课程平台中的拐踢动作；组合技能练习设置的是多人盘踢，以及课程平台中的盘踢＋拐踢。同学们学练本模块的内容能提高基本的技术水平，为参与本模块设置的比赛提供保障，为后续模块的学练奠定基础。

（一）单项技术学练

图 6-4-1　盘踢

盘踢

（1）动作要领

盘踢就是用两脚内侧交换踢，是最基本的踢法。预备时两脚稍分开，自然站立，髋关节和膝关节放松，右手持毽子置于胸前，掌心向上把毽子轻轻抛起。当毽子下落至与膝关节部位同高时，踝关节发力，右腿迅速抬起屈膝，小腿向里摆，膝关节向外张（外摆），大腿自内向外翻转，用足内侧将毽子垂直踢起。右脚落地后，第二次换左脚踢，第三次换右脚踢，第四次换左脚踢，如此连续交替。

注意事项

支撑腿稳定，屈伸灵活；两眼盯紧毽子，把握好踢毽的时机和力度；垂直踢起，高度在腰部为宜，最高不超过下颌。

（2）学练建议

①徒手模仿盘踢毽子动作，两手臂自然弯曲至体前，手掌向下与地面平行，脚内侧踢触异侧手心，左右连续交替进行。

②踝关节发力带动小腿上摆，将毽子放在足内侧中间，观察毽子是否停稳，以判断足内侧是否与地面保持平行。高度不宜超过直立腿的膝关节，抬起后保持 10 秒放下，练习数次后逐渐缩短停留时间。

③以右脚为例，掌心向上持毽子于胸前，将毽子轻轻抛起，毽子下落，用脚内侧将毽子向上踢起，用手接住。一踢一接为一次练习，右、左脚交换重复练习。

④用盘踢动作将毽子踢起，左、右脚各完成一次为一对，基本动作熟练后，可拓展为左右互换各连续踢三对、四对、五对等。

注意事项

保持身体正直，脚要摆正；毽子踢起时，与身体保持 40～50 厘米的距离。

⑤手不触毽，连续进行左右换踢完整动作练习。

⑥拓展练习：完整动作练习熟练后，开始进行 1 分钟计时踢练习。

（二）组合技能练习

多人盘踢

（1）练习方法

以 3~5 人为例。

参加踢毽子的人围成一个圆圈，间隔距离自行调节。一人完成盘踢 1 次后，将毽子踢传给另一人，另一人以同样的方法将毽子踢传给下一人。

（2）练习要求

动作协调正确，毽子在轮转过程中不得落地，落地为失败，需重新开始。传给下一人的毽子高度必须在腰部以上。

模块二

本模块在上一模块学练的基础上，进阶性地设置了踢毽子运动新的学练内容。其中，单项技术学练设置的是绷踢，以及课程平台中的磕踢动作；组合技能练习设置的是盘踢＋绷踢，以及课程平台中的盘踢＋磕踢、盘踢＋绷踢＋拐踢、盘踢＋磕踢＋拐踢、盘踢＋拐踢＋磕踢＋绷踢。同学们学练本模块的内容，在掌握一定难度技术和组合技能的基础上能够参与本模块设置的比赛活动，并为难度更高的下一模块的学练做好铺垫。

（一）单项技术学练

绷踢

（1）动作要领

绷踢就是用两足尖外三趾部分正面交换踢毽。开始时，右脚前伸半步，左腿微屈，身体重心落在左脚上。当毽子下落到离右脚尖 30 厘米左右时，右脚稍抬起脚面绷直前伸，用小腿带动踝关节，脚尖快速有力地将毽子踢起。要在踢毽子的一刹那，足尖外三趾向上猛地用力将毽子勾起。踢起的毽子高低都可，但应避免忽高忽低，为以后的花样踢法打下基础。

图 6–4–2　绷踢

（2）学练建议

①固定踢练习：用绳子将毽子固定好，并在脚背上贴好标贴。一手拉绳，拉绳手放在体前，左右脚交换绷踢毽；不要踢在羽毛上，要踢准提稳。

②单脚一踢一接练习：用手将毽子抛起，用左脚将毽子踢起一次，要求垂直用手接住，再用右腿踢起一次，然后用手将毽子接住，再抛，再踢，再接，次数越多越好。

③左右互换踢练习：用绷踢动作将毽子踢起，左边踢一个右边踢一个算一对，踢完一对用手接住，再抛，再踢，再接，动作基本确定后可以拓展为左右互换各踢三对、四对、五对

等，对数越多越好。

④拓展练习：1 分钟完整动作练习，即左右互换踢练习熟练后不再用手接毽子，进行连续的完整动作练习。

（二）组合技能练习

盘踢 + 绷踢

（1）练习方法

预备动作为自然站立，两脚稍分开。以右脚为例，手持毽子以掌心向上轻轻抛起，当毽子下落至与膝关节同高的位置时，用盘踢技术将毽子踢起，当毽子再下落时采用绷踢。以此为一个组合进行多次练习，直到逐渐掌握。

（2）练习要求

换脚交替进行。先用左脚盘踢，则需接右脚绷踢；先用右脚盘踢，则需接左脚绷踢。

模块三

本模块难度有所增加，在单项技术学练方面设置了里接，以及课程平台中的外落、磕转身、金钱眼、交踢、上头；在组合技能练习方面设置了里接互换，以及课程平台中的外落互换、盘踢 + 磕转身、盘踢 + 金钱眼、盘踢 + 上头、拐踢 + 交踢。本模块的学习有助于同学们参与更高要求的踢毽子比赛提供重要保障。

（一）单项技术学练

图 6-4-3 里接

里接

（1）动作要领

用各种踢法将毽子在体前垂直踢起，高约与腰部平齐。髋关节放松，大腿翻转成内侧向上，膝关节紧张并向外张，踝关节紧张，足内侧向上，膝关节发力，带动大腿向上抬起，用足内侧上迎下降的毽子。当毽子距离足内侧约 5 厘米时，膝关节发力，带动大腿下摆，给予缓冲，将毽子接在足内。毽子要停稳在足内侧。

（2）学练建议

①空踢练习：按照动作要领进行空踢模仿练习，体会动作的紧张、放松、发力、缓冲。

②一抛一接练习：右手将毽子抛起高过腰部，左脚按照动作要领要求接住毽子，练习熟练后换腿进行。

> **注意事项**
> 毽子被踢起的高度约与腰部平齐，高度不够会影响里接动作的完成。膝关节发力。

③拓展练习：衔接动作练习，即一抛一接练习熟练后用盘踢、拐踢、绷踢、磕踢四种踢

法将毽子踢起，用里接动作将毽子停在足内侧。

（二）组合技能练习

里接互换

（1）练习方法

在里接动作练习的基础上进行，先用一抛一接的方法练习，先练一条腿的抛毽、接毽，熟练后再练另一条腿。掌握两腿的自抛自接动作后，再用空踢的方法练习双足互换的动作和身体重心移动，熟练后再用毽子练习。

（2）练习要求

双足互换时身体重心要移动。

三 参与踢毽子比赛

请同学们登录课程平台，了解自己感兴趣的比赛活动的方法、要求和注意事项等，自行组织比赛，在竞赛中巩固学练成果。

模块一比赛有：看谁盘踢和拐踢得多、“加宝塔”踢。

模块二比赛有：看谁踢得久、多人组合踢赛。

模块三比赛有：隔网对踢赛、比比谁踢的花样多、多人踢花样接力赛。

四 实施自主评价

在前面学、练、赛的过程中，同学们对自己和身边同学的学习效果有了初步的评判，那么如何系统地评价自己对踢毽子运动技术的掌握程度和整个运动的理解程度呢？请同学们登录课程平台，进行系统、全面的自主评价。

五 训练专项体能

想要更好地发挥自己的水平，离不开专项体能的支撑。同学们需要不断地训练并提升自己的专项体能，为今后更好地参与踢毽子运动，乃至在职场中展现出更好的身体素质打牢基础。

请同学们登录课程平台进行两人盘踢腿、盘踢拐踢跳和原地胯下击掌的专项体能训练。

第七单元

水上类运动

凡是与水有关的体育运动均可被称为水上类运动，较为常见的有各种泳姿的游泳运动，以及借助载体的帆船运动、龙舟运动等。游泳是借助水的作用力，通过肢体的规律性运动使身体在水中移动的运动。本单元设置了游泳以及基于游泳的实用游泳救生项目，不仅能为同学们增强体质、终身锻炼、享受运动乐趣奠定技能基础，还能培养同学们遇到水上险情时的自救与救助他人的能力。体育是生命教育，锻炼良好的身体机能，掌握必备的救生技能，能够更好地保障生命安全，提高生命质量，凸显生命意义。

同学们可通过学练游泳和实用游泳救生等，养成游泳锻炼的习惯。经常参与游泳运动，能改善身体机能，还有助于塑造与保持良好的体形。游泳还是保障水域从业者人身安全的基本技能，今后可能步入涉水类行业的同学必须掌握游泳技能。

项目一 游 泳

体育中国

我国游泳队多次在奥运会、世锦赛中获得出色的成绩。如近年来，在 2020 年东京奥运会上，我国蝶泳运动员张雨霏斩获 2 金 2 银，体现了我国蝶泳项目在世界泳坛上的优势；在 2023 年福冈游泳世锦赛上，覃海洋获男子 50 米、100 米、200 米蛙泳三冠，打破 200 米蛙泳世界纪录，成为首位单届世锦赛包揽蛙泳三金的选手；2024 年在巴黎奥运会上的男子 100 米自由泳决赛中，潘展乐以 46 秒 40 的成绩打破世界纪录，夺得奥运金牌，男子 4×100 米混合泳接力项目打破美国队 40 年的垄断，夺得冠军。

学习目标

1. 学习掌握蛙泳、自由泳理论知识，熟悉各技术的原理，能够准确描述动作技术要领和运动轨迹。

2. 熟练掌握蛙泳和自由泳技术，并能够按照标准的技术动作独立连续游进 100 米。

3. 通过游泳的学习，促进身心健康发展，培养相互协作、相互帮助的意识；锻炼人际交往能力；养成吃苦耐劳的品质；提高抗压能力和独自面对生活挫折的能力。

一 了解游泳运动

游泳是一种凭借自身肢体动作、水的作用力，在水中活动或前进的技能运动，主要分为竞技游泳、实用游泳、大众游泳三类。游泳的起源和古代社会活动息息相关，为了生存，人们不可避免地要和水打交道。最初，人们只是模仿水栖动物的姿势与动作，后来逐渐学会了漂浮、游动和潜水，演变出各种游泳姿势。在第一届现代奥运会上，游泳就被列为正式比赛项目。我国全民健身游泳锻炼新标准的实施，对中职学校现行游泳课教学提出了更高的要求，也带来了新的机遇。在我国，各地政府对游泳项目的发展给予了大力支持，其中包括建设游泳场馆、举办民间赛事活动、建立民间游泳组织等。游泳课程也在中小学以及各大高校中广泛开展。经常参加游泳运动能锻炼同学们的力量、速度、耐力、柔韧性和协调性等身体素质，对今后从事各类职业及日常生活均大有裨益。

二 学练游泳技能

模块一：蛙泳

本模块设置了游泳运动中较为基础的技术内容，主要包含熟悉水性及蛙泳基本技术两方面。其中，单项技术学练设置了水中行走、水中呼吸、水中漂浮、水中滑行、蛙泳腿部技术、蛙泳手臂技术；组合技能练习设置的是蛙泳手臂与呼吸的配合、蛙泳完整配合。同学们学练本模块的内容能提高基本的技术水平，为参与本模块设置的比赛提供保障，为后续模块的学练奠定基础。

（一）单项技术学练

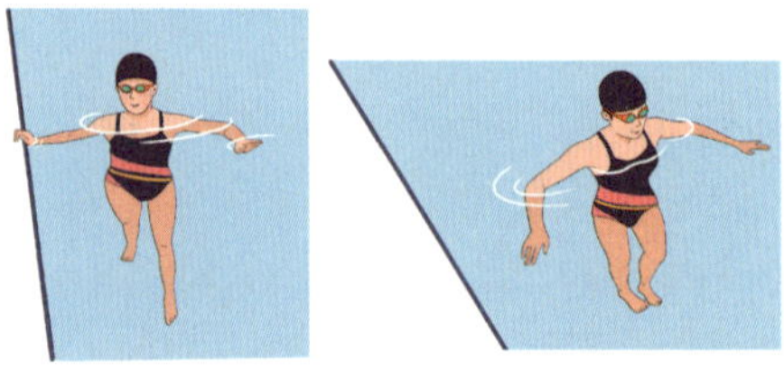

图 7-1-1　水中行走

1. 水中行走

（1）动作要领

体会水的特性，感受水的浮力、阻力与压力。在水中行走时要注意维持身体的平衡感。

①提腿时身体略微前倾。

②待前脚站稳后再迈后脚。

③在行走过程中，两臂可在身体两侧轻微拨水。

（2）学练建议

①扶池边练习：身体侧对池边，一手扶住池边，向前行走。行走时，另一只手可在身侧轻微拨水，以维持身体的平衡。

②持浮板练习：双手持浮板，双脚站立于池底，待身体平衡后，向前或向后行走。

③徒手练习：站立于泳池中，向前或向后行走。行走时双手可在身侧轻微拨水，以维持身体的平衡。

2. 水中呼吸

图 7-1-2　水中呼吸

（1）动作要领

吸气时，抬头，用嘴巴大口吸气；吐气时，低头，用鼻子缓慢吐气。

①深吸气，慢吐气。

②吐气时将头全部没入水中。

③呼吸过程中始终保持眼睛正常睁开的状态。

注意事项

注意在整个练习过程中双手必须扶住池边。

（2）学练建议

①扶池边单次呼吸练习：面对池边站立，双手扶住池边或水线。吸气时，将头部上仰，嘴巴张开，大口吸气；吸气后闭气，将头部没入水中，待头部全部没入水中后开始吐气；吐

气时，用鼻子缓慢地吐气，将气吐尽后站起。

②扶池边多次呼吸练习：在单次呼吸的动作基础上进行多次呼吸练习。

3. 水中漂浮

（1）动作要领

漂浮时，身体呈俯卧姿势，低头，下颌微收，四肢伸直并拢，与水面平行，自然漂浮于水面。

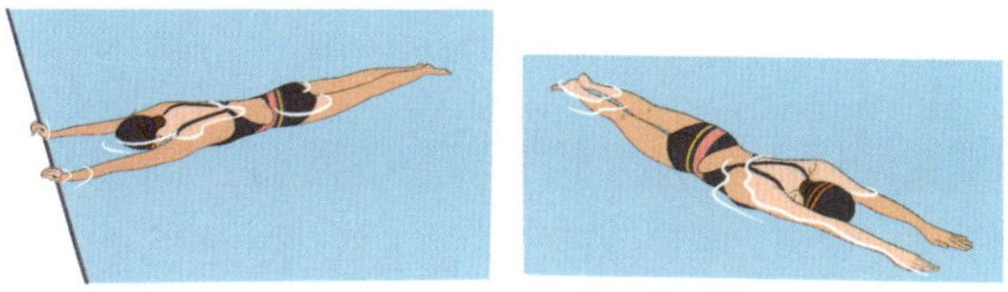

图 7-1-3　水中漂浮

站立时，屈腿下伸，双臂下划，抬头，平缓站起。

（2）学练建议

> **注意事项**
> 1. 漂浮时，应肩部下沉，目光直视池底，身体自然伸展。
> 2. 站立时，双腿收紧于腹部，身体呈团身状态。

①扶池边练习：双手扶池边或水线站立，吸气后低头，双脚轻蹬池底，双腿自然后摆，使身体呈俯卧漂浮的姿势。站立时，双腿先收至腹部，然后同时下踩，双手扶池壁，抬起头部，缓慢站起。

②徒手练习：站立于泳池，吸气后低头，双脚蹬离池底，身体保持俯卧漂浮姿势，吐气后站起。

4. 水中滑行

（1）动作要领

在水中漂浮的基础上，身体保持流线型的漂浮姿势。

①双掌重叠，双臂伸直上举交叉，夹紧头部两侧。

②双腿伸直，并拢夹紧。

③漂浮时呈流线型姿势，与水面保持平行。

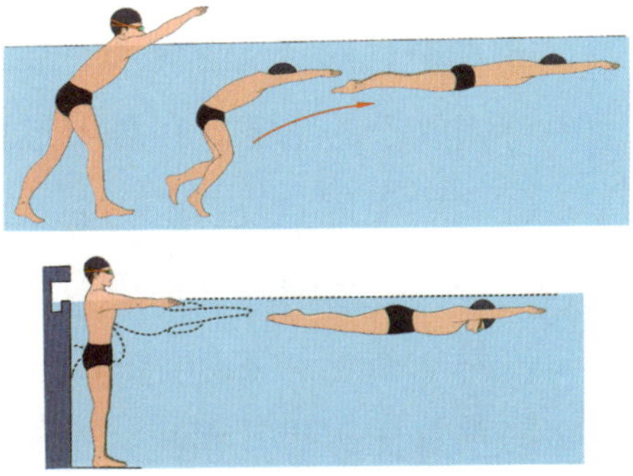

图 7-1-4　水中滑行

（2）学练建议

> **注意事项**
> 1. 肩膀自然下沉，目光直视池底，切忌头部位置过高或过低。
> 2. 身体保持紧绷的状态。
> 3. 身体保持在水面下滑行。

①蹬地滑行：站立于泳池，双掌交叉重叠，双臂前伸。吸气后，双脚用力蹬离池底，随后将双臂夹紧头部两侧，双腿伸直并拢，使身体自然滑行。

②蹬壁滑行：站于泳池出发端，一脚站立，另一脚置于池壁，双掌交叉重叠，双臂前伸。吸气后低头，双臂夹紧头部两侧，双腿同时发力蹬离池壁，再将双腿伸直并拢，使身体自然滑行。

5. 蛙泳腿部技术

蛙泳腿部动作主要分为收腿、外翻、蹬夹和滑行。收腿和外翻时缓慢而不用力；蹬夹时迅速而用力；滑行过程中身体放松，双腿伸直并拢。

（1）动作要领

收腿：两腿由伸直并拢开始，身体在水中处于平躺姿势，收腿时屈膝屈髋，小腿和脚慢慢往大腿和臀部后面收，同时两膝慢慢分开，当脚跟收到接近臀部时停止收腿。

外翻：包括向外翻脚和翻小腿。收腿结束后，脚向外翻，脚尖朝外，尽量增大对水面积。

蹬夹：由蹬腿和夹腿两个动作组成，蹬腿应向外向后斜下方蹬，在蹬的同时向内夹腿。蹬腿过程中两腿保持勾脚腕动作，只在腿即将蹬直开始并拢时脚腕才转变为伸直动作。蹬夹腿结束，双腿应并拢伸直，脚腕伸直，与躯干保持直线。

注意事项

收腿和外翻是缓慢而不用力的，蹬夹则需要迅速有力。

滑行：蹬夹腿结束后，由于惯性作用，两腿有一个短暂的滑行阶段。这时两腿应伸直并拢，腿部肌肉和踝关节自然放松，借助蹬腿惯性向前滑行。

（2）学练建议

①陆上模仿练习：主要介绍坐撑蹬腿练习。坐于陆上，双手撑于臀部两侧斜后方，重心向后倒，抬起双腿按照蛙泳腿部的动作要领进行练习。

图 7-1-5　坐撑蹬腿练习

②半陆半水练习：主要介绍俯卧池边蹬腿练习。上半身（髋关节以上）俯卧于陆上，下半身（髋关节以下）在水中，双臂伸直并拢前伸，双腿并拢呈流线型身体姿势进行练习。在练习过程中，主要体会蹬夹。

③水中有固定支撑练习：全身进入水中，体会在水中蹬腿所产生的向前推动力，感受在水中身体放松的感觉。在练习过程中，根据教师指导和自身感受改正蛙泳腿部动作技术。

④水中无固定支撑练习：在水中，通过使用浮板进行蹬腿练习。双臂向前伸直并拢，水中憋气进行蛙泳腿部动作练习，体会动作完成后整体滑行的过程。

⑤徒手练习：不使用任何辅助器材进行蹬腿练习，手臂笔直前伸，夹紧头部，保持良好的流线型身体姿势。在此基础上练习正确的蛙泳蹬腿技术动作。

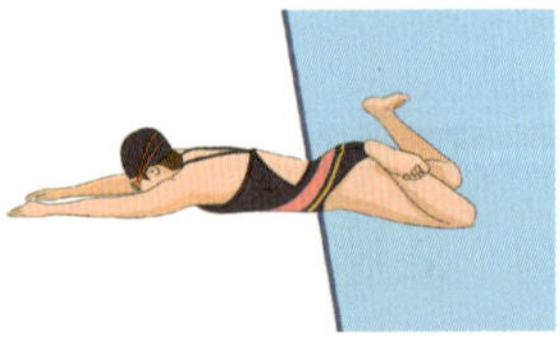

图 7-1-6　俯卧池边蹬腿练习

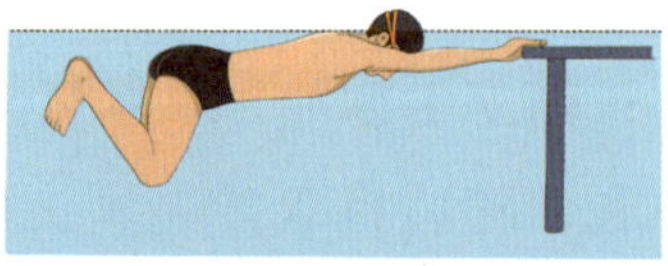

图 7-1-7　水中有固定支撑练习

图 7-1-8　水中无固定支撑练习

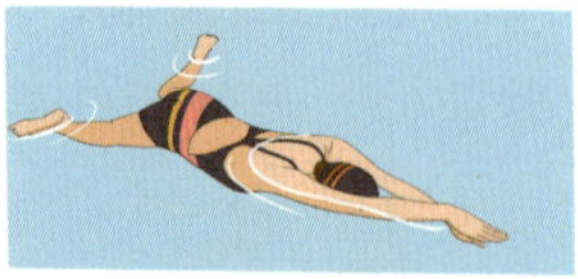

图 7-1-9　徒手练习

注意事项

1. 蛙泳腿部动作完成后，身体放松呈流线型姿势滑行。
2. 蛙泳收腿时，勿收大腿。
3. 蛙泳收腿时，小腿尽量向大腿内侧靠拢，勿只收一半就不收了。
4. 蛙泳翻脚时，脚尖朝外，脚底对水，勿脚背对水。
5. 蛙泳蹬夹时，两腿向身体两侧后方小腿画圆蹬水，勿直接向身体后方蹬水。

6. 蛙泳手臂技术

蛙泳过程中腕关节放松，外划向内向下划水，内划高肘抱水，伸臂向上向前伸出。

（1）动作要领

外划：开始划水之前，两臂伸直并拢，掌心向下，平行于水面。外划时，双臂伸直，掌心向外斜下方划水，当两臂相距略比肩宽时，停止外划。

内划：内划时，曲肘关节，小臂带动手掌向内、向下和向后划水。内划结束时，手掌在下颌下并拢，两臂在胸前夹肘。

手臂前伸：前伸时，两臂向上、向前伸直，直至还原成外划前的姿势。

（2）学练建议

①陆上模仿练习：两腿前后分开站立，手臂前举与肩部平齐进行蛙泳手部动作外划、内划和伸臂练习。

②半陆半水练习：胸部以下身体部位处于陆上，上半身与水面平行，尽量与水面接触。在练习过程中，主要体会手臂抱水的过程。

注意事项

1. 手腕要一直处于放松状态。
2. 外划过程中，两臂距离略比肩宽。
3. 内划抱水过程中，屈肘高肘抱水。

③水中有固定支撑练习：主要介绍行进间练习。双腿前后屈膝站立在水中，使水平面至肩部位置，手臂前伸平行于水面进行蛙泳手部动作练习准备。一步一次外划、内划和前伸练习，一步一个循环进行水中行进间练习。（另一种辅助练习请登录课程平台进行学练。）

④水中无固定支撑练习：主要介绍夹板划手练习。双腿夹浮板，蹬边滑行后憋气进行水下划手练习。此练习的目的在于体会蛙泳划手的细节动作。

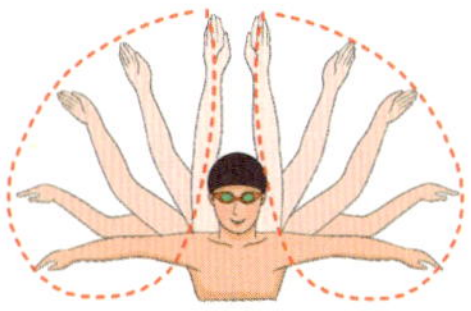
图 7-1-10　陆上模仿练习

图 7-1-11　半陆半水练习

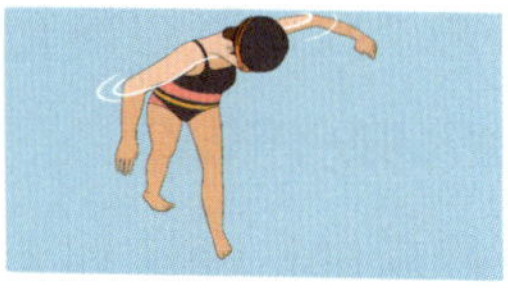
图 7-1-12　行进间练习

图 7-1-13　夹板划手练习

⑤徒手练习：蹬边滑行后憋气进行水下划手练习。此练习的目的在于体会划手产生的推进力和浮力。

请登录课程平台进行拉长距离学练。

（二）组合技能练习

1. 蛙泳手臂与呼吸的配合

（1）动作要领

蛙泳每划一次手，吸气一次。内划接近结束时吸气，伸臂后吐气。

（2）学练建议

①陆上模仿练习：主要介绍站立练习。双腿前后站立在陆上，双臂前举，与地面平行。与肩部平齐，双耳贴在两臂内侧。双臂开始进行外划，头部上仰，当下颌与肩部平齐时用嘴大口吸气；双臂内划结束时，前伸过程中低头憋气，一段时间后，用鼻用力吐气，进行下一个循环。（另一种俯卧练习请登录课程平台进行学练。）

②半陆半水练习：胸部以下身体部位处于陆上，上半身与水面平行，尽量与水面接触，双臂伸直并拢，双耳夹于两臂内侧，头部进入水中憋气。双臂开始进行外划，头部上仰，当下颌与肩部平齐时用嘴大口吸气；双臂内划结束时，前伸过程中低头憋气，一段时间后，用鼻用力吐气，进行下一个循环。

③水中有固定支撑练习：主要介绍原地站立练习。双腿前后屈膝站立在水中，使水平面至肩部位置，手臂前伸平行于水面，双臂伸直并拢，双耳夹于两臂内侧，头部进入水中憋气。双臂开始进行外划，头部上仰，当下颌与肩部平齐时用嘴大口吸气；双臂内划结束时，前伸过程中低头憋气，一段时间后，用鼻用力吐气。有规律地一步进行一次划手抬头换气练习。

图 7-1-14　半陆半水练习

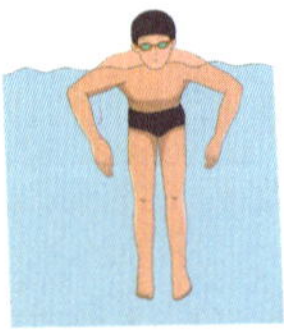

图 7-1-15　原地站立练习

④水中无固定支撑练习。

行进间练习：双腿前后屈膝站立在水中，使水平面至肩部位置，手臂前伸平行于水面进行蛙泳划手和呼吸的配合技术练习。此练习的目的在于体会蛙泳划手和呼吸的配合时机与细节动作。

夹板配合练习：双腿夹浮板，蹬边滑行后进行蛙泳划手与呼吸的配合练习。此练习的目的在于体会蛙泳划手与呼吸的配合节奏。

⑤徒手练习：蹬边滑行后进行蛙泳划手与呼吸的配合练习。此练习的目的在于体会蛙泳划手与呼吸的配合节奏。

图 7-1-16　行进间练习

图 7-1-17　夹板配合练习

图 7-1-18　徒手练习

注意事项

换气需找准时机，做到换气与划手有规律地结合。换气过程中需要清楚吸气和呼气所用的方式，用嘴吸气，用鼻呼气。

请登录课程平台进行拉长距离学练。

2. 蛙泳完整配合

（1）动作要领

手臂外划水时腿部自然伸直并拢放松；手臂内划时进行腿部收腿动作；手臂前伸过程中进行蛙泳腿部的快速蹬夹。手臂动作做到特定位置时进行腿部动作。

（2）学练建议

①陆上模仿练习：俯卧在陆上或长凳上，双手伸直并拢，两耳贴于双臂内侧，双腿伸直并拢。先进行蛙泳腿部技术动作，做完后双腿伸直并拢，再进行划手和换气的配合。

②半陆半水练习：胸部以下身体部位处于陆上，胸部以上身体部位与水面平行，尽量与

水面接触，双臂伸直并拢，双耳夹于两臂内侧，头部进入水中憋气。与陆上模仿练习相同，先进行蛙泳腿部技术动作，做完后双腿伸直并拢，再进行划手和换气的配合。

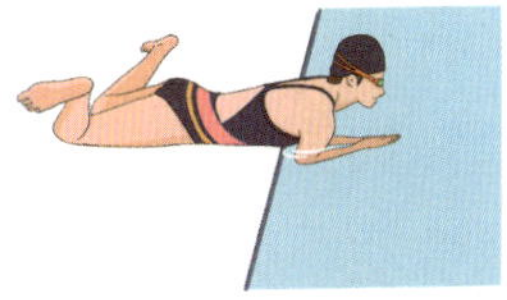

图 7-1-19　半陆半水练习

③水中分解练习

图 7-1-20　水中分解练习

水中 3∶1∶1 练习：在水中进行完整配合练习。初学者先进行三次蛙泳腿和一次划手换气配合练习。三次蛙泳腿部技术动作做完后，双腿伸直并拢，再进行划手抬头换气的练习。

水中 2∶1∶1 练习：先进行水中 3∶1∶1 练习，然后减少一次蛙泳腿的次数进行练习，其他练习与水中 3∶1∶1 练习相同。此阶段需要进行两次蛙泳腿和一次划手换气的配合练习。两次蛙泳腿部技术动作做完后，双腿伸直并拢，再进行划手抬头换气的练习。

水中完整配合练习：先进行水中 2∶1∶1 练习，然后减少一次蛙泳腿的次数进行正规蛙泳配合练习，其他练习与水中 2∶1∶1 练习相同。此阶段需要进行一次蛙泳腿和一次划手换气的完整配合练习。

请登录课程平台进行拉长距离学练。

注意事项

1. 避免同手同脚。
2. 腿部动作完成后，身体呈流线型姿势滑行 2~3 秒。

模块二：自由泳

本模块在上一模块学练的基础上，进阶性地设置了游泳运动新的学练内容，即自由泳基本技术。其中，单项技术学练主要包括自由泳腿部技术、自由泳划手技术；组合技能练习设置的是自由泳划手和呼吸的配合技术、自由泳完整配合技术。同学们学练本模块的内容，在掌握一定难度的单项技术和组合技能的基础上，能够参与本模块设置的比赛活动，并为难度更高的下一模块的学练做好铺垫。

（一）单项技术学练

1. 自由泳腿部技术

自由泳的打腿技术主要是为了维持身体平衡和身体姿势并产生一部分推进力，一般指向上打腿和向下打腿。但是，游进过程中由于受身体滚动的影响，也有向左滚动和向右滚动打腿的动作。

（1）动作要领

向下打腿：上抬到最高位置，下打就已经开始；当腿达到与身体相同位置时，开始屈髋，随后伸膝，小腿放松。

向上打腿：下打动作完成时，上抬动作开始。此时膝关节伸展，从髋部开始上打，大腿带动小腿和脚，直膝上抬，踝关节自然放松。上打结束时，脚跟接近水面。膝关节弯曲成130°~160°角。

向下打腿时大腿、小腿保持放松，不能过度紧张；向上打腿结束时，膝关节弯曲成130°~160°角；打腿幅度约为30厘米。

（2）学练建议

①陆上模仿练习：主要介绍坐撑打腿练习。坐于陆上，双手撑于臀部两侧斜后方，重心向后倒，抬起双腿按照自由泳打腿的动作要领进行练习。此练习着重练习打腿幅度、踝关节绷直、膝关节的弯曲角度。（另一种俯卧打腿练习请登录课程平台进行学练。）

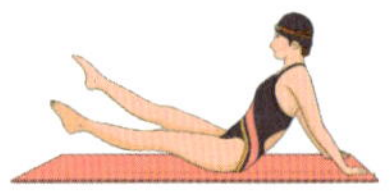

图7-1-21 坐撑打腿练习

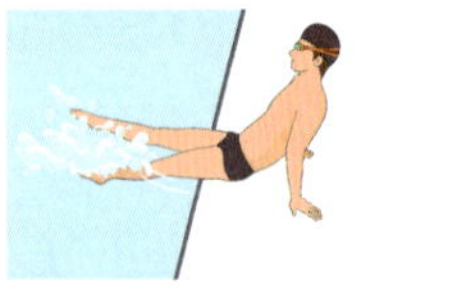

图7-1-22 池边打腿练习

②半陆半水练习：主要介绍池边打腿练习。坐于池边，将腿放入水中，双手后撑在身体两侧，按照自由泳打腿的动作要领进行练习。此练习着重练习脚踝绷直打腿。（另一种俯卧池边打腿练习请登录课程平台进行学练。）

③水中有固定支撑练习：在水中双手手臂伸直与肩同宽，抓住水线或池边，身体放松上浮至水面，在保持良好的流线型身体姿势的基础上进行自由泳打腿练习。

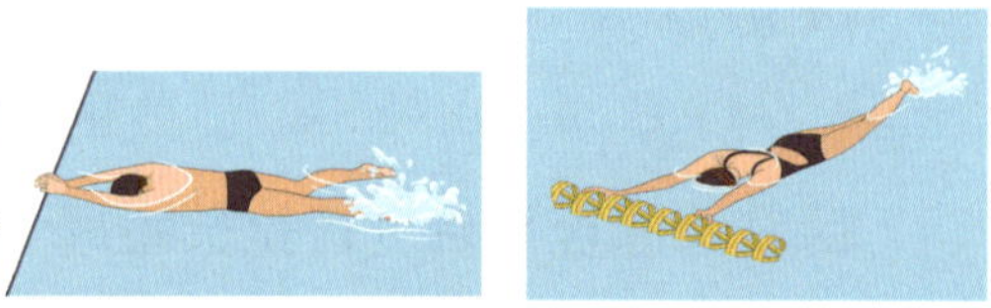

图7-1-23 水中有固定支撑练习

图7-1-24 水中无固定支撑练习

④水中无固定支撑练习：手持浮板或绑背漂（也可以既持浮板又绑背漂），借助背漂和浮板的浮力来保持身体的高、平位置，在此基础上练习正确的自由泳打腿技术动作。

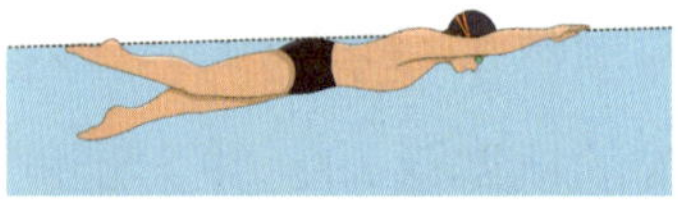

图7-1-25 徒手练习

⑤徒手练习：在蹬边滑行后，手臂笔直前伸，夹紧头部，保持良好的流线型姿势。在此基础上练习正确的自由泳打腿技术动作。

请登录课程平台进行拉长距离学练。

注意事项

1. 注意保持良好的流线型姿势。
2. 屈膝角度不能过大。
3. 膝关节和脚踝自然放松。
4. 打腿时身体要稳定，不能左右摆动。
5. 髋关节发力传至大腿，带动小腿和脚踝。
6. 打腿时水花不宜过大。

2. 自由泳划手技术

自由泳采用两臂交替划水，一只手臂空中移臂时，另一只手臂水下划水。

（1）动作要领

入水和伸臂：入水的位置在身体的中线与肩的延长线之间；入水后手臂积极向前伸展，直到肩完全向前伸展开。

抱水：手腕、小臂下压，形成手臂、手掌向后对水面的姿势，屈臂高肘，手臂将水“抱”在胸前。

推水：向后加速用力，将水推至同侧大腿根部。

空中移臂：水下划水结束后随着身体的转动，肩部和肘部已经提出水面，然后继续提肩、提肘向前移臂直至手臂伸直自然入水。空中移臂时手臂保持放松，水下划水充分、用力，入水和伸臂手臂充分向前伸展，带动身体转动和肩关节前伸。

（2）学练建议

①陆上模仿练习。

单臂划手练习：呈弓步站在泳池边，一只手撑住膝盖，另一只手做单臂自由泳划手练习。此练习重在掌握划手各个阶段的细节动作。

双臂前交叉练习：成弓步站在池边，双臂交替做连贯的划手练习。此练习的主要目的在于掌握双臂连贯流畅的配合节奏。（另一种“船桨”配合练习请登录课程平台进行学练。）

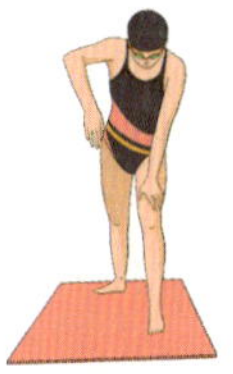

图 7-1-26　单臂划手练习

图 7-1-27　双臂前交叉练习

②水中有固定支撑练习。

扶池边单臂划手练习：扶池边站立于水中，上体前倾，一只手抓住池边，另一只手做自由泳划手练习。此练习的主要目的在于体会划手时手的水感，并掌握各个阶段的细节动作。

双臂划手练习：呈弓步站立于水中，双手触碰池边，上体前倾，双臂交替做连贯的划手练习。此练习的主要目的在于掌握双臂连贯流畅的配合节奏，体会划水的水感。

③水中无固定支撑练习：双腿夹板，蹬边滑行后进行双臂交替划手水中练习。此练习重在掌握双手交替划手的节奏感，提高身体的平衡能力。

④徒手练习：主要介绍蹬边划手练习。在蹬边滑行后保持良好的流线型姿势。在此基础上练习正确的自由泳划臂技术动作。

请登录课程平台进行拉长距离学练。

> **注意事项**
> 1. 双手交替划水时要连贯流畅。
> 2. 入水时入水点要保持在身体中线和肩的延长线之间。
> 3. 向前伸臂时要保证在肩部前伸的同时转动身体。

图 7-1-28　扶池边单臂划手练习

图 7-1-29　水中无固定支撑练习

图 7-1-30　蹬边划手练习

（二）组合技能练习

1. 自由泳划手和呼吸的配合技术

自由泳划手和呼吸采用二次划手一次呼吸的配合节奏（2∶1）进行。自由泳划手和呼吸的配合是一个难点，原因在于自由泳呼吸采用人体不习惯的侧向转头吸气。呼吸动作与划手动作以及身体绕纵轴的转动同时进行，要求连贯协调。

（1）动作要领

以右侧呼吸为例，吸气的时机是右手推水时，呼气的时机是右手入水后开始用鼻缓缓呼气或憋气，随着划水阶段的推移加大呼气的幅度，同时身体向右侧转动的幅度要加大。

推水吸气：手臂向后推水时转动头部吸气。

入水呼气：手臂入水后头部复原呼气或憋气。

自由泳呼吸是身体转动的一部分，需要配合划手的节奏。换气时不能刻意抬头，否则头会偏离与身体形成的直线，破坏身体的姿势和平衡。

（2）学练建议

①陆上模仿练习。

单臂划手与呼吸的配合练习：呈弓步站立于池边，一只手撑住膝关节，另一只手划臂同时配合呼吸。此练习的目的在于掌握划臂与呼吸的配合细节动作。

双臂划手与呼吸的配合练习：呈弓步站立于池边，按照 2 次划手、1 次呼吸的配合节奏练习划手与呼吸的配合技术。此练习的目的在于掌握划手与呼吸的配合节奏。

注意事项

1. 注意换气的时机。
2. 划手和呼吸的配合要连贯协调。
3. 不能抬头吸气。

②水中有固定支撑练习。

单臂划手与呼吸的配合练习：呈弓步站立于水中，一只手抓住池边，另一只手划臂同时配合呼吸。此练习的目的在于强化掌握划臂与呼吸的配合细节动作及呼吸的时机。

双臂划手与呼吸的配合练习：呈弓步站立于池边，按照 2 次划手、1 次呼吸的配合节奏练习划手与呼吸的配合技术。此练习的目的在于强化掌握划手与呼吸的配合节奏和划手与呼吸的配合时机。

③水中无固定支撑练习：双腿夹板，蹬边滑行后进行划手和呼吸的配合练习。此练习重在掌握双臂划手和呼吸的配合节奏，提高身体的平衡能力。

④徒手练习：在蹬边滑行后保持良好的流线型姿势。在此基础上练习正确的自由泳划臂和呼吸的配合技术动作。

请登录课程平台进行拉长距离学练。

图 7-1-31　陆上单臂划手与呼吸的配合练习

图 7-1-32　陆上双臂划手与呼吸的配合练习

图 7-1-33　水中单臂划手与呼吸的配合练习

图 7-1-34　水中无固定支撑练习

图 7-1-35　徒手练习

2. 自由泳完整配合技术

自由泳完整配合技术的每一个技术环节都不是孤立的，都要依靠全身各个部分的协调配合。例如，当右手划水结束刚刚出水时，髋关节向右转动，使身体呈比较好的流线型姿势，同时能够借助躯干大肌肉群的力量与划水产生合力；吸气动作转动头部而不抬下颌，使髋关节处于较高的位置，并使后背相对放松；正准备移臂的右肩上提，帮助身体保持较高的位置；右肘提出水面，形成有利的杠杆作用。此外，左臂和双腿都在精确地进行各自的运动。

（1）动作要领

自由泳完整配合技术有多重形式，其中 6∶2∶1 配合是最为常见的，即 6 次打腿、2 次划手、1 次呼吸。此外还有 4∶2∶1 和 2∶2∶1 等配合形式。短距离比赛中常见 6∶2∶1 的配合，有助于保持较高的身体姿势；长距离比赛中常见 4∶2∶1 和 2∶2∶1 的配合，有利于节省体力。

自由泳完整配合技术要求时刻保持较高的身体位置和流线型的身体姿势。每一个技术环节都要连贯协调，同时要尽量舒展身体以获得更大的划水幅度。

（2）学练建议

①陆上模仿练习：上体前倾，两腿原地抖动，两臂交替进行划水练习。

②水中有固定支撑练习。

单手抓池边或水线配合练习：一只手抓住池边或水线，另一只手前伸做自由泳单臂划手的配合练习。此练习的目的在于体会单臂划手时身体的协调配合。

图 7-1-36 陆上模仿练习

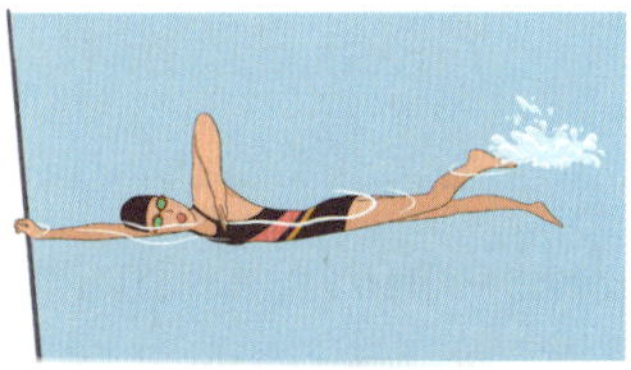

图 7-1-37 单手抓池边或水线配合练习

双手交替抓池边或水线配合练习：双手交替抓池边或水线，并在交替前伸划手做自由泳的配合练习。此练习的目的在于体会双臂交替划手时身体的协调配合。

图 7-1-38 双手交替抓板配合练习

③水中无固定支撑练习。

单手持板配合练习：一只手持浮板，另一只手前伸做自由泳划手练习。此练习的目的在于体会划手时的推进力。

双手交替抓板配合练习：双手交替持浮板，同时双手交替划手进行自由泳配合练习。此练习的目的在于强调换气时手臂不要下压。

④徒手练习。

单臂划手配合练习：将一臂前伸呈流线型，另一臂放在体侧进行单臂划手的配合练习。此练习的目的在于分解练习自由泳单臂的正确技术，加强对身体的控制。

双臂连贯划水配合练习：俯卧打水，一臂前伸呈流线型，另一臂放在体侧。用连贯流畅的节奏使两臂同时分别划水和移臂。此练习的目的在于掌握良好的两臂配合时机，加强对动作的控制。

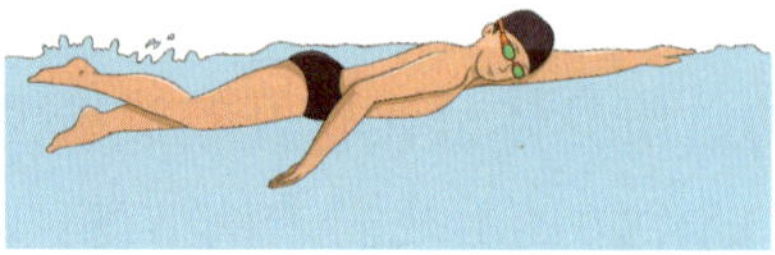

图 7-1-39 单臂划手配合练习

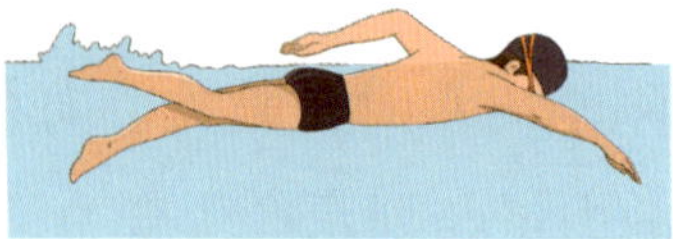

7-1-40 双臂连贯划水配合练习

注意事项

1. 各部分的配合要连贯协调。
2. 要保持身体位置的高、平。
3. 注意配合的节奏。

变换节奏练习：可以采用不同的打腿节奏和划手节奏进行练习。此练习的目的在于提高自由泳完整配合的协调性。

请登录课程平台进行拉长距离学练。

模块三：蛙泳、自由泳进阶

本模块难度有所增加，在单项技术学练方面设置了蛙泳进阶技术、自由泳进阶技术；在组合技能练习方面则设置了蛙泳、自由泳混合进阶技术。本模块的学习有助于同学们参与更高要求的游泳比赛。

（一）单项技术学练

1. 蛙泳进阶技术

①交替蹬腿练习：此练习可锻炼蛙泳蹬腿时的平衡感。若游行路线是直线，代表两腿发力是均衡的；若偏向一边，则代表两腿发力不均衡。

②夹板蛙泳手练习：练习时需强调水下抱水的技术效果。

③ 3 次划手练习：在一个动作周期内，划 3 次手臂，蹬 1 次腿。首先低头，做两次划臂，不蹬腿；第三次划臂时抬头换气，蹬腿。练习时需强调水下抱水的技术效果。

2. 自由泳进阶技术

①高肘移臂模仿练习：此练习可以改善高肘移臂的技术。练习时需将掌心向外，将肘关节提起，移臂时将腋下完全展开。

图 7-1-41 高肘移臂模仿练习

②侧向打腿练习：此练习可以提高自由泳侧头换气的技术，可配合多种练习节奏。例如，一侧打腿 6 次后换另一侧。练习时需注意头部的位置，头部应当紧贴手臂，并最大限度地转向呼吸侧。

图 7-1-42 侧向打腿练习

③自由泳技术游：在一定的距离中，规定划手次数，强调划手的效率，将注意力集中在每次划水的最大幅度上，减少每趟划水的次数。例如，在 25 米自由泳配合练习中，规定在 18 次划手以内完成。在练习过程中应降低划手的频率，注重划手的效率。

（二）组合技能练习

组合技能练习主要介绍蛙泳、自由泳混合进阶。

①拉长距离训练：练习距离为 200 米。采用一组 200 米蛙泳穿插一组 200 米自由泳的方式进行训练，加强蛙泳和自由泳的完整配合技术。蛙泳和自由泳交替时衔接流畅，游蛙泳或自由泳时不能中途变换泳姿。

②间歇训练：练习距离为 50 米，要求组间间歇时间相同。采用一组 50 米蛙泳穿插一组 50 米自由泳的方式进行训练，加强专项体能。要求间歇时间相同。

三　参与游泳比赛

请同学们登录课程平台，了解自己感兴趣的比赛活动的方法、要求和注意事项等，自行组织比赛，在竞赛中巩固学练成果。

模块一比赛有：蛙泳接力赛（一）、达标比赛。

模块二比赛有：自由泳接力赛（一）、达标比赛。

模块三比赛有：蛙泳接力赛（二）、自由泳接力赛（二）、达标比赛。

四　实施自主评价

在前面学、练、赛的过程中，同学们对自己和身边同学的学习效果有了初步的评判，那么如何系统地评价自己对游泳运动技术的掌握程度和整个运动的理解程度呢？请同学们登录课程平台，进行系统、全面的自主评价。

五　训练专项体能

想要更好地发挥自己的水平，离不开专项体能的支撑。同学们需要不断地训练并提升自己的专项体能，为今后更好地参与游泳运动，乃至在职场中展现出更好的身体素质打牢基础。

请同学们登录课程平台进行腿部练习、手臂练习和上肢陆上练习的专项体能训练。

项目二 实用游泳救生

体育中国

在 2019 年第七届世界军人运动会上，我国选手吴慧敏在女子 50 米假人救生决赛中以 33 秒 93 的成绩获得冠军，为我国水上救生项目赢得首枚金牌。本次比赛中，中国队在水上救生项目上共夺取 11 枚金牌，刷新多次赛会纪录和一项世界纪录。在 2022 年意大利世界救生锦标赛上，中国队获 4 金 3 银 2 铜，在泳池救生等项目实现较大突破。

学习目标

1. 学习了解实用游泳救生理论知识，理解并掌握实用游泳、浮标救生及心肺复苏技术的原理。

2. 掌握基本的实用游泳技术，并能够按照标准技术动作独立连续游进 50 米；能够正确地使用救生浮标进行水中赴救；能够正确地实施心肺复苏术。

3. 通过实用游泳救生的学习，培养帮助他人、团结友爱和互帮互助的精神；养成吃苦耐劳、勇敢拼搏的意志品质。

一 了解实用游泳救生

实用游泳是指人们为了生产、生活需要在水中进行的游泳活动，其基本技术包括抬头爬泳、侧泳、反蛙泳、潜泳、踩水等。随着社会的发展和国家的重视，近年来游泳救生项目在我国得到了大力的推广与普及。加强游泳救生、救护工作，重视安全教育，以防止游泳事故发生，不仅对保障游泳者的生命安全具有重大意义，而且对促进全民健身也有着深远的意义。现代社会对人的综合素质要求日益加强，学习和掌握实用游泳救生技能，具备过硬的专业知识，提高溺水自救与互救能力，预防溺水事故的发生，是同学们必须学习掌握的一项技能。

二　学练实用游泳救生技能

模块一：实用游泳

本模块设置了实用游泳救生中最基础，也是必须要掌握的技术前提——实用游泳技术。其中，单项技术学练包括抬头爬泳、反蛙泳、踩水；组合技能练习设置的是潜水。同学们学练本模块的内容能提高基本的技术水平，为参与本模块设置的比赛提供保障，为后续模块的学练奠定基础。

（一）单项技术学练

1. 抬头爬泳

动作要领如下。

①保持头部稳定且始终在水面上，眼睛注视前方。

②腿部动作同自由泳腿部动作，两腿要连续用力打水。

③手臂动作同自由泳手臂动作，入水点较自由泳近，划水路线较自由泳短。

④配合节奏为 6 次打腿、2 次划臂和 1 次呼吸。

图 7-2-1　抬头爬泳

注意事项

1. 充分做好准备活动，尤其是腿部拉伸。
2. 在做抬头爬泳打腿时注意换气节奏。
3. 保持头部稳定，眼睛注视前方。
4. 增加游距时要循序渐进、量力而行。

2. 反蛙泳

动作要领如下。

① 反蛙泳腿部的技术类似蛙泳。收腿结束时，两膝约宽于肩，大腿和小腿内侧向后对准蹬水方向。大腿发力，使小腿和脚向侧后方蹬夹水。

图 7-2-2　反蛙泳

②两臂自然伸直，经空中在肩前同时入水，屈臂高肘在体侧划水。划水结束后，两臂停留体侧，使身体向前滑行。然后两臂自然放松提出水面，从空中向前移臂。

③反蛙泳是手臂划水与腿蹬夹水同时进行（同时移臂与收腿）。一般在移臂时吸气，两臂入水后稍闭气，然后用口鼻均匀地呼气。

注意事项

1. 充分做好准备活动，尤其是对膝关节灵活性的激活。
2. 助力练习时，同伴一定要保护好练习者。
3. 空中移臂时臂伸直。
4. 循序渐进，量力而行。

3. 踩水

动作要领如下。

①腿部动作有两腿同时蹬夹水和两腿交替踩水两种。

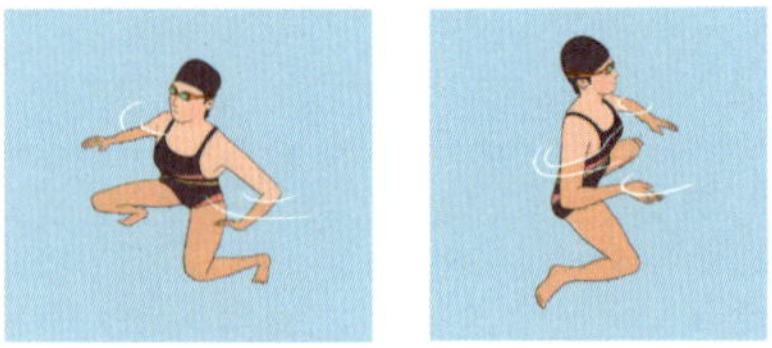

图 7-2-3 踩水

两腿同时蹬夹水技术：与蛙泳腿部动作相似，大腿的动作幅度小。当两腿还未完全蹬直时收腿，动作要连贯。

两腿交替踩水技术：大腿的动作幅度较小。左、右腿交替做螺旋式蹬腿，当腿尚未蹬直时向后上方收小腿，一侧收腿的同时另一侧开始做如同右脚的蹬夹水动作，两腿交替进行。腿的蹬水路线及回收路线基本是椭圆形。

②手臂动作有单臂划水、双臂同时划水及双臂交替划水三种。基本动作均为肘关节弯曲，手和前臂在胸前做向外、向内弧形划水动作。手臂动作不宜过大，划水时手掌要有压水的感觉。

③完整配合动作为两腿同时蹬夹一次，两手做一次划水动作。在两腿做蹬夹水动作时，两手做向外的划水动作。

注意事项

1. 充分做好准备活动，尤其是对大腿内侧肌肉的激活。
2. 蹬腿时腿不要完全蹬直。
3. 所有练习循序渐进，量力而行。

小贴士

在水中如遇手指抽筋、腿脚抽筋等，需要进行自我救护，具体方法为：

1. 手指抽筋时，手先握拳，然后用力张开，反复数次即可缓解。
2. 无论是腿部还是脚部抽筋，均可采用拉伸抽筋肌肉的方法来缓解。

（二）组合技能练习

潜水

动作要领如下。

①两腿朝下潜深法：潜入水前两臂前伸、屈腿，然后两臂用力向下撑水，两腿做蛙泳的向下蹬水动作。接着利用身体的重力，使身体向下，身体入水后，两臂做自下向上的推水动作。

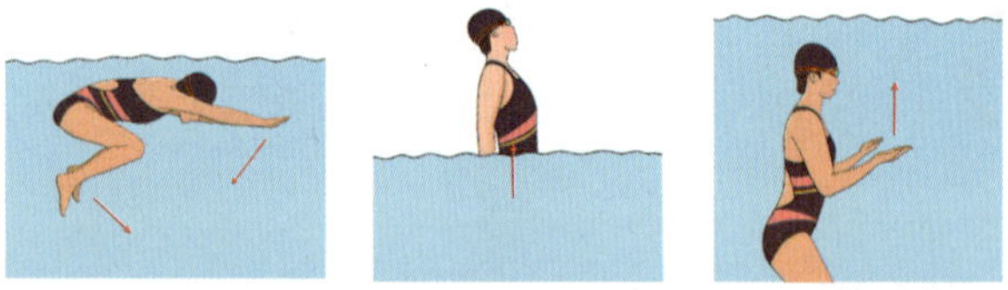

图 7-2-4 两腿朝下潜深法

图 7-2-5 头先朝下潜深法

图 7-2-6 蛙式长划臂潜泳法

②头先朝下潜深法：潜入水前两臂前伸、屈腿，两臂需向后下方伸出，两臂自下而上划水。头朝下，提臀举腿，两臂向下伸直，借助两腿重力作用使身体潜入水中。入水后，两腿向上做蛙泳腿部的蹬水动作，以增加身体下沉速度。

③蛙式长划臂潜泳法：手臂动作从两臂前伸开始，做下划动作，两臂逐渐向后用力划水。肘关节由外侧向躯干方向靠拢，大臂带动小臂向后推水。划水结束后短暂地滑行。两手沿腹胸部位前伸，在头前伸直并拢，准备开始下一个动作。

蛙式长划臂潜泳腿部的动作大致与蛙泳腿

部相似，收腿时髋关节屈得较小，双膝分开也较小，蹬水向正后方，防止身体上浮。收腿动作与手臂前伸动作几乎同时开始。手臂向前伸直后，腿用力蹬夹水。蹬腿结束时，手臂紧接着做划水动作；划水结束后，两腿伸直并拢做滑行动作。

④爬式潜泳法：两臂前伸，手掌并拢，头部夹在两臂之间，手部不动，只用双腿做爬泳打水动作前进。

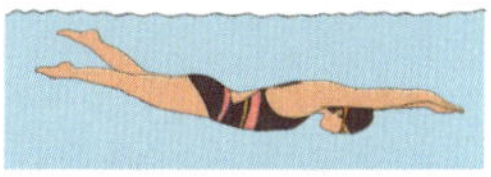
图 7-2-7 爬式潜泳法

模块二：浮标救生

本模块在上一模块学练的基础上，进阶性地设置了实用游泳救生新的学练内容——浮标救生技术。其中，单项技术学练包括入水、接近、拖带、双人上岸技术；组合技能练习设置的是浮标救生完整技术。同学们学练本模块的内容，在掌握一定难度的单项技术和组合技能的基础上，能够参与本模块设置的比赛活动，并为难度更高的下一模块的学练做好铺垫。

（一）单项技术学练

1. 入水

动作要领如下。

图 7-2-8 蛙腿式入水

施救者穿戴救生浮标背带时必须采用左肩右斜或右肩左斜的方式。将救生浮标横置于胸前并经过腋下，手扶救生浮标中间下方，成“抱胸”姿势，拖绳置于浮标和胸前。

①蛙腿式入水：身体前倾，目视溺水者，双腿蹬离池岸，跃起时两腿做蛙泳收腿动作，含胸收腹。入水时，两腿向下做蛙泳蹬夹，使头部始终保持在水面上，目光不离开赴救目标。

图 7-2-9 跨步式入水

②跨步式入水：身体前倾，目视溺水者，一只脚前跨，另一只脚脚趾紧扣池边，并用力蹬地。在空中两腿一前一后呈弓步型，上身含胸前倾。入水时两脚做剪水动作，使头部始终保持在水面上，目光始终不离开赴救目标。

> **注意事项**
> 1. 泳池边湿滑，注意避免摔跤。
> 2. 注意头部位置，目光不可离开溺水者。

2. 接近

动作要领如下。

施救者不管采取哪种方式入水，入水后都应将浮标经过胸前置于腋下，采用抬头爬泳的方式以最快的速度游向溺水者，距离 2~3 米时急停观察，然后游到最佳施救位置。

图 7-2-10　接近

注意事项

1. 保持对溺水者的控制。
2. 时刻注意溺水者的口鼻，防止溺水者呛水。

3. 拖带

动作要领如下。

在拖带时，施救者将救生浮标置于自己的胸前并将其穿过腋下，将救生浮标移至溺水者背部腋下位置，双手穿过溺水者的腋下，以手臂拖住溺水者的双腋。拖带过程中将溺水者的头部露出水面并侧在一边，方便观察溺水者的情况，防止双方头部相撞。

图 7-2-11　拖带

注意事项

1. 拖带过程中一定要将溺水者的头部露出水面并放置在一侧，避免头部相撞。
2. 练习过程中要量力而行，体力不支时应立即休息。

4. 双人上岸

动作要领如下。

施救者将溺水者拖带至岸边固定，双手依次交给岸上接应人员（左手抓左手，右手抓右手）。两人同时用力将溺水者旋转 180°，使溺水者背对池岸，然后提拉上岸。由水中施救者发出动作指令，指导岸上施救者进行操作。岸上接应人员将溺水者拉至安全区域，一只手护头，另一只手抱腿将溺水者转体 90°，先放腿后护头，将溺水者放至仰卧位。

图 7-2-12　双人上岸

水中施救者口令内容如下。

①左手抓左手，右手抓右手。

②将溺水者旋转 180°。

③准备拉起溺水者，一、二、三，起。

④将溺水者拖至安全区域。

⑤保护溺水者的腰部、颈部，手扶溺水者双腿，将溺水者旋转 90°。

⑥保护溺水者的头部、颈部，将溺水者放平呈仰卧姿势。

（二）组合技能练习

浮标救生完整技术

按照入水、接近、拖带、双人上岸的顺序将四个技术串联起来形成一套浮标救生完整技术。

> **注意事项**
> 1. 练习过程中注意安全。
> 2. 量力而行，不可逞强。

模块三：岸上急救

岸上急救是游泳救生技能的重要环节之一，需要我们根据溺水者的情况，有针对性地采用综合检查技术、畅通呼吸道技术、空水技术和心肺复苏技术。

（一）单项技术学练

1. 综合检查技术

针对溺水者的综合检查应围绕如下四个方面进行：一是检查意识，二是检查呼吸，三是检查脉搏，四是检查是否喝水过多。关于前三项检查，同学们已在第一单元学习过，可根据不同病状采取临时急救措施。第四项检查需要注意的是，溺水者喝水过多时腹部会较为凸出，在下一步开放其气道之后，需要对其进行腹部排水。

2. 畅通呼吸道技术

（1）仰头抬颌法

动作要领：一只手掌根置于溺水者的前额，用力向后压，然后用另一只手的食指和中指向上抬起溺水者的下颌。开放气道直至溺水者的嘴角与耳垂连线垂直于地面。若怀疑溺水者有颈部创伤，则禁止使用该法。

> **注意事项**
> 1. 开放气道时，若确定无颈部损伤，保持气道开放位置畅通。
> 2. 动作幅度不宜过大，避免误伤。

（2）推举下颌法

动作要领：以双肘支撑，双手置于溺水者头部的两侧，拇指置于溺水者的口角或下唇部，其余手指紧握其下颌角部位，然后双手抬举，使溺水者下颌向上移位。开放气道直至溺水者的嘴角与耳垂连线垂直于地面。对于已经明确或者怀疑溺水者有颈部创伤的情况，此法是最安全、最简单的。

3. 空水技术

如溺水者喝水过多，则应排出腹水。

动作要领：施救者一腿跪地，另一腿屈膝，将溺水者腹部放在屈膝的大腿上，使其头部下垂（头部水平位置低于腹部），再用一手扶住溺水者头部，将其腹中的水排出。

4. 心肺复苏技术

详见第一单元专题八。

（二）组合技能练习

整套岸上急救技术练习

请同学们按照如下岸上急救流程的完整过程，进行组合技能练习。

综合检查→畅通呼吸道→空水→心肺复苏。

在练习过程中，应注意：一是所有的步骤不可遗漏或颠倒，需严格按照上述步骤来进行；二是所有步骤须连贯起来，一气呵成，必须熟练掌握从开始检查至最终完成救护的全套技术动作。同学们务必注意：遇到溺水者需要急救时，一定要及时寻求专业人员的帮助；在等待专业人员到来的过程中，积极进行救护，以免错过最佳救护时机。

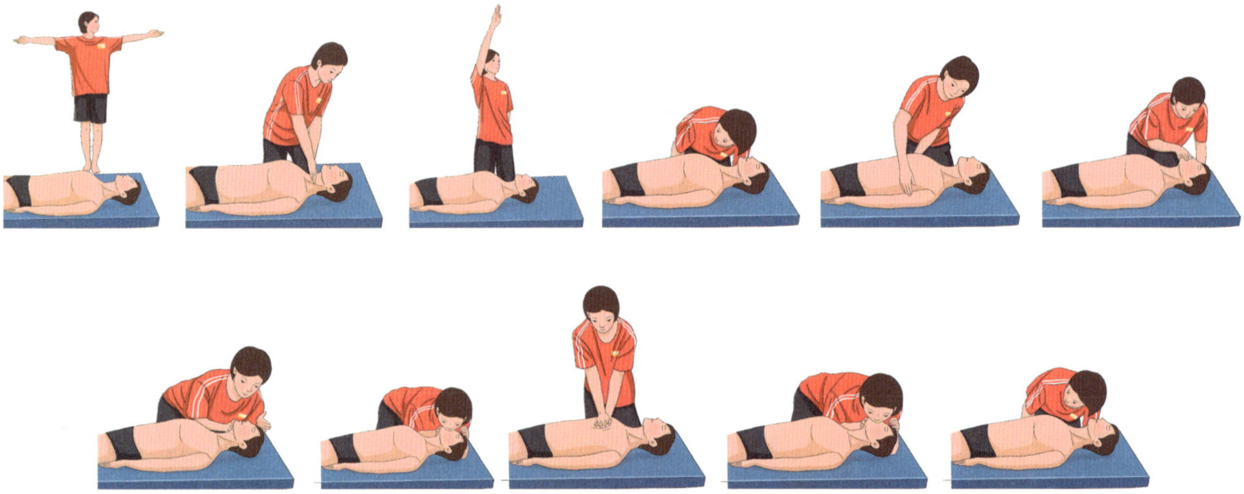

图 7-2-13 岸上急救

三 参与实用游泳救生比赛

请同学们登录课程平台，了解自己感兴趣的比赛活动的方法、要求和注意事项等，自行组织比赛，在竞赛中巩固学练成果。

模块一比赛有：踩水 5 米接力赛、抬头爬泳 + 潜水捞物赛、达标比赛。

模块二比赛有：50 米拖带接力赛、达标比赛。

模块三比赛有：30 次胸外按压赛、达标比赛。

四 实施自主评价

在前面学、练、赛的过程中，同学们对自己和身边同学的学习效果有了初步的评判，那么如何系统地评价自己对实用游泳救生技术的掌握程度和整个运动的理解程度呢？请同学们登录课程平台，进行系统、全面的自主评价。

五　训练专项体能

想要更好地发挥自己的水平，离不开专项体能的支撑。同学们需要不断地训练并提升自己的专项体能，为今后更安全、更合理地参与实用游泳救生，乃至在职场中展现出更好的身体素质打牢基础。

请同学们登录课程平台进行双手上举原地踩水练习、拖带练习和负重游进练习的专项体能训练。

第八单元

冰雪类运动

“带动三亿人参与冰雪运动”，是习近平总书记对开展群众性冰雪运动的谆谆嘱托，也是冰雪运动实现跨越式发展的良好契机，对建设体育强国和开展全民健身具有重要的战略意义。我国传统冰雪运动历史悠久，源远流长，是中华优秀传统文化的组成部分之一。举办北京第 24 届冬季奥林匹克运动会（后简称“北京冬奥会”），彰显出我国在冬季运动方面取得的非凡成就，开启了全球冬季运动的新时代。在北京冬奥会开幕式上，二十四节气倒计时，各行业、各民族代表及国家功勋人士传递国旗，冰立方“破冰”，“迎客松”空中焰火，融合各参赛国家（地区）名的大雪花，在童声合唱中点燃奥运的“微火”，等等，不仅体现出“更快、更高、更强、更团结”的奥运精神及“绿色、共享、开放、廉洁”的办奥理念，而且弘扬了我国优秀文化，很好地传播了中国声音，为世界人民讲好了中国故事。

冰雪运动对同学们享受运动乐趣，锤炼在寒冷的环境中坚持参与运动的意志品质，增强体质，提高免疫力等具有特殊的价值。本单元设置了滑冰（速度滑冰）、滑雪（高山滑雪）两个项目，希望为同学们的终身锻炼技能“拼图”补上冰雪运动这一“片”，为培养同学们的坚强意志、不惧挑战的心理品格提供保障。

项目一
滑冰（速度滑冰）

体育中国

1963 年，罗致焕在世界速度滑冰锦标赛中为我国取得了滑冰项目的首枚世界级金牌。2002 年冬奥会上，杨扬获得女子 500 米短道速滑冠军，实现我国冬奥会金牌“零的突破”。2010 年冬奥会上，申雪、赵宏博获得我国首枚花样滑冰奥运会金牌。2014 年冬奥会上，张虹获得女子 1 000 米速度滑冰金牌，这也是我国首枚速度滑冰金牌。2018 年冬奥会上，武大靖获得男子 500 米短道速滑冠军，为我国斩获男子短道速滑的首枚奥运会金牌。2022 年北京冬奥会上，我国选手多次创造历史，拿下了短道速滑混合团体接力、短道速滑男子 1 000 米、速度滑冰男子 500 米、花样滑冰双人滑 4 枚金牌，昭示着我国正向着冰雪运动强国迈进。刚结束的 2023 年短道速滑世锦赛上，我国获得 1 金 1 银的好成绩。

学习目标

1. 了解速度滑冰运动滑行、入弯出弯、停止技术动作的相关知识，以及滑冰运动的比赛规则和安全准则。

2. 在掌握速度滑冰的技术动作、组合动作的基础上，能做到在练习和比赛中熟练运用；发展耐力、平衡能力、力量等身体素质；养成定期参加体育锻炼的习惯。

3. 在练习、比赛过程中，表现出公平竞争的意识和行为；能正确面对挫折，合理调控情绪，形成勇于向困难挑战的精神和积极乐观的心态。

一　了解速度滑冰运动

速度滑冰是以冰刀为工具在冰上进行的竞速运动，起源于 11—12 世纪的荷兰、英国、瑞士等国家。速度滑冰因技术要求高、战术多变、竞争激烈、比赛气氛浓厚等特点，迅速在更多国家得到发展与普及。速度滑冰可发展反应速度、绝对力量、速度力量、力量耐力和爆发力等身体素质，可有效提高身体的平衡与协调能力、关节灵活度和上下肢力量，不仅可以帮助同学们培养坚持不懈的精神，还可锤炼不畏困难、团队合作等意志品质。速度滑冰于 1924 年被列为冬季奥运会的正式比赛项目。2022 年北京冬奥会的举办，开启了我国乃至全球冬季运动的新时代。

二 学练滑冰技能

模块一：冰性适应

本模块设置了速度滑冰运动中最为基础的前置内容——冰性适应。其中，单项技术学练包括陆上基本姿势、安全摔倒与站起、冰上原地基本姿势、冰上步伐、滑跑姿势；组合技能练习设置的是陆上收引腿＋摆臂练习、冰上原地收引腿＋摆臂练习，以及课程平台中的重心移动技术、侧蹬回收技术、单脚支撑技术。同学们学练本模块的内容能提高基本的技术水平，为参与本模块设置的比赛提供保障，为后续模块的学练奠定基础。

刚上冰的人，穿上冰刀之后不太容易保持身体平衡。由陆上转为冰上进行的适应性练习动作被称为冰性适应。学滑冰不是从某个动作开始的，而是从熟悉冰面环境开始的，要让身体多种感官对冰面摩擦力有一个适应过程。熟悉冰面的目的是适应冰面环境，消除畏惧心理。

（一）单项技术学练

1. 陆上基本姿势

（1）动作要领

图 8-1-1　陆上基本姿势

两肩略高于臀部，背部放松呈流线型姿势，两手在背后互握呈蹲屈姿势，两脚平行，脚尖冲前。大、小腿的夹角为 90°~110°，上体与地面的夹角为 15°~20°，小腿与冰刀的夹角为 45°~60°，头微抬起，目视前方 3~5 米处。两脚平行站立，与肩同宽；注意髋、膝、踝关节的弯曲程度，注意身体下半部分的下蹲姿势；重心适中，保持平衡。

（2）学练建议

①下蹲到基本姿势，再站起，站起后要挺胸，如此反复。

②在保持基本姿势下做原地前倾、后倾和原地保持。

③身体重心缓慢移动。

④拓展练习：在无辅助的情形下尝试单脚支撑。

> **注意事项**
> 初学者应该选择在有扶手、墙面等的较为安全的位置练习。

2. 安全摔倒与站起

（1）动作要领

在意识到自己即将摔倒时，双手向前伸直，采取下蹲方式降低身体的重心，用正面倒地的姿势顺势侧卧倒下。站起时，双手撑住冰面，与髋部等宽或稍宽，双膝跪在冰面上，重心放在两腿中间，从单脚到双脚慢慢站立，逐渐提高重心，直至站起。摔倒时侧卧，臀部着地。站起时支撑有力，刀刃刻冰，自然站起。

（2）学练建议

①练习双腿下蹲，重心下移。

②由蹲姿开始，练习侧倒臀部着地动作。

③进行完整的安全摔倒练习。

④拓展练习：慢速滑行中的安全摔倒和站起。

注意事项

练习要在他人的保护下进行。

3. 冰上原地基本姿势

图 8-1-2　冰上原地基本姿势

（1）动作要领

穿上冰鞋，摆出冰上原地蹲屈姿势。两肩略高于臀部，背部放松呈流线型姿势，两手在背后互握呈蹲屈姿势，两脚两腿并拢。大、小腿的夹角为90°~110°，上体与地面的夹角为15°，小腿与冰刀的夹角为45°~60°，头微抬起，眼视前方3~5米处。两脚平行站立，与肩同宽；注意髋、膝、踝关节的弯曲程度，注意身体下半部分的下蹲姿势；重心适中，保持平衡。

（2）学练建议

①每次下蹲要静蹲，再站起，站起后要挺胸。

②做原地前倾、后倾和原地保持，身体重心缓慢移动。

③身体前倾时重心放在脚掌上，后脚跟不要翘起来。

④拓展练习：两人一组，双手扶肩辅助交替下蹲。

注意事项

初次滑冰或滑行不熟练的学生需要佩戴防护装备。

4. 冰上步伐

图 8-1-3　冰上步伐

（1）动作要领

原地踏步，双手打开呈一条直线，左、右脚交替微微抬起，冰刀立直。保持平衡，注意上身不要后仰；向前踏步，双手平行打开，双脚轮流向前交替，双脚打开自然向前滑行。放松站立，双膝保持一拳到两拳的距离，双脚平行向前。左、右脚交替踏步。

（2）学练建议

①进行原地踏步练习。

②进行向前踏步练习。

③进行左右移动练习。

④拓展练习：跟随口令前后左右随机踏步。

注意事项

尽量不要倒滑或做各类大范围的肢体动作，避免与其他人相撞。

5. 滑跑姿势

（1）动作要领

上身前倾，腿部深屈，两手置于背后，头略抬起。滑跑时应始终保持基本姿势，以使力

注意事项

1. 滑冰的时间不可过长。在寒冷的环境里活动，身体的热量损失较大。
2. 在休息时，应穿好防寒外衣，同时解开冰鞋鞋带，活动脚部，保证血液流通，防止生冻疮。

量更加集中。取相对低的姿势；上体自然放松；目视前方；身体各部分向重心靠拢、团身；躯干与水平线的夹角为15°~30°；踝关节角度为50°~70°；支撑腿膝关节屈的角度为15°~30°。

（2）学练建议

①进行原地保持基本姿势练习。

②进行原地踏步练习。

③进行原地滑跑姿势练习。

④拓展练习：尝试近距离、过障碍滑跑。

（二）组合技能练习

在了解并学习了滑冰的基本技术之后，接下来可以把基本技术组合起来。只有掌握了组合技能，才可以在冰面上自由驰骋。

1. 陆上收引腿＋摆臂练习

（1）练习方法

保持基本姿势，重心要低，两肩略高于臀部，两脚平行，脚尖冲前，右腿向身体右侧充分侧蹬，再以膝关节、髋关节为支点将小腿后引至身体后方，脚尖触地，大腿微曲，最后收腿到基本姿势。两腿交替进行。

图 8-1-4　收引腿＋摆臂练习

（2）练习要求

臂的摆动应以肩为轴。两手指微曲或半握拳，腕部放松。前摆时，臂从后高点顺势下落经下垂点加速向前上方摆至前高点，然后从前高点回摆下落经下垂点，接着加速向后方摆至后高点。

2. 冰上原地收引腿＋摆臂练习

（1）练习方法

保持基本姿势，重心要低，两肩略高于臀部，两脚平行，脚尖冲前，左腿向身体左侧充分侧蹬，再以膝关节、髋关节为支点将小腿后引至身体后方，脚尖触地，大腿微曲，最后收腿到基本姿势。两腿交替进行。

（2）练习要求

臂的摆动应以肩为轴。两手指微曲或半握拳，腕部放松。

模块二：冰上基本技术

本模块在上一模块学练的基础上设置了速度滑冰运动基本技术的学练内容。其中，单项技术学练包括起跑技术、双腿滑行技术、犁状停法、侧双刃停法，以及课程平台中的单腿滑行技术；组合技能练习设置的是滑行犁状停法、滑行侧双刃停法。同学们学练本模块的内容，在掌握有一定难度的单项技术和组合技能的基础上，能够参与本模块设置的比赛活动，并为难度更高的下一模块的学练做好铺垫。

（一）单项技术学练

1. 起跑技术

（1）动作要领

前脚以刀尖为支点，后脚全内刃着冰，两刀的距离略比肩宽。起动时，大腿高抬，上体前倾，冰刀着冰时要紧紧切住冰面。起跑时，以冰刀内刃着冰，两刀呈外八字进行踏切跑。

图 8-1-5　起跑

（2）学练建议

①注意降低重心，使身体保持平衡。

②注意起跑时机。

③原地扶墙，进行两脚成外八字踏切练习。

④拓展练习：起跑后尝试进行制动。

2. 双腿滑行技术

（1）动作要领

利用全刀向侧面蹬冰，将身体重心稳定地放在支撑腿上，利用体重和腿的伸展完成蹬冰动作。腿的伸展方法是展髋、压膝踝、展膝踝，在腿还没有完全伸直时完成单腿支撑蹬冰动作，滑动起来后保持双腿触冰滑行。在身体前倾时开始蹬冰，先伸展髋关节，同时膝前压，踝关节略有缩小；在蹬冰最大用力阶段，使冰刀位于身体侧方，身体倾斜达到最适宜角度，膝关节快速伸展，同时伸展髋、踝关节；在结束阶段，要使髋、膝、踝三关节完全伸直。

（2）学练建议

①注意降低重心，使身体保持平衡。

②原地练习蹬地动作。

③从无摆臂开始练习，之后结合摆臂进行滑行。

④拓展练习：滑行时尝试过障碍物。

注意事项

初学者滑行速度不要过快，应与周围其他人保持间距。

3. 犁状停法

（1）动作要领

滑行中重心后移，向后坐，两膝内扣，刀跟向外分开，用两刀跟内刃擦冰面停止。两脚平行分开站立，随后脚尖内转，两脚以内侧轮柔和地压紧地面，两腿弯曲，上体稍前倾，臀部下蹲，两臂前伸维持身体平衡。

（2）学练建议

①在向前滑行时，两脚平行分开站立，先使右脚脚尖内转，以内侧轮柔和地压紧地面，

身体重心稍向左移，按照上述姿势完成动作。

②速度可由慢到快，循序渐进。

③由扶墙练习逐步过渡到练习犁状停。

④拓展练习：尝试进行滑行后犁状停练习。

> 注意事项
> 初次练习犁状停法时，滑动速度要慢一些。

4. 侧双刃停法

（1）动作要领

两腿并拢，两刀平行向左（右）转体 90°，同时后坐，上体前倾，身体向左（右）倾倒，用右刀内刃、左刀外刃（左刀外刃、右刀内刃），逐渐用力压切冰面，即可停下来。此种停止法可在高速滑跑中使用。两脚同时做顺时针（或逆时针）方向急转，左脚以内侧轮、右脚以外侧轮与滑行方向呈 90° 角压紧地面，同时身体向右（左）急转，使重心移到右（左）腿上，两膝弯曲，两臂前侧伸。

（2）学练建议

①原地两脚平行分开站立，按上述动作依次练习，随后在低速向前滑行中完成动作。

②保持一定的向前滑行速度，两脚平行向前滑行，做双脚急停练习，直至熟练掌握。

③两臂以肩为轴做独立的加速前后摆动。

④拓展练习：尝试滑行后侧双刃停。

> 注意事项
> 初次练习侧双刃停时，滑动速度要慢一些。

（二）组合技能练习

1. 滑行犁状停法

（1）练习方法

采用直道滑行，具备一定速度后用犁状停法停稳。

（2）练习要求

滑行速度不宜过快，防止相互碰撞。

2. 滑行侧双刃停法

（1）练习方法

采用直道滑行，具备一定速度后用侧双刃停法停稳。

（2）练习要求

滑行速度不宜过快，防止相互碰撞。

模块三：冰上高阶技术

本模块难度有所增加，需开始学练复杂一些的技术内容。本模块在单项技术学练方面设置了入弯技术、出弯技术，以及课程平台中的单支撑蹬冰技术；组合技能练习设置了冰上滑跑技术、蹬冰技术。本模块的学习有助于同学们参与更高要求的速度滑冰比赛。

（一）单项技术学练

1. 入弯技术

（1）动作要领

入小弯道时，从直道入弯道的最后一步是右腿，在距离小弯道里侧线 1~2 米处向弯道里深入；入大弯道时，从直弯道交接处开始，以右腿滑进，在距大弯道里侧 1~2 米处向弯道里深入，前半步在直道区，后半步在弯道区，随着完成收回左腿动作，身体要大胆地向左倾斜。当倾倒到一定程度时，左脚冰刀尽量靠近右腿冰刀，用外刃贴近雪线。当右脚冰刀下刀时，身体重心偏后，注意团身；在入弯道前要略加力量，以获得最大的初速度。

图 8-1-6　入弯

（2）学练建议

①进行原地基本姿势倾斜练习。

②进行入弯时控速练习。

③进行入弯时重心稳定练习。

④拓展练习：尝试连续入弯。

> 注意事项
> 入弯时切忌身体前探或后坐。

2. 出弯技术

（1）动作要领

经过弯道左、右腿多次交替蹬收，完成了弯道的滑行，开始出弯道；弯道滑跑的最后一步是左腿用冰刀外刃在身体重心投影处着冰，右腿完成蹬冰动作后，左腿冰刀变为内刃；与此同时，右腿收回到中心面，并随着左腿蹬冰动作的开始而摆动并用平刃或外刃在身体重心投影处着冰，进入直道滑跑；上体要与直道方向一致，左腿完成最后一次蹬冰后直接前提。出弯道以弯道、直道交接点为变路点；右刀完成出弯道最后一步，右刀在距离变路点 5~6 米处下刀，其滑进方向向前。

图 8-1-7　出弯

（2）学练建议

①按上述动作依次练习，随后在低速向前滑行中完成动作。

②保持一定的向前滑行速度，两脚平行向前滑行，做出弯技术练习，直至熟练掌握。

③出弯时进行控制出弯速度和角度练习。

④拓展练习：尝试连续出弯。

> 注意事项
> 出弯时注意脚步动作的连贯性。

（二）组合技能练习

1. 冰上滑跑技术

（1）练习方法

重心逐渐过渡到着冰的浮腿上，浮腿成为支撑腿并控制冰刀滑进的方向；浮腿下刀的外转角应尽量小，以保持直线滑行。

（2）练习要求

保持重心降低，身体各部分动作协调。

2. 蹬冰技术

（1）练习方法

两脚要不停地用倾斜的刀刃向支点蹬动，以获得最快速度。

（2）练习要求

保持重心降低，身体各部分动作协调。

三 参与滑冰比赛

请同学们登录课程平台，了解自己感兴趣的比赛活动的方法、要求和注意事项等，自行组织比赛，在竞赛中巩固学练成果。

模块一比赛有：冰面原地踏步个人赛、冰面收引腿 + 挥臂动作个人赛。

模块二比赛有：直道滑行犁状停法个人赛、直道滑行侧双刃停法个人赛。

模块三比赛有：直道滑行入弯犁状停法个人赛、直道滑行入弯侧双刃停法个人赛。

四 实施自主评价

在前面学、练、赛的过程中，同学们对自己和身边同学的学习效果有了初步的评判，那么如何系统地评价自己对速度滑冰运动技术的掌握程度和整个运动的理解程度呢？请同学们登录课程平台，进行系统、全面的自主评价。

五 训练专项体能

想要更好地发挥自己的水平，离不开专项体能的支撑。同学们需要不断地训练并提升自己的专项体能，为今后更好地参与速度滑冰运动，乃至在职场中展现出更好的身体素质打牢基础。

请同学们登录课程平台进行瑜伽球练习、半深蹲提脚尖及提踵练习、慢速滑行中大幅度分开和收回冰刀练习的专项体能训练。

项目二
滑雪（高山滑雪）

体育中国

2006 年，韩晓鹏获得都灵冬奥会男子自由式滑雪空中技巧项目金牌，实现了中国雪上项目以及男子项目在冬奥会上金牌“零的突破”。在 2022 年北京冬奥会上，我国选手斩获了单板滑雪男子大跳台、自由式滑雪女子大跳台等 5 枚金牌。中国队的金牌数、奖牌数均创历史最好成绩。

随着国家关于《“带动三亿人参与冰雪运动”实施纲要（2018-2022 年）》等的实施，相信我国未来会涌现出越来越多的滑雪健将，为我国冰雪运动事业开启新篇章。

学习目标

1. 了解高山滑雪运动滑降、转弯、蹬坡等技术动作的基本知识，以及滑雪运动的安全准则、比赛规则。

2. 掌握高山滑雪基本技术、组合技术，并能在多种练习和比赛情境中运用；发展灵敏性、平衡能力、力量等身体素质；积极参加学校组织的滑雪比赛，养成定期参加体育锻炼的习惯。

3. 在练习、比赛过程中，表现出公平竞争的意识和行为；能正确面对挫折，合理调控情绪；能与同伴相互配合，表现出较强的自信心和刻苦训练作风。

一　了解高山滑雪运动

高山滑雪是滑雪者利用雪板、雪鞋、雪杖等雪具，根据旗门设定的赛道，从山上至山下滑行的雪上竞速运动项目，起源于阿尔卑斯山脉地区，1936 年被列为冬季奥运会项目。滑雪运动容易受气候因素的影响，滑雪者需要适应多变的气候。高山滑雪的滑行方法变化多样，不仅可以帮助同学们发展协调性、灵敏性、柔韧性、耐力等身体素质，还能有效提高同学们的心肺功能、关节灵活度和上下肢力量，对心理素质较弱、畏寒体质的人有较大帮助。同学们在学练滑雪的过程中应不畏挑战，不断体认自我，磨炼意志。

二 学练滑雪技能

模块一：雪上适应

本模块设置了高山滑雪运动中最为基础的前置内容——雪上适应。其中，单项技术学练包括安全摔倒与站起、双板原地练习、雪地行走、蹬坡技术；组合技能练习包括平地走滑+向后转+平地走滑、平地走滑+八字蹬坡。这些练习能提高初学者基本的技术水平，为参与本模块设置的比赛提供保障，为后续模块的学练奠定基础。

初学者会对滑雪板的长度和重量很不适应，在雪上总有站不稳的感觉，需要先在平缓的雪面上进行一些雪上适应练习，提高后续练习效果，防止意外损伤。

（一）单项技术学练

1. 安全摔倒与站起

（1）动作要领

图 8-2-1 安全摔倒

摔倒时身体自然向下蹲，向身体任意一侧顺势侧倒，臀部着地。摔倒后，不要挣扎，自然滑动，避免翻滚。起身时，板底面向山下，滑雪者头部朝向山上。两雪板放平后，以雪杖为支撑，板刃刻雪，腰腹肌同时用力起身。若无法成功站起，可直接脱下雪板。

（2）学练建议

①进行无雪板安全摔倒和站起练习。

②进行有雪板安全摔倒和站起练习。

③进行缓坡面且有一定速度的安全摔倒和站起练习。

④拓展练习：在不同角度的坡面上安全摔倒与站起。

2. 双板原地练习

图 8-2-2 双板原地练习

（1）动作要领

自然站立，身体放松站立，两脚平行，双板的宽度与肩同宽，小腿弯曲，胫骨压靠滑雪鞋，身体重心放在两腿中间，两手位于体侧，眼睛平视前方。身体重心的移动随腿部动作变换。抬板平稳，保持平衡。

（2）学练建议

①进行身体重心前后移动练习。保持基本站姿，身体大幅度向前、向后倾斜。

②进行双板平行跨步练习。左板抬起向左跨步，左板落地后，右板顺势抬起，然后落地，交替练习。

> **注意事项**
> 身体重心要保持平稳，在雪中站稳。

③进行向后转练习。用雪杖支撑于身体两侧，左板或右板负重，右板或左板向前上方踢

起直立，以板尾为轴，向后转动 180°，另一雪板抬起收回至平行对齐。

④拓展练习：选择单板抬脚等能够改变身体重心的练习方法，感受身体重心的变化，加强对雪板的控制。

3. 雪地行走

（1）动作要领

图 8-2-3　雪地行走

呈穿板站立姿势，左、右雪板交替向前迈动，左、右雪杖在体侧交替撑动。身体稍前倾，前雪板承重，后雪板起蹬踏作用。雪杖摆动自然，后板蹬踏有力，顺势向前，前进方向要摆正。

（2）学练建议

> **注意事项**
> 走滑过程中避免提板过高，发生顺手顺腿的现象。

①穿一支滑雪板，未穿雪板的脚在雪面连续蹬动，进行推动滑行练习。

②进行移动步伐逐渐由小变大练习。

③进行前滑板逐渐由走动变滑动练习。

④拓展练习：尝试运用雪杖推进滑行或横向行走。

4. 蹬坡技术

（1）动作要领

八字蹬坡，滑雪板前端分开呈 V 形，以雪杖撑于体后两侧。爬行时，左板内刃刻雪承重，提抬右板向右上迈出，同时左杖抬起，将右杖撑在身后，上体前倾，向前跟往，依次进行。注意承重板左右变换自如，内刃要刻住雪面，蹬踏、撑杖有力，重心稍前紧随前板移动。

（2）学练建议

①进行缓坡面八字蹬坡练习。

②进行中缓坡面八字蹬坡练习。

③进行快速蹬坡练习。

④拓展练习：可以通过运用雪板不同角度刻雪来选择蹬坡练习方式，如横蹬坡。

> **注意事项**
> 蹬坡时主要依靠雪刃刻雪来承重。随着坡度的加大，雪板立刃也应加大。

图 8-2-4　蹬坡技术

（二）组合技能练习

1. 平地走滑 + 向后转 + 平地走滑

（1）练习方法

在平缓坡面设置起点、终点。利用平地走滑方式向前行进，到达终点后原地向后转，按原路以平地走滑方式返回起点。

（2）练习要求

蹬雪有力，上下肢协调配合，行进方向要摆正。

2. 平地走滑 + 八字蹬坡

（1）练习方法

在平缓坡面设置起点，在初级赛道设置终点，在平缓坡面与初级赛道交界处设置点位 1。

利用平地走滑方式向前行进，到达点位 1 后利用八字蹬坡方式抵达终点。

（2）练习要求

滑行时注意减速后再转为八字蹬坡，蹬坡时刻雪要有深度，身体重心向上。

模块二：滑降技术

本模块设置了高山滑雪运动新的学练内容——滑降技术。高山滑雪中的滑降技术是自上而下沿直线滑行的技术，也是滑行速度最快的技术。本模块的单项技术学练包括直滑降、犁式滑降、斜滑降、横滑降；组合技能练习为直滑降和犁式直线滑降交替、直滑降 + 斜滑降 + 横滑降。同学们通过学练本模块的内容，能掌握有一定难度的单项技术和组合技能，参与本模块设置的比赛活动，并为难度更高的下一模块的学练做好铺垫。

（一）单项技术学练

1. 直滑降

（1）动作要领

图 8-2-5 直滑降

双板保持平行，距离与髋同宽，重心放在两腿之间，两板均匀承受压力。上体稍微前倾，髋、膝、踝关节稍屈，呈稳定的稍蹲姿势，保持腿部随时可以屈伸的状态。上臂自然垂放两侧，肘部微屈，肩部始终处于放松状态。目视前方，向下直滑，直至停止。依靠下肢屈伸完成姿势与重心调整，速度慢呈高姿势，速度快呈低姿势，重心稳定，保持平衡。

（2）学练建议

①在缓坡上，不持雪杖，保持正确姿势滑下，直至停止。

②在缓坡上，分别进行高、中、低三种姿势的滑行。

③在下滑过程中保持双板平行状态，依次将重心向左、右脚上移动。

④拓展练习：选择身体重心前后、上下移动的练习方法进行练习，如在滑行中变换高低姿势。

> **注意事项**
>
> 滑行时，身心都要放松。避免眼看脚下、雪杖拖雪。

2. 犁式滑降

（1）动作要领

双膝稍屈，同时双腿向内旋转，避免膝盖内扣，重心在两板中间，两脚跟同时向外展，推开板尾，雪板呈八字形。上体稍前倾，上体、双臂及肩部放松，两手握杖并自然放于体侧，杖尖朝后方。眼睛向前看，不要低头看板。

图 8-2-6 犁式滑降

（2）学练建议

①在缓坡上进行犁式滑降练习，犁式大小不变，体会用刃的强弱。

②屈膝和伸膝进行犁式滑降练习。

③分别用大、中、小犁式滑降，体会三种犁式的不同。

④拓展练习：可以综合应用不同的犁式滑降，也可选择改变身体重心的练习方法，如从小犁式滑降开始到大犁式滑降停止。

注意事项

初学者注意防止两板八字过大造成损伤。

3. 斜滑降

图 8-2-7 斜滑降

（1）动作要领

朝山下斜方向站立，目视前方，双臂放松自然分开。双板大致对齐，以膝关节压向山上板，上肢向山下侧倾斜，山上板外刃和山下板内刃保持稳定。身体侧倾，双脚控制板刃刻雪强弱，两肩、两髋、两膝连线与坡面几乎平行。

（2）学练建议

①分别进行以山上侧板外刃为主要负重的练习和以山下侧板内刃为主要负重的练习，体会两腿负重时的滑行感觉。

②进行雪板和滚落线之间不同角度的斜滑降练习。

③扩大或缩小两板间的距离，进行板交替支撑体重练习。

④拓展练习：尝试通过增加斜滑降距离、单脚控制雪板等方法来进行练习。

注意事项

在滑行过程中，身体呈反弓姿势。

4. 横滑降

图 8-2-8 横滑降

（1）动作要领

双板横在坡面，膝关节压向山上板。山上板外刃和山下板内刃刻雪，以用刃的强弱变化控制滑行。上下肢协调发力，双膝压向山上侧，上体压向山下侧，自如控制板刃刻雪强弱。

（2）学练建议

①在缓坡面进行横滑降练习。

②进行改变重心高度的横滑降练习。

③进行利用雪板立刃、用刃强弱变化控制速度的滑行练习。

④拓展练习：尝试通过控制速度、单脚横滑降等方法进行练习。

注意事项

练习横滑降过程中，除了用板刃控制方向外，还要结合上体的扭转。

（二）组合技能练习

1. 直滑降和犁式直线滑降交替

（1）练习方法

在中级雪道上由直滑降开始，在下降的过程中转换为犁式滑降。两种滑降方式交替进行，最后以犁式滑降停于平缓坡面。

（2）练习要求

重心平稳，双脚用力均匀，行进方向要摆正。

2. 直滑降＋斜滑降＋横滑降

（1）练习方法

在中级雪道上由直滑降开始，在下降的过程中转换为斜滑降，再转换为横滑降。三种滑降方式交替进行，最后以横滑降停于平缓坡面。

（2）练习要求

利用滑雪板立刃、用刃强弱变化控制速度和方向，避免速度过快和摔倒。

模块三：转弯技术

本模块难度有所增加，开始学练转弯技术。转弯技术是高山滑雪技术的重点和难点，需要有变刃、重心转换等诸多因素的连贯配合。本模块在单项技术学练方面设置了犁式转弯、平行转弯，以及课程平台中的半犁式转弯（山上板推出法）；在组合技能练习方面设置了犁式转弯＋平行转弯，以及课程平台中的犁式转弯＋半犁式转弯、犁式转弯＋半犁式转弯＋平行转弯。本模块的学习有助于同学们参与更高要求的高山滑雪比赛。

（一）单项技术学练

图 8-2-9 犁式转弯

1. 犁式转弯

（1）动作要领

由犁式直滑降开始，踝、膝、髋关节处发力，带动身体，向山下移动。转弯时，移动重心，外侧腿为主要发力腿；向内旋转，内侧腿被动跟随，上体尽量保持面向山下，视线与转弯方向相同。转弯后开始进入下一个弯道，前外侧板承重的压力逐渐降低。下肢协调发力，外侧腿主动发力，内侧腿自然跟随，重心转换自如。

（2）学练建议

①在缓坡滑行中进行左右移动重心的转弯练习。

②在中缓坡上进行左、右手交替触摸右、左膝，连续转弯的练习。

③进行大、中、小犁式转弯的练习和大、小半径的连续转弯练习。

④拓展练习：设置旗门，改变转弯。

> **注意事项**
> 注意主动板的立刃与用力。

2. 平行转弯

（1）动作要领

从斜滑降开始，屈膝增加立刃，以一定的速度进入转弯的准备阶段。转弯时，膝关节压向转弯内侧，上体向转弯外侧倾斜，双板内外刃侧蹬，以山下板承重，重心方向为转弯的圆心方向。滑入滚落线，完成转弯，回到斜滑降，准备下一个转弯。重心、板刃转换自如，通过调整雪板立刃或用刃强弱变化控制速度和方向。

（2）学练建议

①不穿雪板，两腿左右移动，进行屈伸练习。

②穿上雪板，进行重心移动练习。

③只进行一个转弯的平行转弯练习。

④拓展练习：设置旗门，改变转弯半径大小、滑行速度。

注意事项

转弯的弧度与身体倾斜应当吻合。

图 8-2-10　平行转弯

（二）组合技能练习

犁式转弯 + 平行转弯

（1）练习方法

在中级雪道上由犁式转弯开始，在下降的过程中转换为平行转弯，直至停于平缓坡面。

（2）练习要求

重心转换自如，推、收板动作连贯、自然，通过调整立刃和用刃强弱变化来控制转弯。

三　参与滑雪比赛

请同学们登录课程平台，了解自己感兴趣的比赛活动的方法、要求和注意事项等，自行组织比赛，在竞赛中巩固学练成果。

模块一比赛有：平地行走 + 向后转 + 推进滑行接力赛、平底走滑 + 八字蹬坡接力赛。

模块二比赛有：直滑降 + 犁式滑降个人赛、直滑降 + 横滑降个人赛。

模块三比赛有：犁式转弯个人赛、半犁式转弯个人赛、平行转弯个人赛。

四　实施自主评价

在前面学、练、赛的过程中，同学们对自己和身边同学的学习效果有了初步的评判，那么如何系统地评价自己对高山滑雪运动技术的掌握程度和整个运动的理解程度呢？请同学们登录课程平台，进行系统、全面的自主评价。

五　训练专项体能

想要更好地发挥自己的水平，离不开专项体能的支撑。同学们需要不断地训练并提升自己的专项体能，为今后更安全、更合理地参与高山滑雪运动，乃至在职场中展现出更好的身体素质打牢基础。

请同学们登录课程平台进行平衡板练习、半深蹲提脚尖及提踵练习、慢速滑行中大幅度分开和回收滑雪板练习的专项体能训练。

第九单元

新兴体育类运动

随着同学们对运动的需求越来越大、参与度越来越高，一些新兴的体育运动也悄然走进校园，走进课堂，走进同学们日常的锻炼之中。新兴体育类运动是指在国际上比较流行，但在我国开展不久，或我国自主创新的适合青少年开展的运动项目。本单元通过调研青少年的运动需求，设置了深受青少年喜爱的轮滑、花样跳绳、攀岩、定向运动、跆拳道、软式棒垒球、腰旗橄榄球七大项目（其中跆拳道、软式棒垒球、腰旗橄榄球三个项目需登录课程平台进行学练）。新兴体育运动中既有团体性的球类运动，也有增强体能类、挑战极限类的运动，参与不同的运动项目，除了能够满足运动需求，享受运动乐趣外，还能促进身体健康。有些项目（如腰旗橄榄球等）能培养竞争和团结合作的意识和能力；有些项目（如攀岩等）能培养挑战意识和能力；还有些项目（如定向运动）则需要头脑与身体相结合，培养各方面的综合素质与能力。

同学们可结合自身兴趣，充分考虑未来所从事职业的发展需求，选择最适宜的锻炼项目和学练方式，积极参与新兴体育类运动，认真学习并掌握相关技能，持续参与锻炼，以达到预期的锻炼目的。

项目一
轮　滑

体育中国

我国自由式轮滑项目虽起步较晚，但发展迅猛，在国际赛事中屡创佳绩：冯辉曾蝉联五届世界轮滑锦标赛平地花式青年女子组冠军，被誉为该领域的顶尖选手。2023年杭州亚运会上，张颢搭档朱思怡夺得自由式轮滑混合双人花式绕桩金牌，为我国的首枚亚运金牌。2023年世锦赛上，中国队以7金10银4铜位列金牌和奖牌榜双料第一。2024年世锦赛上，中国队以更为亮眼的成绩进一步巩固了在国际上的领先地位。如今，中国自由式轮滑已形成以张颢、冯辉等老将领衔，李然、朱思怡、徐菁等新秀接力的强大阵容，持续推动我国在该项目上的全球影响力。

学习目标

1. 了解掌握轮滑运动所需的基本技术动作及组合技能；初步形成较好的身体平衡及滑行控制能力。

2. 锻炼上肢、下肢、腰腹等部位的力量，有效促进大脑、小脑发育，增强体质；提高身体的协调能力。

3. 形成良好的锻炼习惯和理性对待胜负的心态；培养规则意识和勇于克服困难的优良品质；学会承担责任、团结合作，增强自主能力。

一　了解轮滑运动

轮滑是以轮、轴滚动为形式的一项器械运动，分为12个子项目，是大多数滑冰或滑雪运动的伴生项目。轮滑依据项目要求使用双排或单排轮滑鞋。轮滑运动方便、经济、环保，还具有娱乐性、健身性、观赏性。轮滑球于1992年巴塞罗那奥运会被列为正式比赛项目，滑板作为正式比赛项目亮相2020年东京奥运会。速度轮滑、花样轮滑及自由式轮滑是世界、洲际轮滑锦标赛、全国运动会及群众比赛、大中小学体育赛事的常设项目，开展广泛、群众基础深厚。轮滑运动可帮助同学们锻炼各项身体素质，尤其是反应力、协调性和平衡性等，对今后从事需全身协调配合以及对平衡性、下肢及腰身稳固等要求较高的职业有较大帮助。

二 学练轮滑技能

模块一

本模块设置了轮滑运动中较为基础的技术内容。其中，单项技术学练包括安全摔倒、外八字向前滑行，以及课程平台中的原地站立、原地踏步、葫芦形向前滑行、内八字向后滑行等七种基本技术动作；组合技能练习设置的是护具刹停动作练习，以及课程平台中的内八字刹停、T 字刹停、前转后一字步衔接滑行。同学们学练本模块的内容，能提高基本技术水平，为参与本模块设置的比赛提供保障，为后续模块的学练奠定基础。

（一）单项技术学练

图 9-1-1 安全地摔

1. 安全摔倒

（1）动作要领

摔倒之前，尽可能先降低重心、减慢速度。可采取向前、向侧和向后摔的方式来降低风险。

（2）学练建议

①向前摔。

方法一：降低重心，先双手撑地，然后双膝跪地。

方法二：降低重心，双手双膝同时撑跪地。

方法三：保持正常重心，双膝跪地，双手撑地。

②向侧摔。

降低重心，向体侧远端伸手撑地并滑出，肘关节、腿侧、臀侧配合着地。

③向后摔。

降低重心，双手后撑，臀部坐地；如果冲力太大，臀部坐地后就势后躺，背部着地，收下颌，双手抱胸，屈腿收腹举腿。

④拓展练习。

一是朝不同方向多次练习向侧摔，适应实际活动中可能会发生的各种情况。

二是在慢速行动中体验向前、向侧、向后的各个方向摔，积累经验。

注意事项

1. 练习之前先确认护具全部穿戴整齐。
2. 手掌撑地时，掌跟着地，手指翘起，避免挤伤手指。
3. 后摔复原坐姿时，采取翻身跪起的方法回到安全站姿。

提示窗

请同学们登录课程平台进行原地站立、原地踏步学练。

2. 外八字向前滑行

（1）动作要领

脚型呈脚尖向外的八字形，重心在两脚之间，发力方向向侧后，运动方式一蹬一收，交替进行。

（2）学练建议

①外八字小步走：屈膝屈髋，双手扶腿，抬脚半步向前走，发力往下踏步踩地，不要向前踢脚发力滑行。

图 9-1-2 外八字向前滑行

②外八字小步走滑：屈膝屈髋，双手扶腿，抬脚小步落地，向前边走边滑，出脚是向下和向前的合力方向（向前踢脚），注意重心要持续主动前移，避免滞后。

③外八字滑行：抬脚大步向前滑行，重心连续向前滚动。加速后，可双脚同时着地充当滑足，惯性滑动，待速度自然衰减后再重新抬脚滑行。

④拓展练习。

一是用不同侧的膝盖护具着地刹停，学会左右侧平衡使用技术。

二是逐渐加快刹车前的滑行速度，体会不同速度下的护具刹停效果。

注意事项

1. 注意时刻保持外八字脚型，膝盖跟随脚尖方向。
2. 脚站立住，踩在平刃上，不要外倒或内倾。
3. 应将双手放在膝盖上方，甚至轻轻抓住大腿，目的是时刻保持双手在前，并保持屈膝屈髋，防止摔倒。

（二）组合技能练习

护具刹停

图 9-1-3　浮足膝盖跪地

（1）动作要领

在向前直线滑行中进行前后分脚滑行，前腿屈膝，后腿单膝跪地，依靠护具摩擦刹停。

（2）学练建议

①向前直线加速滑行，姿态平稳后，前后分脚，前滑足全掌支撑滑行，后滑足前轮点地跟随滑行。

②降低重心，前腿屈膝支撑，后腿屈膝跪地。

③摩擦减速中，身体依据减速情况可保持单膝跪地直立、俯身双膝跪地双手伏地、俯身单膝跪地单手伏地转圈等姿态。

④拓展练习同“外八字向前滑行”。

注意事项

1. 屈膝降低重心要缓缓下降单膝触地，勿直接猛力跪地。
2. 直线滑行速度较快时才能产生摩擦漂移滑行的效果和体验。
3. 跪地护具摩擦后速度仍然较快时，单膝跪地，同时同侧手掌掌根可外旋撑地，身体随之内旋。
4. 跪地后，身体撑跪姿势勿散乱，否则容易造成面部触地，产生擦伤；同时撑地手掌注意掌根着地，手指翘起离地，勿屈指擦地挤伤指甲。

模块二：花式绕桩

本模块在上一模块学练的基础上，进阶性地设置了轮滑运动新的学练内容。其中，单项技术学练包括十字控轮、四点重心滑，以及课程平台中的单脚长滑、原地画圆、葫芦形叠脚滑等七种技术动作；组合技能练习设置的是 Crazy 组合练习，以及课程平台中的盘藤滑。同学们学练本模块的内容，在掌握有一定难度的单项技术和组合技能的基础上，能够参与本模块设置的比赛活动，并为难度更高的下一模块的学练做好铺垫。

（一）单项技术学练

1. 十字控轮

图 9-1-4 十字控轮

（1）动作要领

以一个十字为基础，让两只脚沿脚尖和脚跟的方向滑行，滑出十字线路。从一只脚支撑另一只脚前后滑行，到两只脚同时滑行，沿十字形线路行进。原地练习，两脚呈十字形放置，依次出脚、收脚，完成轮子控制练习。

（2）学练建议

①进行原地外十字和内十字腿型、脚型摆放控制练习。

②进行原地外十字和内十字腿型练习。一只脚支撑，另一只脚前后滑行；熟练后交换。

③进行原地外十字和内十字腿型练习。两只脚同时滑行，沿十字线路行进。

④拓展练习。

一是进行内八字脚型十字控轮练习。

二是进行外八字、内八字脚型结合十字控轮练习。

注意事项

1. 可依据个人脚掌的大小，在地上放置四个桩。两只脚沿十字形线路行进同时在桩间穿行。
2. 外十字、内十字脚型对于柔韧性欠佳的同学有一定的挑战，注意多压脚踝韧带。
3. 控轮练习时需要大腿肌肉持续发力控制，练习完会有轻微的肌肉酸痛，属于正常现象。

2. 四点重心滑

（1）动作要领

图 9-1-5 四点重心滑

原地内八字外刃站立，出右脚向前交叉滑行至外八字位“1”；跟左脚向前交叉滑行至外八字位“2”；退右脚向后交叉滑行至内八字位“3”；退左脚向后交叉滑行至内八字位“4”。重心随节奏“1—4”出脚，上上下下移动，右左右左横向，完成四点重心滑行移动。

（2）学练建议

①四点重心迈步要到位。

②四点重心滑步务必到位。

③拓展练习。

一是进行内八字脚型十字控轮练习。

二是进行外八字、内八字脚型结合十字控轮练习。

注意事项

向前迈步移动时呈两脚交叉步状态，“1—2”结束时呈外八字形态；向后退步移动时呈两脚交叉步状态，“3—4”结束时呈内八字形态。

（二）组合技能练习

Crazy 组合练习

（1）动作要领

以左侧前进为例，进桩时是左前方向交叉过桩动作。交叉打开后两脚呈外八字形停在两桩之间桩前的位置；调整方向背向下一个桩，左后方后交叉过桩，交叉打开后呈内八字形停在两桩之间桩后的位置。沿桩线横向平移，有倾斜角度地前后交叉过桩，桩线上方用外八字外刃停住，下方用内八字外刃停住。

（2）学练建议

①进行四点重心原地迈步到位练习。

②进行四点重心原地滑步到位练习。

③进行原地单桩 Crazy 练习。

④进行行进间多桩 Crazy 练习。

⑤拓展练习。

一是进行反方向单桩 Crazy 练习。

二是进行反方向多桩 Crazy 练习。

注意事项

1. 要靠大关节（髋关节和膝关节）倾斜把外刃推出去，而不是一味地靠脚踝往外推外刃，否则容易把刃压死，造成动作停顿。
2. 桩线下方内八字停住时，一定要压住外刃，不要继续向后滑行，否则无法规范衔接下一个循环。
3. 不管是外八字还是内八字，衔接下一个桩点时都应有一个盘旋转向动作，注意采用原地画圆技巧，以便找到流畅衔接的感觉。

图 9-1-6　Crazy 组合练习

模块三：单排轮滑球

本模块难度有所增加，开始进行单排轮滑球这种综合运动学练。本模块在单项技术学练方面设置了单脚交替前内外弧线滑行、拨球，以及课程平台中的双脚蹲姿举杆滑行、C-Cut、Mohawk 步等九种单排轮滑球的技术动作；在组合技能学习方面设置了控制球练习，以及课程平台中的快速拨运或推运球过人、身体虚晃假动作过人等四种组合技术动作。本模块的学习有助于同学们参与更高要求的轮滑比赛。

单排轮滑球是一项由快速多变的轮滑技艺和敏捷娴熟的杆上技术相结合的集体运动项目。运动员穿着单排轮滑鞋，手持冰球杆进行滑行，传接球，拼抢，击球，最终将球射入对方球门，得分多者获胜。单排轮滑球项目如今已经成为轮滑运动中不可或缺的项目。

（一）单项技术学练

1. 单脚交替前内外弧线滑行

（1）动作要领

单脚支撑滑行，滑足踩内刃产生前内弧线轨迹；踩外刃产生前外弧线轨迹，身体保持平衡。单脚前内弧线滑行，配合无球运杆练习，全场进行。

图 9-1-7　单脚交替前内外弧线滑行

（2）学练建议

①执杆单脚直线长滑滑行，左右交替。

②执杆单脚压内刃内弧线长滑滑行，左右交替。

③执杆单脚压外刃外弧线长滑滑行，左右交替。

④拓展练习。

一是尝试后滑内弧线滑行。

二是尝试后滑外弧线滑行。

注意事项

1. 压内刃内弧线滑行时，膝盖和脚踝都往内压，轮滑鞋内刃着地；身体内倾，同侧手前领。
2. 压外刃内弧线滑行时，膝盖和脚踝都往外压，轮滑鞋外刃着地；身体外倾，对侧手前领。
3. 执杆滑行时注意弯腰屈腿，球杆头在地上拖行，便于向有球练习过渡。

2. 拨球

拨球技术动作是在比赛的过程中调整球与运动员之间距离的动作，根据位置的不同分为体前拨球、体侧拨球和斜线拨球。

图 9-1-8 体前拨球

注意事项

弯腰屈膝，调整球杆握持高度；勿直腿直腰，双手握杆靠得太近；注意用拍头扣住球饼，用拍头根部摩擦球饼。

（1）体前拨球

动作要领：将球在身体正前方两脚之间的范围之内进行左右推拉拨球。

（2）体侧拨球

动作要领：将球置于身体一侧进行前后推拉。根据左右手握杆姿势可将其分为正手位拨球和反手位拨球。正手位拨球是运动员所持球杆方向一侧前后推拉球，反手位拨球则是在运动员所持球杆方向的相反一侧拨球。

图 9-1-9 体侧拨球

注意事项

反手拨球时可双手交叉持杆置于身前或者双手顺握置于身后。

图 9-1-10 斜线拨球

注意事项

一般使用正拍推上去，使用反拍扣下来。

（3）斜线拨球

动作要领：将球在身体左右两个斜前方向上对球进行来回推拉。

（4）拓展练习

一是尝试单脚滑行，进行体前、体侧和斜线拨球。

二是尝试双脚向后滑行，进行体前和体侧拨球。

（二）组合技能练习

控制球

在单排轮滑球比赛中，双方都要尽可能长时间地控制球，只有控制住球才能掌握进攻的主动权。控制球的方法主要有两种：一种是个人拨球、运球，不让对方抢到球；另一种是传球，通过传球使球掌握在己方手里。

（1）动作要领

动作要领见原地拨球技巧和要求、行进间拨球技巧和要求。原地拨球要闪避防守的球杆干扰；行进间拨球要将球置于离防守最远处，并用身体进行阻隔、保护好球。

注意事项

1. 熟练掌握控制球战术所需的个人运球、控球和传接球技术。
2. 按照无对抗、消极对抗、积极对抗来设计，合作练习。对立方要依据不同要求提供合适的阻抗。

（2）学练建议

①进行原地正面、体侧和反手拨球练习。

②进行行进间正面、体侧和反手拨球练习。

③原地两人一组，进攻队员倚靠围绕防守队员拨球转圈，转圈时将球控制在身体远端。防守队员在原地转圈用球杆不断尝试去碰进攻队员的球杆头或者内侧腿护腿。

④进行全场一对一攻防控球、运球、射门练习：防守紧随，消极用杆阻截。

⑤进行半场全队人员布朗运动式控球、运球练习：10~20 人在一定大小的场地内无规律控球、运球；碰到人时躲闪不丢球，抬头寻找空挡，主动寻找防守人进行控运、躲闪练习。

⑥两人一组，进行半场全队人员布朗运动式传接球练习：10~20 人在一定大小的场地内无规律滑行，边滑边做传接球练习；碰到人时躲闪不丢球，抬头寻找空挡，完成准确、流畅的传接球练习。

三 参与轮滑比赛

请同学们登录课程平台，了解自己感兴趣的比赛活动的方法、要求和注意事项等，自行组织比赛，在竞赛中巩固学练成果。

模块一比赛有：30 米滑行绕单桩往返接力赛、50 米 10 桩 S 形绕桩迎面接力赛。

模块二比赛有：鱼形滑竞速赛、蛇形滑竞速赛、前交叉滑竞速赛、花式绕桩自编动作套路比赛。

模块三比赛有：控球比赛、轮滑球斗牛赛。

四 实施自主评价

在前面学、练、赛的过程中，同学们对自己和身边同学的学习效果有了初步的评判，那么如何系统地评价自己对轮滑运动技术的掌握程度和整个运动的理解程度呢？请同学们登录课程平台，进行系统、全面的自主评价。

五 训练专项体能

想要更好地发挥自己的水平，离不开专项体能的支撑。同学们需要不断地训练并提升自己的专项体能，为今后更好地参与轮滑运动，乃至在职场中展现出更好的身体素质打牢基础。

请同学们登录课程平台进行腿膝力量初级训练、五星形站立练习、姿态控制组合式训练的专项体能训练。

项目二
花样跳绳

体育中国

花样跳绳是我国的非物质文化遗产项目，为继承和发扬中华优秀传统文化做出了积极的贡献。目前，花样跳绳的顶级赛事是世界青少年锦标赛和世界跳绳锦标赛。我国每年也设有公开赛、精英赛和锦标赛。2015 年 11 月，首届世界学生跳绳锦标赛在阿联酋迪拜举行。广州市花都区七星小学跳出“中国速度”——1 分钟跳 380 次，30 秒跳 220 次，并斩获全部 28 枚金牌中的 27 枚，拿到迪拜挑战赛的团体冠军。七星小学学生岑小林一人打破两项世界纪录，创下 30 秒单摇跳单脚 110 次（原纪录 106 次），3 分钟单摇跳单脚 548 次（原纪录 530 次）的佳绩。

学习目标

1. 了解花样跳绳的发展历程及锻炼价值，掌握花样跳绳运动的动作要领、练习方法及预防膝、踝关节损伤的方法。

2. 掌握花样跳绳的基本技术动作，能把握好跳入、跑出的角度、速度和时机，完成三种以上的组合技能练习，参加各种形式的花样跳绳展示和比赛活动。

3. 在观赏高水平的花样跳绳比赛时，能用专业术语与同伴交流讨论比赛双方的技术运用情况；在花样跳绳比赛中，遵守比赛规则，尊重裁判，主动与同伴合作，共同体验花样跳绳运动的乐趣。

一 了解花样跳绳运动

花样跳绳是个人、两人或多人在环摆的绳索中做各种跳跃动作的体育运动。跳绳在我国已有千余年的历史，南北朝时出现了单人绳索游戏，到了隋唐时期跳绳被称作“透索”。花样跳绳运动融合了街舞、武术、杂技、体操等元素，具有表演性、观赏性和创新性。花样跳绳利用下肢弹跳和手臂摆动技术，从多人、多绳、多项目动作融合等角度，通过不断跳跃和双手不停摇转进行纵向运动，可使身体肌肉有节奏地收缩和放松，肌肉线条变美，有助于促进心血管系统健康。花样跳绳可锻炼弹跳力、速度、平衡能力、耐力和爆发力，以及灵敏性、协调性等身体素质，对今后从事各行各业的人群，缓解颈椎腰椎酸痛、预防常规疾病等有较大帮助。

二　学练花样跳绳技能

模块一

本模块设置了花样跳绳运动中较为基础的技术内容。其中，单项技术学练设置了并脚跳，以及课程平台中的双脚交换跳、基本交叉跳、双摇跳；组合技能练习包括并脚跳 + 双脚交换跳 + 基本交叉跳、并脚跳 + 双脚交换跳 + 双摇跳。同学们学练本模块的内容，能提高基本的技术水平，为参与本模块设置的比赛提供保障，为后续模块的学练奠定基础。

（一）单项技术学练

并脚跳

（1）动作要领

两手持绳，两臂稍屈肘。双手靠近髋关节，手腕发力向前摇，双脚并拢跳跃过绳，绳子绕过身体一周。摇绳时手臂放松，手腕发力；每跳起一次，脚下过一次绳。跳跃时双脚并拢向上跳，落地只需前脚掌着地。

图 9-2-1　准备姿势

图 9-2-2　并脚跳

（2）学练建议

①固定手型：原地徒手模仿整个动作过程，然后摇空绳或两手各握一根短绳进行跳绳，同时做并脚跳动作。

②单个动作练习：每次只跳一下就停下来，然后重新开始。

③连续动作练习：连续跳，1~2 个 8 拍为一组，间歇练习。

> **注意事项**
> 1. 选择长度适合的绳子；先慢速练习，熟练后逐渐加快速度。
> 2. 用前脚掌起跳，上身不要后仰，保持均匀的摇绳速度。

（二）组合技能练习

1. 并脚跳 + 双脚交换跳 + 基本交叉跳

（1）练习方法

并脚跳 2 × 8 拍 + 双脚交换跳 2 × 8 拍 + 基本交叉跳 2 × 8 拍。

（2）练习要求

动作与口令或音乐节拍相结合，动作衔接连贯，尽量避免失误。

2. 并脚跳 + 双脚交换跳 + 双摇跳

（1）练习方法

并脚跳 2 × 8 拍 + 双脚交换跳 2 × 8 拍 + 双摇跳 1 × 8 拍。

（2）练习要求

动作与口令或音乐节拍相结合，动作衔接连贯，尽量避免失误。

模块二

本模块在上一模块学练的基础上，进阶性地设置了花样跳绳运动新的学练内容。其中，单项技术学练包括两人一绳间隔跳，以及课程平台中的两人一绳协同跳、8 字跳长绳、10 人集体同步跳长绳；组合技能练习设置的是并脚跳 + 一带一 + 并脚跳 + 一带一 + 间隔跳 + 协同跳。同学们学练本模块的内容，在掌握有一定难度的单项技术和组合技能的基础上，能够参与本模块设置的比赛活动，并为难度更高的下一模块的学练做好铺垫。

（一）单项技术学练

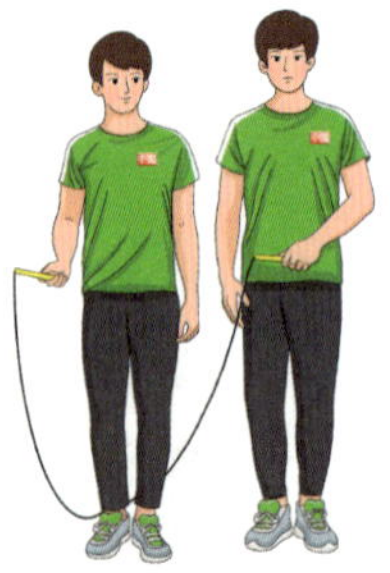

图 9-2-3 两人一绳间隔跳：准备姿势

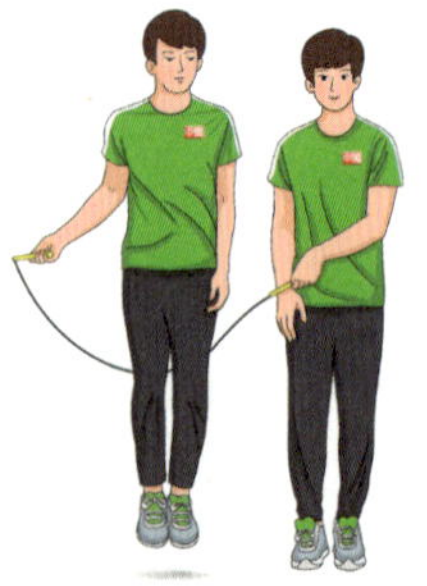

图 9-2-4 两人一绳间隔跳

两人一绳间隔跳

（1）动作要领

两人一绳间隔跳又称“朋友跳”。两人各持绳子的一端（用外侧手摇绳），甲将手柄摇向乙体侧，使之完成一次单摇跳，接着乙将绳子摇向甲体侧，甲跳跃过绳，完成双人依次单摇跳。两人协调配合，摇绳同步，给同伴摇绳的位置靠近其身体一侧。

（2）学练建议

①单人单手持绳，单手体前甩 8 字（横 8 字），体会摇绳动作。

②两人同持一绳，先为其中一人摇绳；熟练后再交换练习。

③两人持绳进行间隔跳练习，摇绳的节奏一致，逐渐加快速度，最终达到熟练程度。

注意事项

摇绳配合默契，绳体饱满，动作轻盈连贯；绳子不要触碰到身体。

（二）组合技能练习

并脚跳 + 一带一 + 并脚跳 + 一带一 + 间隔跳 + 协同跳

（1）练习方法

第 1×8 拍：A，B 两人左右并排站立，A 双手持绳，B 不持绳。1~4 拍，A 持绳做并脚跳，两拍一动，完成两次原地并脚跳；B 保持原地不动。5~6 拍，A 从 B 身后完成一次一带一跳，B 跳过 A 摇的绳。7~8 拍，A 移动到 B 的右侧完成一次并脚跳，B 保持不动。

第 2×8 拍：1~4 拍，A 持绳做并脚跳，两拍一动，完成两次原地并脚跳；B 保持原地不动。5~6 拍，A 从 B 身前完成一次一带一跳，B 跳过 A 摇的绳。7 拍，A 移动到 B 的左侧，A 将右手中的绳柄递给 B，B 向左转体 90°，用右手接过 A 右手的绳柄。8 拍，A，B 各握一绳柄在两人中间甩绳一周。

第 3×8 拍：1~2 拍，A，B 各握一绳柄在两人中间甩绳一周。3~4 拍，A 将左手移至身体左侧摇绳，B 将右手伸至 A 右侧摇绳，A 跳跃过绳。5~6 拍，A 将左手移至 B 身体左侧摇绳，B 将右手伸至自己右侧摇绳，B 跳跃过绳。7~8 拍，A，B 各握一绳柄在两人中间甩绳一周。

第 4×8 拍：1~2 拍，A，B 两人各握一绳柄在两人中间甩绳一周。3~4 拍，A，B 各握一绳柄在两人中间甩绳一周，同时 A 向右转体 360°，B 向左转体 360°。5~8 拍，A，B 两人同时跳跃过绳 2 次，两拍一动。

结束：两人同时伸出左脚，停绳结束。

（2）练习要求

两拍一动，换接绳后要随着绳子运动的惯性继续摇绳，摇跳节奏一致。

模块三

本模块难度有所增加，在单项技术学练方面设置了基本车轮跳，以及课程平台中的车轮跳之内转、交互绳之进出绳、交互绳之双脚交换跳；在组合技能练习方面设置了车轮跳组合：基本车轮跳 + 内转、交互绳组合：进出绳 + 双脚交换跳。本模块的学习有助于同学们参与更高要求的花样跳绳比赛。

图 9-2-5　基本车轮跳

（一）单项技术学练

基本车轮跳

（1）动作要领

两人各持一绳，并排站立，以右手为例：相近手臂一侧的绳子体后相互结绳交换，右手绳子在上，左手绳子在下。两人同时先摇起右侧绳体，当绳体到头顶处时迅速摇起左手绳子。两人同侧手同步摇绳，左右手保持一上一下，相差 180°，并依次成基本单摇跳。

（2）学练建议

①进行单人无绳、持绳练习，手呈车轮状，进行基本单摇车轮跳。

②双人持一绳练习一侧手臂摇跳。例如，两人右侧手持绳，另一侧手臂配合空摇，进行单绳车轮跳。熟练后左右手互换。

③双人持双绳进行车轮跳练习。

注意事项

双手一上一下摇绳，两人同侧手的摇绳节奏一致。

（二）组合技能练习

1. 车轮跳组合：基本车轮跳 + 内转

（1）练习方法

基本车轮跳 2 × 8 拍 + 内转 2 × 8 拍。

（2）练习要求

动作与节拍相结合，两人摇绳的节奏一致。

2. 交互绳组合：进出绳 + 双脚交换跳

（1）练习方法

进出绳 2 × 8 拍 + 双脚交换跳 2 × 8 拍。

（2）练习要求

摇绳的节奏一致，可通过数节拍进行练习。

三 参与花样跳绳比赛

请同学们登录课程平台，了解自己感兴趣的比赛活动的方法、要求和注意事项等，自行组织比赛，在竞赛中巩固学练成果。

模块一比赛有：1 分钟并脚跳赛、30 秒双摇跳赛、1 分钟交叉跳赛。

模块二比赛有：1 分钟两人一绳协同跳赛、3 分钟 10 人 8 字跳长绳赛、3 分钟 10 人集体同步跳长绳赛。

模块三比赛有：4 × 45 秒交互绳单摇接力赛。

四 实施自主评价

在前面学、练、赛的过程中，同学们对自己和身边同学的学习效果有了初步的评判，那么如何系统地评价自己对花样跳绳运动技术的掌握程度和整个运动的理解程度呢？请同学们登录课程平台，进行系统、全面的自主评价。

五 训练专项体能

想要更好地发挥自己的水平，离不开专项体能的支撑。同学们需要不断地训练并提升自己的专项体能，为今后更好地参与花样跳绳运动，乃至在职场中展现出更好的身体素质打牢基础。

请同学们登录课程平台进行并脚节奏变换跳、双脚交换跳和“同心协力”的专项体能训练。

项目三
攀岩

体育中国

我国在1987年引入攀岩运动。2014年中国登山协会启动了攀岩进校园计划，截至2023年底全国攀岩爱好者已达50余万人。2024年巴黎奥运会我国邓丽娟、伍鹏获得两枚速度攀岩比赛银牌，取得攀岩比赛奥运会奖牌“零的突破”。

励志人物：钟齐鑫。相比于其他运动项目，攀岩运动是相对“小众”的项目。钟齐鑫发挥攀岩运动中迎难而上的精神，刻苦训练，曾5次夺得世界锦标赛冠军，6次刷新自己创造的世界纪录，打破欧美人长达30年的冠军垄断，并成为速度攀岩领域破世界纪录最多的人。钟齐鑫于2008年被授予中华人民共和国体育运动荣誉勋章。

学习目标

1. 了解攀岩运动的基础知识、基本技能和比赛规则。

2. 掌握攀岩运动的基本技能，如抓、握、扣、搂、捏等手法和蹬、踩、勾、挂等脚法，提高抓握力、脚踝力量、上下肢及腰腹力量，以及身体的柔韧、平衡、协调等能力。

3. 通过攀岩的学习，培养坚忍不拔的意志力和健康积极向上、勇于克服困难的精神，并享受攀岩带来的乐趣；以攀岩运动为起点，安全走向自然，从而培养热爱自然、保护自然的高尚情怀。

一　了解攀岩运动

攀岩是一项利用人体的原始本能，借助安全保护措施，攀登由岩石构成的峭壁、裂缝、大圆石等天然岩壁或人工岩壁的运动。攀岩者需在各种不同高度、角度的岩壁上连续完成腾挪、跳跃等富有挑战性的动作。攀岩是集健身、娱乐、竞技于一身的运动，被称为“峭壁上的芭蕾”。攀岩运动的历史可追溯到18世纪的欧洲高山探险，1987年被引入我国，并快速发展。2016年，国际奥委会确认攀岩成为2020年东京奥运会正式比赛项目。未来在校园中，青少年攀岩将是一大特色运动项目。攀岩运动可锻炼同学们的上下肢力量、腰腹力量、双手抓握能力等身体素质，对今后从事需要力量、灵敏性以及克服恐高感的职业有较大帮助。

二 学练攀岩技能

模块一

本模块设置了攀岩运动中较为基础的技术内容。其中，单项技术学练包括抓握、抠、搂、外侧踩、内侧踩，以及课程平台中的侧拉、背腿；组合技能练习设置的是换手、换脚，以及课程平台中的正蹬、侧蹬。同学们学练本模块的内容，能提高基本的技术水平，为参与本模块设置的比赛提供保障，为后续模块的学练奠定基础。

（一）单项技术学练

1. 抓握

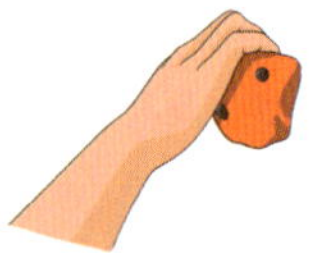

图 9-3-1 抓握

（1）动作要领

拇指在一侧起辅助作用，其余四个手指的指关节正向全部放入支点。

（2）学练建议

①四指并拢，放松手腕。

②四指弯曲抓握目标点的有效部位，拇指在一侧辅握。

③手掌与支点接触增大摩擦力。

注意事项

1. 注意手腕不能过于紧张，要放松手腕。
2. 要充分利用拇指进行目标点的抓握。

2. 抠

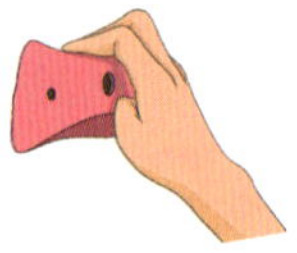

图 9-3-2 抠

（1）动作要领

当支点较小时，手的四指并拢后抠住该支点，并用拇指压住食指抠住支点做抠握动作。在做抠握时要避免手指承受过多压力和拉力，以免手指受伤。

（2）学练建议

①四指并拢，放松手腕。

②四指弯曲，抓握目标点的有效部位。

③拇指向下按压食指，增大手指和目标支点的摩擦力。

注意事项

1. 该动作需要比较强的指力，所以在练习该动作之前一定要考虑自身是否能够完成这个动作，以免在练习该动作时拉伤手指。
2. 在拇指按压食指时，一定要注意不能过分按压，不能在食指有疼痛感的时候，依然强行抠住目标点。

3. 搂

图 9-3-3 搂

（1）动作要领

将整个手掌弯曲，并且手掌小指一侧与支点接触固定，小指一侧用力来进行抓握。

（2）学练建议

①一般目标点整体上呈现出一个柱状的时候，选用该手法。这样能节省指力，用手臂分担手指的用力。

②四指并拢，手腕微弯曲。

注意事项

1. 要注意观察目标点的形状，然后选取该手法。
2. 拇指不要太过于紧张，处于一个比较放松的状态。

③四指弯曲抓握目标点的有效部位，拇指与四指垂直并放松。

4. 外侧踩

（1）动作要领

外侧踩点是脚的小脚趾一侧发力进行平衡移动。这一侧相对比较柔软。踩摩擦点时可以增加鞋与点的接触面积，从而增大摩擦力。通常在较大的造型点或斜面较大的支点上使用。

图 9-3-4　外侧踩

注意事项

1. 要用脚的前部外侧踩点，尽量增大鞋与支点的接触面积，增大摩擦力。
2. 踩点后的发力应该谨慎细心，防止踩滑造成脱落受伤。

（2）学练建议

①用脚的小趾一侧踩点，脚外侧贴近岩壁。

②维持身体平衡，感受脚踩支点的稳定性。感受小趾的发力，集中力量于一面。

5. 内侧踩

（1）动作要领

内侧踩点多用于脚的大脚趾部分发力，控制平衡。用脚内侧踩点，可以踩住较小的点。鞋与点的接触面积小，从而增大摩擦力。

图 9-3-5　内侧踩

注意事项

1. 用大脚趾踩点。
2. 脚后跟尽量不低于脚尖的高度。

（2）学练建议

①双手双脚抓握或踩住支点，身体髋关节以下贴近岩壁，维持平衡。

②试着起踵，抬高脚后跟，观察脚后跟与脚尖的高度，使脚后跟高于脚尖。用大脚趾一侧发力，集中力量于一点。

（二）组合技能练习

1. 换手

（1）动作要领

在一个支点上，两只手进行互换，将支点的控制权由一只手转移至另一只手，使身体保持平衡状态。

图 9-3-6　换手

注意事项

1. 先易后难，先选择较大的支点练习，然后过渡到小支点上换手。
2. 换手前，脚最好踩稳，保持身体平衡。
3. 不要在极小的点上换手，防止手指受伤。

（2）学练建议

①稳定好身体重心，替换出抓握手。替换次序为无名指换抓握点手的食指，中指换抓握点手的中指，食指换抓握点手的无名指。

②在需要换手的支点上，跟进手替换固定手。选择大小不同的支点，反复练习，熟练为止。

2. 换脚

（1）动作要领

在一个支点上，两只脚进行互换，将支点的控制权由一只脚转移至另一只脚，使身体保持平衡状态。

图 9-3-7　换脚

①切换：以右脚为固定脚举例，右脚先移动到支点的边沿（右脚以脚尖为支点，逆时针旋转），腾出小部分空间；左脚以后跟向前，脚尖从固定脚上方切入，右脚迅速离开此点而左脚随即用大脚趾一侧踩稳此点；同样左脚可以脚尖向前用小脚趾一侧踩稳此点。

注意事项

1. 先易后难，先选择较大的支点练习，然后过渡到小支点上换脚。
2. 换脚前，手最好抓稳，保持身体平衡。

②跳换：以右脚为例，右脚轻轻跳起而左脚迅速踏上。此动作力求后跟进的脚踏点要准确。

（2）学练建议

①切入脚平稳地从固定脚一侧切入，固定脚平稳地离开所踩的支点。

②双手维持好身体平衡，在不同大小的支点上练习平稳地换脚。

模块二

本模块在上一模块学练的基础上，进阶性地设置了攀岩运动新的学练内容。其中，单项技术学练包括撑、反提、开握，以及课程平台中的脚尖挂脚、脚跟挂脚、折膝、拧脚；组合技能练习设置的是交叉手、交叉脚，以及课程平台中的靠背式攀登。同学们学练本模块的内容，在掌握有一定难度的单项技术和组合技能的基础上，能够参与本模块设置的比赛活动，并为难度更高的下一模块的学练做好铺垫。

（一）单项技术学练

1. 撑

（1）动作要领

选择合适的支点作为支撑点，掌心向下将身体向上撑起。能够靠摩擦使手掌掌面在支点上离心用力，且能稳住重心。

图 9-3-8 撑

（2）学练建议

①双手撑地练习：双手撑地，腿部依次抬起，保持身体平衡的基础上，增加次数与组数练习。

注意事项

1. 在撑起的过程中胳膊肘不要弯曲。
2. 需注意不要用力过猛，谨防身体撞上岩壁。

②单手撑地练习：而后进行单手撑地，腿部依次抬起，保持身体平衡的基础上，增加次数与组数练习。

③岩壁撑点练习：选择不同大小的造型点，依次进行撑点练习，熟练后可适当增加次数与组数。

2. 反提

（1）动作要领

反提是当支点位于攀登者的下方或者侧下方时，可抓握的有效部位向下或者在侧下，而进行抓握的方法。在这个动作中，通常手脚形成相反作用力的对抗形式，将身体反提起。

图 9-3-9 反提

（2）学练建议

①进行分段抓握反提点练习。

②进行多次抓握反提点练习。

③进行抓握后的提脚练习，保证身体离开地面。

注意事项

这个动作练习一定需要脚的配合，以感受对抗的压力；不同身高的人进行同个动作练习会有差异。

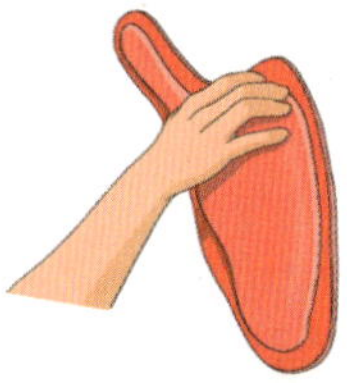

图 9-3-10　开握

3. 开握

（1）动作要领

如果支点呈圆弧形的倒扣碗状，抓点时手指并拢，整个手掌不能紧握支点，应让手指的第一、第二指关节接触支点。手腕下压，靠摩擦力拉住支点。

（2）学练建议

①进行多个圆点造型开握练习。

②进行不同角度开握练习。

③进行不同负荷开握练习，可逐渐增加强度。

注意事项

在这个动作中，手指相对手腕的作用一般较小，需要加强腕部力量练习，必要时可利用绷带进行辅助。

（二）组合技能练习

1. 交叉手

图 9-3-11　交叉手

（1）动作要领

为了使攀登流畅或提高攀登效率和使动作合理，常常采用交叉手的动作。交叉手分为如下两种。

①上交叉：以右手抓点为例，是指左手从右手（固定手）上方去抓下一个支点的动作。上交叉时可以紧贴岩壁，有利于控制身体平衡。

②下交叉：以右手为例，是指左手从固定手下方抓握下一个支点的动作。下交叉时可以够到较远的支点。

（2）学练建议

①进行横移练习，反复使用交叉手动作。练习时应注意提前确认落脚点和方向。

②在相同的距离下，加快横移速度，加大交叉幅度，减少交叉次数。

注意事项

为了保证动作的有效性，练习动作时，减少交叉次数，并保证换手轻盈。

2. 交叉脚

图 9-3-12　交叉脚

（1）动作要领

交叉脚能使身体平衡、动作合理。交叉脚分为如下两种。

①前交叉：以右脚为固定脚，左脚从固定脚的前方交叉去踩下一个支点。身体有些靠外，需要较好的手抓点。

②后交叉：以右脚为固定脚，左脚从固定脚的后侧交叉去踩点。身体可以贴紧岩壁，以保持平衡。

注意事项

为了保证动作的有效性，练习动作时，减少交叉次数，并保证换脚轻盈。

（2）学练建议

①进行横移练习，反复使用交叉脚动作。练习时身体可适当离开岩壁，以便观察落脚点。

②在相同的距离下，加快横移速度，加大交叉幅度，减少交叉次数。

模块三

本模块难度有所增加，在单项技术学练方面设置了压、捏，以及课程平台中的脚尖勾脚、脚跟勾脚、顶膝、并手；组合技能练习设置了攀上和攀下，以及课程平台中的前攀和后攀。本模块的学习有助于同学们参与更高要求的攀岩比赛。

（一）单项技术学练

1. 压

（1）动作要领

手的第一、第二指的关节抠住支点。拇指压在食指上，可以大幅度增强手指的力量。抠点时，拇指压在食指和中指的第一指的关节处，用来维持身体平衡或攀登时借用作为过渡。

（2）学练建议

①进行不同角度压住练习。腿部依次抬起，保持身体平衡的基础上，增加次数与组数练习。

②进行单手与双手练习。

③进行不同负荷练习，逐渐增大强度。

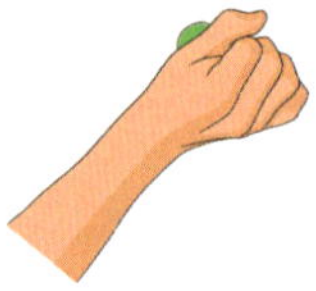

图 9-3-13　压

注意事项

在压的过程中，胳膊肘不要弯曲。

2. 捏

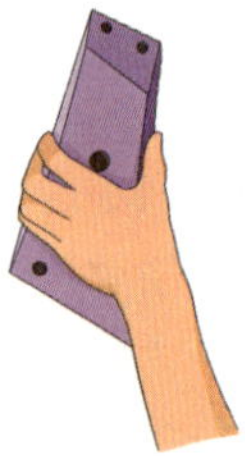

图 9-3-14　捏

（1）动作要领

拇指和其余四指分开，相对用力，捏住支点的两侧。当一个支点的可抓部位在左右两侧时，只能靠手指的摩擦力来捏握该点。

（2）学练建议

①进行不同支点捏握练习。

②进行不同高度、角度的支点捏握练习。

注意事项

捏点时，注意多用静态动作，保证每一次捏握的稳定性。重视拇指的使用。

（二）组合技能练习

攀上和攀下

（1）练习方法

利用双手、双脚向上攀登，到达目标点后再向下爬回到起始点或其他目标点。上下攀登都要运用三点固定动一点的攀登方式。

（2）练习要求

①先学习如何观察攀登路线，并查看周围环境是否安全。

②采用三点固定动一点的方式向上攀爬三四个动作，然后向下攀登，逐步提高向上攀登的高度。

注意事项

1. 向上攀登的高度不能超过 5 米。下方放置有厚度和面积足够大的海绵垫。
2. 初学时严禁攀爬超出自己能力的线路，在指导下攀登。向上攀登时，岩壁下方严禁有人。
3. 向下攀登时，注意落脚点的选择，须提前确认好落脚点。
4. 上下攀登是非常好的练习方法。可以结合前后攀爬，规定具体攀爬时间如 10 分钟的攀爬练习。

图 9-3-15　攀上

图 9-3-16　攀下

三　参与攀岩比赛

请同学们登录课程平台，了解自己感兴趣的比赛活动的方法、要求和注意事项等，自行组织比赛，在竞赛中巩固学练成果。

模块一比赛有：单个动作停留赛、短线路横移赛（一）。

模块二比赛有：短线路横移赛（二）、攀岩难度赛。

模块三比赛有：攀石赛、攀岩速度赛。

四　实施自主评价

在前面学、练、赛的过程中，同学们对自己和身边同学的学习效果有了初步的评判，那么如何系统地评价自己对攀岩运动技术的掌握程度和整个运动的理解程度呢？请同学们登录课程平台，进行系统、全面的自主评价。

五　训练专项体能

想要更好地发挥自己的水平，离不开专项体能的支撑。同学们需要不断地训练并提升自己的专项体能，为今后更好地参与攀岩运动，乃至在职场中展现出更好的身体素质打牢基础。

请同学们登录课程平台进行横移攀爬、引体向上和指力悬垂的专项体能训练。

项目四
定向运动

体育中国

1992 年我国以中国定向运动委员会的名义加入国际定联，并于 2004 年首次正式组队参与世界锦标赛。2008 年，在捷克举行的世界徒步定向世界锦标赛的女子接力赛中，朱明月、郝双燕、李季为中国队斩获了女子组第七名的世锦赛历史最佳成绩。2019 年，郝双燕在定向世界杯总决赛女子组短距离赛中夺冠，中国代表队首次站上世界定向运动顶尖赛事最高领奖台，创造了亚洲人在定向世界杯赛场上的最佳成绩。2024 年 10 月，在巴林举行的世界中学生运动会 U18 比赛中，首次参赛的中国定向代表队取得中距离女子组亚军、女子组团体第二名的佳绩。

学习目标

1. 了解定向运动的发展历史；掌握定向运动的基本知识、比赛规则。

2. 掌握定向运动的基本技术与组合技能，提高认识地图、辨别方向的能力，提高有氧运动能力。

3. 学会调控情绪，建立和谐的人际关系，培养良好的团队合作精神和体育道德精神。

一 了解定向运动

定向运动是利用详细精确的地图和指北针，按顺序到访地图上所指示的各个点标，并以最短时间到达所有点标的综合性运动项目。定向运动项目划分为徒步定向、滑雪定向、山地自行车定向和轮椅定向等。其中，徒步定向也被称为定向越野，是绝大多数户外运动的基础。定向运动起源于瑞典，最初是一项军事体育项目。1919 年举行了首次正式的定向越野比赛。1983 年，定向运动传入我国。定向运动是一项智力与体力并重的运动，不仅能强健体魄，还能培养独立思考、独立解决困难的能力，锻炼生存、生活、生产的基本技能。具体来说，定向运动能锻炼同学们的速度、弹跳力、灵敏性、耐力等身体素质，对今后从事各类职业均有一定帮助。

二　学练定向运动技能

模块一

本模块设置了定向运动中较为基础的技术内容。其中，单项技术学练包括分辨颜色、牢记符号、根据比例尺测算距离、运用等高线这四项识图基本技术；组合技能练习设置的是打卡技术、读图技术、标定地图技术。同学们学练本模块的内容，能提高基本的技术水平，为参与本模块设置的比赛提供保障，为后续模块的学练奠定基础。

（一）单项技术学练

1. 分辨颜色

（1）技术要领

地图上不同颜色的意义为：蓝色象征有水的地方；黑色代表人造物体，以及小路、输电线、岩石和悬崖峭壁等；白色表示容易通过的森林区；棕色表示等高线、主干道及坚硬的路面；黄绿色是禁入的私宅区域，如民宅、私家花园或草坪；红、紫红色指南北线；绿色代表浓密、不易通过的森林，绿色越深，越难通过，如图 9-4-1 所示。

图 9-4-1　定向地图

（2）学练建议

熟记定向地图的不同色彩分别代表什么，以便选择最佳的徒步或跑动路线，并了解每一种颜色的图形或符号分别代表哪种地物。

2. 牢记符号

（1）技术要领

每一个符号或图形代表着不同的地物。记住各种形状或颜色分别代表的地物或地貌。图 9-4-2 为国际定联短距离制图规范。

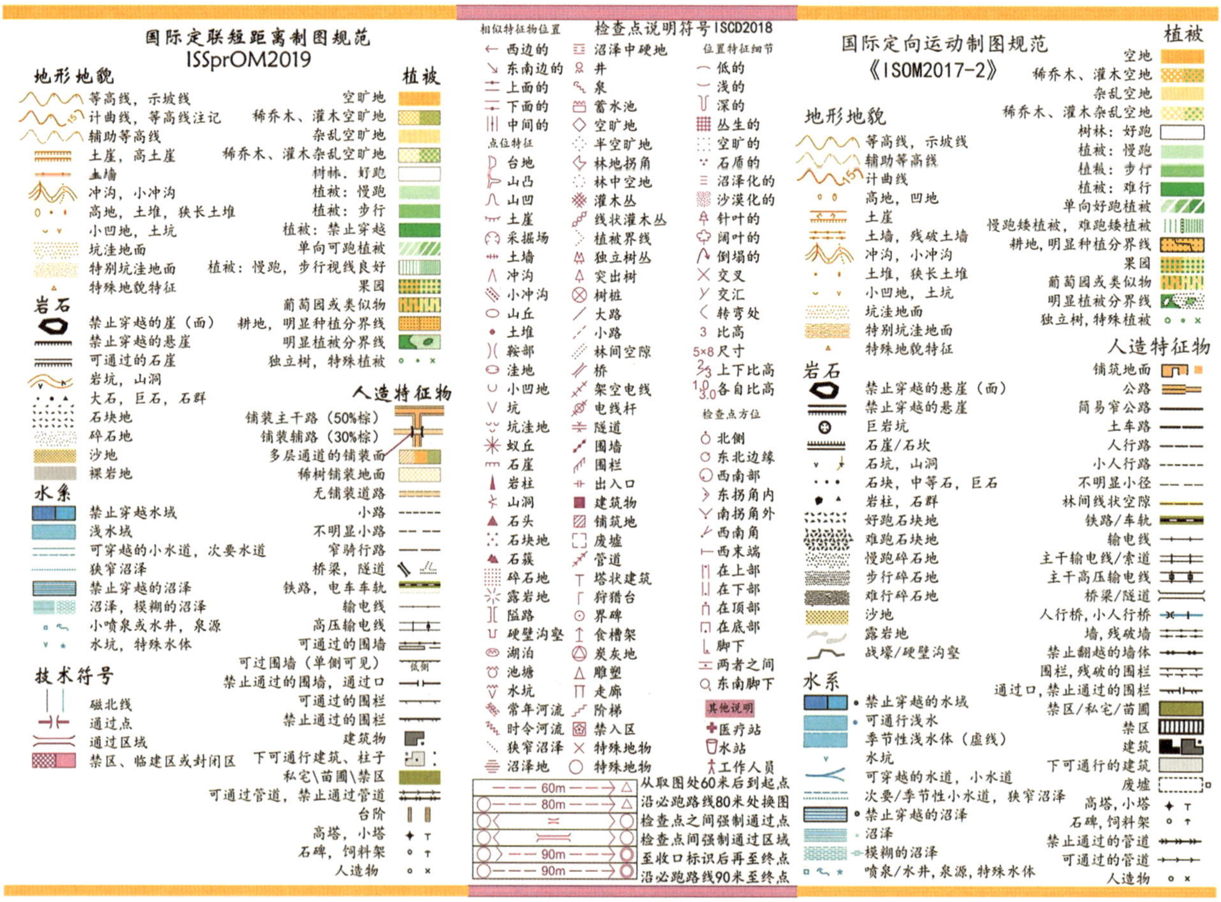

图 9-4-2 国际定联短距离制图规范

（2）学练建议

同学们可以通过互动记住每一种符号和图形，以及每一种色彩的含义。

3. 根据比例尺测算距离

（1）技术要领

地图上的比例尺为 1∶10 000，说明地图上的 1 毫米等于实际地形的 10 米。表 9-4-1 为不同比例尺相对应的实际地形的直线距离。

表 9-4-1 不同比例尺相对应的实际地形的直线距离

级别	10 毫米	20 毫米	30 毫米	40 毫米	50 毫米	60 毫米	70 毫米	80 毫米	90 毫米	100 毫米
1∶1 000	10 米	20 米	30 米	40 米	50 米	60 米	70 米	80 米	90 米	100 米
1∶5 000	50 米	100 米	150 米	200 米	250 米	300 米	350 米	400 米	450 米	500 米
1∶10 000	100 米	200 米	300 米	400 米	500 米	600 米	700 米	800 米	900 米	1 000 米
1∶15 000	150 米	300 米	450 米	600 米	750 米	900 米	1 050 米	1 200 米	1 350 米	1 500 米

（2）学练建议

使用不同比例尺的地图，用直尺测量图上的长度，计算实地距离，最后到场地实际验证，使之不断趋于准确数值。

4. 运用等高线

（1）技术要领

地图上的等高线提示不同地形的高度差异，每一条等高线都是一条封闭的环形，线上各点的高度相同；地图上的等高距指等高线之间的距离，通常为 2 ~ 5 米。等高线越多，山越高；等高线越密集，地形越陡；等高线稀疏，山坡较为平缓。图 9-4-3 为等高线。

图 9-4-3　等高线

（2）学练建议

结合场地的地形、地貌，实地验证和考察地图等高线的特点。

①实地考察法：带领学生到实地观察，把典型的等高线地形一一分析和对应，如分析山谷、山脊、台地等。

②针对性训练法：选用以等高线为主的地形地图，让学生能够在以等高线为主的地图中找到自己的位置，并提高自己的技术。

注意事项

1. 地图是从空中鸟瞰地球表面的缩略图。
2. 不同的地图有不同的颜色和符号。
3. 等高线是指地形高度的差异，它显示了哪里有山顶，哪里有坑谷，也显示了地形的陡缓程度。
4. 在使用地图前，一定要先将地图定向。
5. 可选择地面上大而有明显特征的地物做标记，为地图定向。

（二）组合技能练习

1. 打卡技术

（1）技术要领

可用手的中指或其他手指佩戴指卡，活动中采用静止打卡或移动打卡的方式。

（2）学练建议

先从静止打卡开始，逐渐过渡到移动打卡。瞄准打卡点目标，到访打卡点前做好充分的准备，使指卡顺利抽取打卡点的时间信息。为了避免花费额外的时间，精准的打卡必须配合视觉或听觉（打卡器红灯显示或打卡器发出声音），确保成绩有效无误。

2. 读图技术

（1）技术要领

活动中采用静止读图或平行读图的方式，逐渐向跑动读图、概略读图过渡。

（2）学练建议

可将地图折叠，便于选手奔跑，帮助选手选取重要信息。需注意以下几点。

①拿得顺手，不会影响选手的奔跑。

②不能遮挡点位及路线的重要信息。

③将下一个点位的方向或者位置露出来，便于提前预计。

3. 标定地图技术

（1）技术要领

①指北针标定技术（图 9-4-4）：指北针是一种用于指示方向的工具，利用地球磁场作用指示北方方位，配合地图使用可以确定目前身处的位置，广泛应用于方向判断。使用时佩戴于左手或右手的拇指，平放于地图上，保持水平。

图 9-4-4 指北针标定技术

②直长地物标定技术：提前确定从起点到终点有哪些主要的标志物。直长地物一般较为突出、明显，易于定位。

（2）学练建议

利用指北针或直长地物标定方向，需要不断检查指北针所指方向。当绕行灌木丛、山丘、沼泽或浓密的植被时，必须重新调整指北针的定位。

模块二

本模块在上一模块学练的基础上，进阶性地设置了定向运动新的学练内容。其中，单项技术学练包括读图动作技术、路线选择技术；组合技能练习设置了北极星标定技术、步测距离技术、目测距离技术、记忆法技术。同学们学练本模块的内容，在掌握有一定难度的单项技术和组合技能的基础上，能够参与本模块设置的比赛活动，并为难度更高的下一模块的学练做好铺垫。

（一）单项技术学练

1. 读图动作技术

（1）技术要领

先将地图正置，把拇指放在地图上自己的位置处。这样要前进的方向便显示在地图上，能够便于观察四周的环境及地理特征。当前进时，拇指随着移动；当改变前进方向时，地图也要随着转移，即保持地图北向正北方。这样可以在任何时候指出自己在图中的位置，减少时间和体力的消耗。

（2）学练建议

建议先在校园较为空旷的场地上练习，正确了解拇指、读图和前进方向的关系，逐渐增加读图的稳定性、提升读图速度与奔跑速度。

2. 路线选择技术

（1）技术要领

路线选择技术包括直线穿越技术、定点前进技术、沿扶手前进技术、平行前进技术、垂直前进技术、角平分前进技术、攻击点选取技术、参照物选取技术等。实际活动中需要根据目标点的位置，选取不同的技术。

（2）学练建议

在校园空旷地选取不同位置的目标点进行反复练习。要求跑动路线选择少，有 1~2 条路线可供选择；路线不长，1.5~2.5 千米即可。

（二）组合技能练习

1. 北极星标定技术

（1）技术要领

在北半球通常利用北极星标定方向。夜晚利用北极星辨认方向的关键是在茫茫星海中，准确地找到北极星。先寻找勺子状的北斗七星，再以勺柄上的两颗星的间隔延长五倍，就能在此直线上找到北极星。

（2）学练建议

在晴朗无云的夜晚学习寻找北极星。如看不到北斗七星时，就寻找相反方向的仙后座。仙后座由五颗星组成，它们看起来像英文字母的 M 或 W（见图 9-4-5）。从仙后座中按图画直线，就在几乎和北斗七星到北极星的距离相同处找到北极星。

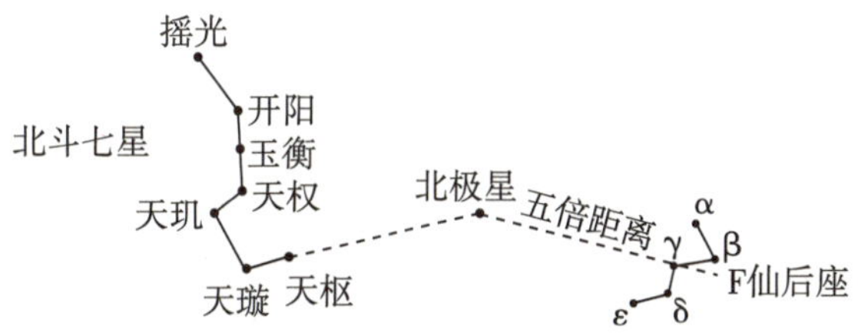

图 9-4-5 北极星标定

2. 步测距离技术

（1）技术要领

先在地图上量度两点间的距离，然后利用步幅准确地测量要走的路程。

（2）学练建议

先测量 100 米所需步行的步数。假如行走 100 米需要 120 步，则地图上相距 150 米的 A 点到 B 点需走 180 步。为了方便计算，可以利用“双步数”，即只计算右脚落地的一步。

3. 目测距离技术

（1）技术要领

使用视觉一点三线的方法估测目标点的距离、高度、角度。且参考目标点周围的参照物构成边形线体以尽量减少误差。

（2）学练建议

将步测和目测两种方法结合起来，找到最适合自己的距离判断方法并加以练习，有助于避免在实际比赛中的紧张情绪带来的判断失误。

4. 记忆法技术

（1）技术要领

按运动的顺序，分段记住前进路线的方向、距离、经过的地形点、两侧的特征物等内容。通过记忆，自己应该具备这样一种能力：实地的情境能够不断地与记忆的内容印证，即“人在地上跑，心在图上移”。这种方法又被称为“超前记图”。

（2）学练建议

采用徒步、慢跑、快跑的方式反复练习。

模块三

本模块难度有所增加，在单项技术学练方面设置了扶手法技术、直线穿越技术、单点跑动和提高平跑速度技术；组合技能练习设置了红绿灯原则、三点法技术、快速找回站立点技术。本模块的学习有助于同学们参与更高要求的定向运动比赛。

（一）单项技术学练

1. 扶手法技术

（1）技术要领

①扶线法：运用图中的线性地物、地貌，如马路、等高线、植被分界线等的引导前往下一个点位。

②扶点法：多用于短距离的穿越中，将自身的位置与点位间的某个点状地貌、地物，如块状、独立树、人造物等作为“踩点”寻找下一个点位。

（2）学练建议

扶点法运用的要点在于其设立的基准相比参照物更大、更突出。奔跑过程中，扶点法的作用是尽量节省时间，从而实现主观上到达参照物，确认站立点。

2. 直线穿越技术

（1）技术要领

将指北针平放于图纸上，将指针沿平行于点间连线，对北调方向。调整刻度盘，将刻度盘中的标准线与指针重合。前进时，始终不让指针与标准线分离，便于直线穿越。

（2）学练建议

直线穿越时要设定边界点，谨慎估测距离。

3. 单点跑动和提高平跑速度技术

（1）技术要领

①设定少量点位。在已知点位的情况下，用高于日常跑图的速度去完成点位设定。

②设计路线，以高于日常跑图的速度完成，并记下已经过去的点位的个数。

（2）学练建议

①体能上：提高有氧与无氧能力，加强脚踝力量、腰腹力量。

②读图上：读图应采用少次数的方式，把信息点提取到大脑。

（二）组合技能练习

1. 红绿灯原则

（1）技术要领

绿：路线选择完毕，参照点、攻击点清晰，方向正确，可全速。

黄：地形变化，未发现设定参照物，路线通行性差，选择其他路线时减速。

红：靠近点位，丢失站立点，慢跑或站住读图。

（2）学练建议

采用拇指法减少出错率。若丢失站立点时应沉着冷静，分析地图和实地的信息。如无法确定站立点时，可回已知站立点，减少失误时间，避免双重失误。

2. 三点法技术

（1）技术要领

我们常说的三点法，是一种节奏的生成练习，需要三个及三个以上的点。从起点到1、2、3的三点是最为关键的三点，是整张地图的节奏框架。

（2）学练建议

选取最为安全的路线，调整最合适的速度。在跑点失误之后节奏会被打乱，稍有不慎就会接连出错，这个时候可使用三点法。出错后，选安全的路线，不要着急加速，途中不要思考已经过去的点，全身心地集中于后面的路程。

3. 快速找回站立点技术

（1）技术要领

①只有大概位置，丢失精确站立点，方向未发生重大偏差：在实地找到明显参照点并与地图该区域进行核对，以此找回站立点。

②丢失站立点，不清楚大体位置，但前进方向未发生偏差：在前进方向的图中设立“边界”，如马路、水道、山背、大片空旷地等，保证方向不出问题，等到设立边界时再找回站立点。

③没有大概位置，且方向发生了偏差：最好的方法便是原路返回，回到之前的已知站立点。

（2）学练建议

在某块未知的场地，自行选取具有明显参照物的地形，利用地图找到站立点。

三 参与定向运动比赛

请同学们登录课程平台，了解自己感兴趣的比赛活动的方法、要求和注意事项等，在老师的指导下组织比赛，在竞赛中巩固学练成果。

四 实施自主评价

在前面学、练、赛的过程中，同学们对自己和身边同学的学习效果有了初步的评判，那么如何系统地评价自己对定向运动技术的掌握程度和整个运动的理解程度呢？请同学们登录课程平台，进行系统、全面的自主评价。

五 训练专项体能

想要更好地发挥自己的水平，离不开专项体能的支撑，同时，体育运动需要长期的积累，同学们需要不断地训练并提升自己的专项体能，为今后更好地参与定向运动，乃至在职场中展现出更好的身体素质打牢基础。

请同学们登录课程平台进行折返跑 1、折返跑 2、短距离冲刺跑和越野跑的专项体能训练。